Wilson Kawano

Crie aplicativos Web

com HTML, CSS, JavaScript, PHP, PostgreSQL, Bootstrap, AngularJS e Laravel

Wilson Kawano

Crie aplicativos Web

com HTML, CSS,
JavaScript, PHP,
PostgreSQL, Bootstrap,
AngularJS e Laravel

EDITORA CIÊNCIA MODERNA

Crie aplicativos Web com HTML, CSS, JavaScript, PHP, PostgreSQL, Bootstrap, AngularJS e Laravel

Editor: Paulo André P. Marques
Produção Editorial: Dilene Sandes Pessanha
Capa: Daniel Jara
Diagramação: Janaina Salgueiro
Copidesque: Eveline Vieira Machado

FICHA CATALOGRÁFICA

KAWANO, Wilson.

Crie aplicativos Web com HTML, CSS, JavaScript, PHP, PostgreSQL, Bootstrap, AngularJS e Laravel

Rio de Janeiro: Editora Ciência Moderna Ltda., 2016.

1. Informática 2. Linguagem de Programação
I — Título

ISBN: 978-85-399-0788-5 CDD 001.642
005.133

Editora Ciência Moderna Ltda.
R. Alice Figueiredo, 46 – Riachuelo
Rio de Janeiro, RJ – Brasil CEP: 20.950-150
Tel: (21) 2201-6662/ Fax: (21) 2201-6896
E-MAIL: LCM@LCM.COM.BR
WWW.LCM.COM.BR

03/16

Dedico este livro aos meus pais e aos meus irmãos.

Agradecimentos

Desejo aqui expressar meus agradecimentos à Editora Ciência Moderna e ao editor Paulo André Pitanga Marques por terem acreditado neste projeto editorial. Quero também agradecer a todos os profissionais da editora que contribuíram para transformar o original neste livro. Nenhum autor conseguiria transmitir suas ideias sem o trabalho de uma equipe editorial.

Este livro não teria sido escrito sem os conhecimentos que adquiri ao longo de minha carreira profissional na COPEL, Companhia Paranaense de Energia. Nenhum desenvolvedor de software consegue evoluir se estiver em isolamento, sem conviver com outros profissionais. Foi trabalhando com meus colegas da COPEL que absorvi novas ideias e entrei em contato com diversas tecnologias que desconhecia.

Muito obrigado a todos vocês!

Wilson Kawano

Sobre o autor

Wilson Kawano é engenheiro eletricista graduado pela Universidade Federal do Paraná com pós-graduação em Teleinformática pela Universidade Tecnológica Federal do Paraná. Exerce atualmente a função de analista de sistemas na Companhia Paranaense de Energia, COPEL, onde desenvolve softwares para a automação de processos aplicados na supervisão e controle de sistemas de distribuição de energia elétrica. É autor do livro *Migrando de C para C++ – Guia prático de programação*, publicado pela Editora Ciência Moderna.

Prefácio

A facilidade de acesso, uma vez que os navegadores de Internet estão presentes em todos os computadores e dispositivos como smartphones e tablets, aliada à praticidade representada pelo fato de não ser necessário instalar o software e suas atualizações no computador local popularizaram os aplicativos Web. O aprimoramento dos navegadores de Internet que, ao longo dos últimos anos, incorporaram inúmeros recursos, bem como, a maturidade tecnológica atingida por esse tipo de software, tornou possível executar um aplicativo dentro do ambiente do navegador. Outro fator crucial na viabilização dos aplicativos Web foi o avanço das redes de comunicação que permitiu que as conexões de Internet estejam presentes em praticamente todos os lugares do mundo.

A migração dos aplicativos do computador local para a nuvem, abrindo o acesso a qualquer dispositivo conectado à Internet, é uma consequência inevitável desta transformação. Mesmo os aplicativos de menor porte, desenvolvidos em uma tecnologia desktop, com uso restrito a uma máquina ou uma rede de computadores, tendem a evoluir para uma arquitetura Web.

Nosso objetivo é desmistificar as principais tecnologias e técnicas envolvidas no desenvolvimento de aplicativos Web, mostrando o significado e o papel desempenhado por cada um desses elementos sob um enfoque abrangente, integrado e prático. O livro descreve o processo de desenvolvimento tanto do lado cliente quanto do lado servidor, cobrindo todos os aspectos de um aplicativo Web.

A necessidade de lidar com uma grande variedade de tecnologias e técnicas, combinada com a avalanche de novos termos, conceitos e siglas que estão associados ao mundo Web, pode intimidar e até mesmo levar o desenvolvedor a um estado de paralisia em que ele não sabe por onde começar e qual caminho tomar. Acreditamos que nossa abordagem focada na prática, de aprender fazendo, é uma forma de evitar esta situação.

O livro foi elaborado com base nas tecnologias mais populares para o desenvolvimento Web: HTML, CSS, JavaScript e PHP. Quanto às bases de dados, elemento fundamental em um aplicativo Web, selecionamos os gerenciadores MySQL, PostgreSQL e SQLite. Os critérios que nos levaram a essas escolhas foram a popularidade, perspectiva de futuro, facilidade de aprendizado e disponibilidade de licenciamento para uso livre que caracterizam essas tecnologias e produtos.

É importante frisar que nosso enfoque não é a codificação bruta baseada nas linguagens de programação mencionadas. Escolhemos uma abordagem que prioriza o uso de bibliotecas e frameworks derivados dessas tecnologias, os quais contêm elementos pré-fabricados capazes de agilizar e tornar o desenvolvimento mais produtivo. Dentro desta perspectiva é que apresentaremos, ao longo dos capítulos, os recursos da biblioteca CSS Bootstrap, das bibliotecas JavaScript jQuery, MooTools, Chart.js, C3 e jqPlot, do framework PHP Laravel e framework JavaScript AngularJS.

Entendemos que o desejo do desenvolvedor é aproveitar ao máximo o ganho de produtividade proporcionado pelas bibliotecas e frameworks, usando essas tecnologias para desenvolver um aplicativo no menor prazo de tempo possível. Porém, o estudo das tecnologias básicas (HTML, CSS, JavaScript e PHP) é um passo necessário para que o desenvolvedor possa usar de forma mais eficiente os recursos de bibliotecas e frameworks derivados.

Enfatizamos ainda a importância do uso de ferramentas de desenvolvimento adequadas como uma forma de aumentar a produtividade do desenvolvedor, uma necessidade sempre presente no mundo da informática. É sob este enfoque que incluímos dicas de uso para o ambiente integrado de desenvolvimento Aptana Studio, o editor de fontes Notepad++ e as ferramentas de desenvolvimento embutidas no navegador de Internet. Mostramos também como instalar e usar o pacote WAMP (Windows Apache MySQL PHP) e como criar um ambiente virtual de desenvolvimento baseado nos softwares VirtualBox e Vagrant.

Destacamos também a importância das ligações com recursos do mundo externo mostrando como integrar o serviço de autenticação do Facebook e os mapas do Google Maps ao aplicativo. Descrevemos também, em instruções passo a passo, como instalar um aplicativo Web em um serviço comercial de nuvem.

O público deste livro são os desenvolvedores que já conhecem alguma linguagem de programação moderna e gostariam de entender e usar as tecnologias envolvidas no desenvolvimento de aplicativos Web. O livro pressupõe que o leitor já tem domínio sobre os conceitos básicos de programação, tais como, variáveis e tipos de dados, arrays, estruturas de decisão, estruturas de repetição (loops), funções etc. A fluência em programação orientada a objetos (OO) não é essencial, apesar desta técnica ser empregada em muitas das bibliotecas e frameworks selecionados.

Vale lembrar que cada uma das tecnologias e técnicas mencionadas é uma especialização em si. Cada uma delas pode desdobrar-se em um ou, até mesmo, vários textos especializados.

Esperamos que o livro proporcione uma leitura enriquecedora e proveitosa capaz de ensinar ao leitor os fundamentos do desenvolvimento de um aplicativo Web.

Sugestões, críticas, questionamentos e correções podem ser encaminhados para o e-mail Web.wkawano@gmail.com.

Assuntos por capítulo

Capítulo 1 – Informações gerais sobre o livro.

Capítulo 2 – Boas ferramentas de desenvolvimento aumentam a produtividade do desenvolvedor. Este capítulo apresenta o ambiente integrado de desenvolvimento Aptana Studio, o editor de código-fonte Notepad++ e as ferramentas de desenvolvimento do navegador de Internet. Mostramos também como criar um ambiente virtual de desenvolvimento usando os softwares VirtualBox e Vagrant. O ambiente proposto baseia-se em uma instalação Linux pré-configurada com todos os componentes necessários a um servidor Web. Ao optar por este recurso, o desenvolvedor pode concentrar-se na resolução do problema, evitando, tanto quanto possível, a tarefa de preparar e configurar o ambiente do servidor Web.

Os capítulos 3, 4 e 5 descrevem as tecnologias básicas para o desenvolvimento da interface do cliente usando HTML5, CSS3 e a biblioteca Bootstrap. Incluímos os capítulos sobre CSS e Bootstrap para mostrar como o desenvolvedor pode criar interfaces mais elegantes para os aplicativos Web. Ressaltamos, porém, que o livro não é um texto sobre design de páginas Web.

Capítulo 3 – HTML, Hypertext Markup Language, é o elemento fundamental de um aplicativo Web. O capítulo descreve os elementos HTML essenciais para a criação dos aplicativos de exemplo do livro.

Capítulo 4 – CSS, Cascading Style Sheets, é um conjunto de diretivas de estilo que controlam a aparência das páginas HTML. O capítulo descreve alguns recursos básicos para formatar os elementos de uma página HTML.

Capítulo 5 – Bootstrap, biblioteca CSS disponibilizada pelo Twitter, é um conjunto de elementos de estilo pré-fabricados que facilitam a criação do conteúdo Web com aparência e funcionalidade de um site profissional em um prazo de tempo curto mesmo para aqueles que não têm experiência em design. O capítulo apresenta recursos da biblioteca que permitem aprimorar a apresentação da página HTML alterando a aparência dos elementos HTML, tais como, botões, tabelas, formulários etc. Mostramos também como criar menus de opções horizontais e verticais muito úteis na criação dos aplicativos Web. Incluímos um exemplo de configuração de um carrossel de imagens como uma forma de acrescentar um elemento de dinamismo à página HTML.

Um aplicativo Web não é uma página HTML estática. JavaScript é a tecnologia que proporciona interatividade e dinamismo ao conteúdo HTML. Os capítulos 6, 7 e 8 são dedicados a essa linguagem e às bibliotecas baseadas nela.

Capítulo 6 – JavaScript é uma linguagem de programação compatível com todos os navegadores de Internet. O capítulo descreve os principais elementos da linguagem JavaScript, tais como, tipos de dados, estruturas de decisão e de repetição, funções, arrays etc. Mostramos também a implementação peculiar da programação orientada a objetos adotada pelo JavaScript.

Capítulo 7 – jQuery é a mais popular biblioteca JavaScript. Nesse capítulo, mostramos como manipular os elementos de uma página HTML usando os recursos da jQuery.

Capítulo 8 – Gráficos são uma forma compacta e atraente de visualizar um conjunto de dados. O capítulo é dedicado ao jqPlot, Chart.js e C3, as bibliotecas JavaScript especializadas na plotagem de gráficos dentro de uma página HTML.

Os capítulos 9, 10, 11, 12 e 13 são dedicados ao desenvolvimento do lado servidor baseado na linguagem PHP e no framework Laravel.

Capítulo 9 – PHP, Hypertext Preprocessor, é uma linguagem de programação muito usada na criação das lógicas de backend, ou seja, a parte de um aplicativo Web que é executada no lado servidor. O capítulo descreve os elementos fundamentais dessa linguagem: tipos de dados, arrays, estruturas de decisão e repetição, tratamento de dados enviados pelo cliente, programação orientada a objetos etc.

Capítulo 10 – Os bancos de dados são uma parte essencial de um aplicativo Web. O capítulo mostra como utilizar a interface PDO, PHP Data Objects, para interagir com os gerenciadores de banco de dados MySQL, PostgreSQL e SQLite.

Capítulo 11 – Este capítulo mostra, de forma prática, como usar a técnica Ajax, Asynchronous JavaScript and XML, para atualizar uma página HTML. Apresentamos também as funções PHP para importar os dados de uma planilha Excel e de um arquivo XML (Extensible Markup Language) para uma tabela do banco de dados.

Capítulo 12 – Laravel é um framework PHP baseado em uma arquitetura MVC, Model View Controller. As funcionalidades prontas para uso oferecidas pelo framework eliminam a necessidade de codificar as tarefas rotineiras de programação de um aplicativo, aumentando a produtividade do desenvolvedor. A descrição do framework é baseada na criação passo a passo de um aplicativo de cadastro de pessoas que, além dos recursos básicos para adicionar, alterar, apresentar e excluir dados, inclui também um esquema de autenticação de usuário baseado em uma funcionalidade do Laravel.

Capítulo 13 – No segundo capítulo dedicado ao Laravel exploramos mais recursos do framework desenvolvendo um aplicativo que lista as cidades do Brasil. Integramos a API do Google Maps para incluir a visualização da localização geográfica de uma cidade nesse aplicativo.

Os dois últimos capítulos são dedicados a um tipo de aplicativo Web denominado SPA, Single Page Application. Um SPA é similar a um aplicativo desktop no qual o usuário interage com uma única tela que é atualizada de acordo com as ações e as solicitações desse usuário.

Capítulo 14 – AngularJS é um framework JavaScript baseado em uma arquitetura MVC voltada para o desenvolvimento de aplicativos cliente. O framework baseia-se em diretivas que estendem a linguagem HTML e que se conectam a lógicas codificadas em JavaScript para criar páginas Web dinâmicas. Descrevemos as funcionalidades do framework desenvolvendo um aplicativo para cadastrar anotações que implementa as funções básicas de alterar, excluir, incluir e ler informações de um banco de dados intermediado por um script PHP.

Capítulo 15 – No capítulo final, integramos ao aplicativo de anotações do Capítulo 14 um esquema de autenticação de usuários baseado em uma conta do Facebook. Nessa última etapa do desenvolvimento, mostramos também como instalar o aplicativo no Heroku, um serviço comercial de nuvem. A partir daí, o usuário poderá acessar o aplicativo em qualquer dispositivo conectado à Internet.

Sumário

1. Introdução

1.1 A evolução do conteúdo Web

No início, o conteúdo Web se limitava à apresentação de informação em forma de texto. O padrão HTML, Hypertext Markup Language, foi desenvolvido para estruturar e armazenar essas informações. O padrão criou o conceito de hipertexto ao permitir que no conteúdo textual se embutissem referências a informações armazenadas em outras páginas HTML.

Não demorou muito para que as páginas Web passassem a incorporar também imagens nos formatos JPEG e GIF. O navegador de Internet ganhou a capacidade de apresentar imagens, deixando de ser um mero visualizador de hipertexto.

A forma de apresentação do conteúdo era, então, estática. Ou seja, os servidores Web eram repositórios de arquivos HTML que respondiam às requisições dos clientes enviando o arquivo correspondente à solicitação. Com esta tecnologia é muito difícil, senão impossível, criar respostas no servidor que se adaptam dinamicamente às solicitações do cliente. Tome como exemplo uma consulta em um site de comércio eletrônico com a finalidade de listar os produtos que se enquadram em uma determinada faixa de preço. Tendo em vista que o usuário pode selecionar livremente o tipo de produto e a faixa de preços, não há como saber de antemão o conteúdo da página de resposta, de forma que não é viável manter páginas estáticas que cubram todas as combinações de produtos e preços.

Este problema foi resolvido com o desenvolvimento de tecnologias que, em vez de recuperar uma página estática, permitem criar uma página HTML dinamicamente de acordo com o pedido do cliente. O conteúdo das páginas é gerado por um programa instalado no servidor Web, geralmente em conjunto com um gerenciador de banco de dados. Uma solução muito popular compõe-se do sistema operacional Linux, onde os scripts na linguagem PHP, interpretados por um servidor Web Apache, acessam um gerenciador de banco de dados MySQL. Este conjunto de softwares é conhecido pela sigla LAMP (Linux Apache MySQL PHP).

Se as tecnologias mencionadas, utilizadas no lado servidor, permitiram criar o conceito de resposta dinâmica às solicitações, o lado cliente, ou seja, os navegadores de Internet também incorporaram avanços que proporcionam uma interação mais ativa do usuário com o conteúdo Web.

A introdução de scripts, pequenos programas escritos em uma linguagem que o navegador pode interpretar, permitiu que as páginas HTML ganhassem um caráter mais dinâmico. O JavaScript foi a tecnologia que despontou como o padrão de fato para a codificação desses scripts.

Outro avanço que contribuiu para aumentar o dinamismo das páginas Web foi a introdução da técnica Ajax, Asynchronous JavaScript and XML. Essa técnica, combinada com o JavaScript, abriu a possibilidade de atualização parcial da página HTML, permitindo uma flexibilidade ainda maior na interação entre o usuário e o conteúdo Web. Usando o Ajax podemos solicitar apenas um conjunto de dados selecionado, não sendo necessário recriar a página inteira como ocorre no método tradicional de atualização do conteúdo. O controle passa para o lado cliente que recebe os dados parciais e atualiza a página.

A formatação para a apresentação de páginas HTML é um assunto que, apesar de não estar diretamente relacionado às técnicas para a programação do conteúdo Web dinâmico, é importante no contexto geral do desenvolvimento para a Internet. Os recursos de formatação permitem criar páginas HTML com interfaces de usuário mais elegantes, similar à dos aplicativos desktop. Originalmente parte da estrutura do arquivo HTML, a formatação da página Web foi segregada para o formato específico CSS, Cascading Style Sheets. O CSS contém as informações relacionadas à apresentação da página HTML, tais como, tipo, tamanho e cor da fonte, alinhamento dos elementos etc.

Ao longo do tempo, o navegador, inicialmente um simples visualizador HTML, acompanhou a evolução da Internet incorporando recursos que o tornaram capaz de apresentar também imagens, exibir conteúdo multimídia (áudio e vídeo), plotar imagens vetoriais no formato SVG (Scalable Vector Graphics) etc. O navegador de Internet é, atualmente, uma plataforma de visualização e interação genérica com capacidade de apresentar uma interface de usuário que lembra os aplicativos desktop.

1.2 Documentação e referências

Como e onde obter mais informações sobre desenvolvimento Web? Não há escassez de material sobre as tecnologias de Internet na Internet! Na verdade, o maior problema é encontrar e selecionar as melhores e mais confiáveis fontes de informação.

Apresentamos aqui uma breve lista de referências sobre as tecnologias de desenvolvimento Web, procurando, sempre que possível, citar conteúdos em português. Note, porém, que há uma grande quantidade de fontes de informação em inglês que não podem ser ignoradas. Ainda que a consulta de um texto em uma língua estrangeira requeira um esforço maior do leitor, ela certamente trará frutos.

O site W3Schools, http://www.w3schools.com/, cobre praticamente todos os assuntos tratados no livro. HTML, CSS, Bootstrap, JavaScript, AngularJS, jQuery, PHP e SQL são explicados em tutoriais, exemplos e referências.

Outra boa referência é o Mozilla Developers Network, portal que oferece guias, tutoriais e ferramentas sobre HTML, CSS e JavaScript. O site tem uma versão em português: https://developer.mozilla.org/pt-BR/docs/Web.

Em relação às bibliotecas e frameworks, uma referência óbvia são as documentações oficiais.

- Biblioteca jQuery: https://api.jquery.com/.
- Linguagem PHP: disponível em português em http://php.net/manual/pt_BR/.
- Framework Laravel: http://laravel.com.
- MySQL: http://dev.mysql.com/doc/refman/5.7/en/.
- PostgreSQL: http://www.postgresql.org/docs/manuals/.
- SQLite: https://www.sqlite.org/docs.html.

Há também livros, artigos, blogs e outros recursos de Internet que contêm informações muito úteis para os desenvolvedores Web.

Recomendamos o artigo *Como os navegadores funcionam: bastidores dos navegadores modernos* para os que querem entender o funcionamento de um navegador de Internet. Link: http://www.html5rocks.com/pt/tutorials/internals/howbrowserswork/.

Outra fonte de informação importante é o W3C, World Wide Web Consortium, já que ele é o órgão normativo para os padrões Web. Há uma ramificação em língua portuguesa: http://www.w3c.br/Home/WebHome.

Uma descrição bastante completa sobre o HTML5, *Dive into HTML5*, de autoria de Mark Pilgrin, foi traduzida para o português: http://diveintohtml5.com.br/.

Uma fonte de informação interessante sobre o JavaScript é o site de Douglas Crockford, http://javascript.crockford.com/.

O site do desenvolvedor Jakob Jenkov, http://tutorials.jenkov.com/, é uma interessante coletânea de artigos e exemplos com tecnologias para o desenvolvimento Web e muitos outros assuntos.

O site http://stackoverflow.com/ é um local onde os desenvolvedores postam suas dúvidas sobre diversas tecnologias e linguagens de programação. As respostas são dadas por outros desenvolvedores que também se conectam ao site. Como o site já possui uma grande base de dados, muitas vezes nem mesmo é necessário fazer uma pergunta: basta usar o mecanismo de busca e procurar pelo assunto desejado. O site tem uma ramificação em português: http://pt.stackoverflow.com.

Outras referências serão mencionadas nos capítulos específicos dedicados a cada um dos assuntos que fazem parte do livro.

1.3 Códigos-fonte

Os códigos-fonte referentes aos exemplos do livro estão disponíveis no GitHub, link https://github.com/kwdeveloper/crie-app-web.

É importante ressaltar que os trechos de código usados como exemplo ao longo deste livro não seguem nenhum padrão de codificação específico devido, principalmente, à necessidade de se adequar às restrições do texto impresso. Se o desenvolvedor trabalhar em uma empresa ou participar de um projeto para terceiros, a empresa ou o responsável pelo projeto determinará o padrão a ser seguido. Entretanto, mesmo que o desenvolvedor trabalhe por conta própria, é recomendável seguir algum padrão de codificação. Diversos guias de estilo de programação estão disponíveis na Internet. Um bom exemplo é o padrão de codificação para o JavaScript usado nos projetos de código aberto do Google.

Link: https://google-styleguide.googlecode.com/svn/trunk/javascriptguide.xml

Outro guia de estilo para o JavaScript é o de Douglas Crockford. Link: http://javascript.crockford.com/code.html.

O site do framework PEAR (PHP Extension and Application Repository) disponibiliza um guia para a linguagem PHP. Link: http://pear.php.net/manual/en/standards.php.

2. Ferramentas de desenvolvimento

A primeira e principal necessidade de um desenvolvedor é um software que permita editar os códigos-fonte. A ferramenta que selecionamos, o ambiente integrado de desenvolvimento (IDE) Aptana Studio 3, além de ser um editor de códigos-fonte, inclui também diversos utilitários, tais como, controle de projetos, controle de versão, debbuger etc.

Outra ferramenta essencial é, obviamente, um navegador de Internet. Considerando que em um ambiente Web não temos controle sobre o tipo de navegador que será usado, é recomendável testar o acesso às páginas HTML do aplicativo nos navegadores mais populares: Chrome, Internet Explorer, Mozilla e Safari. Nota: a impossibilidade de determinar de antemão o tipo de navegador onde nosso aplicativo será executado é mais um motivo para usarmos bibliotecas como jQuery (assunto do Capítulo 7), visando compatibilizar nosso código com as diferenças existentes entre esses ambientes.

2.1 Licenciamento

Os softwares e bibliotecas mencionados neste livro podem ser usados livremente, sem a necessidade de pagar qualquer tipo de taxa. O tipo de licenciamento de cada um deles varia quanto à liberdade de uso e eventuais restrições.

O MySQL pode ser usado nos termos da licença GPL (General Public License), havendo a opção para a aquisição de uma licença de uso comercial. Os softwares distribuídos sob a licença GPL são de uso livre, porém, eventuais alterações no código-fonte têm que ser disponibilizadas sob esse mesmo tipo de licença. Adicionalmente, se um software GPL fizer parte de seu aplicativo, o código do seu software terá que ser disponibilizado nos termos da GPL. Em resumo, se nossa intenção for comercializar o aplicativo e ele usar uma versão do MySQL licenciada sob a GPL, o código-fonte do aplicativo terá que ser distribuído sob a mesma licença. Para contornar esta situação é que existe a licença comercial do MySQL.

Entretanto, o uso do MySQL em um servidor Web, que é o nosso foco, não é considerado uma distribuição comercial.

O PostgreSQL e o SQLite são particularmente liberais, permitindo a redistribuição em produtos comerciais em sua forma original ou modificada sem nenhum compromisso de abertura do código-fonte modificado e sem a necessidade de pagamento de royalties.

O IDE Aptana pode ser usado nos termos da licença GPL v3. Considerando que nosso objetivo é utilizar o software exclusivamente como ferramenta, sem incluí-lo como parte de um sistema que será distribuído comercialmente ou de forma livre, não violaremos nenhuma regra de licenciamento.

As bibliotecas JavaScript jQuery, Bootstrap, Chart.js, C3 e o framework AngularJS são distribuídos sob uma licença do tipo MIT. A biblioteca jqPlot pode ser usada sob uma licença MIT ou GPL 2.

O framework PHP Laravel também é distribuído sob uma licença MIT.

A licença do tipo MIT (Massachusetts Institute of Technology) permite o uso livre do software. Esse tipo de licenciamento permite inclusive a alteração e a redistribuição do código modificado, sem impor restrições.

O servidor Apache tem um tipo de licenciamento específico que nos permite usar o produto livremente.

Note que se hospedarmos nosso aplicativo em um servidor alugado, a responsabilidade sobre a infraestrutura, da qual o Apache e o gerenciador de banco de dados fazem parte, será geralmente uma preocupação do site hospedeiro.

2.2 *Aptana Studio*

É perfeitamente possível editar páginas HTML ou codificar programas JavaScript utilizando um editor de textos comum, entretanto, é mais prático e produtivo utilizar uma ferramenta específica para o desenvolvimento Web. Um editor de texto para o código-fonte pode ser mais fácil de usar, porém, o tempo investido no aprendizado e na adaptação para usar um IDE, como o Aptana, retorna na forma de ganho de produtividade que os diversos recursos da ferramenta proporcionam ao desenvolvedor.

Selecionamos o Aptana, uma ferramenta de uso livre baseada no Eclipse, um ambiente integrado de desenvolvimento poderoso e flexível. Uma das vantagens do IDE (Integrated Development Environment) Aptana, além de seus inúmeros recursos, é que você se habituará a usar o ambiente Eclipse, uma ferramenta de desenvolvimento muito popular entre os desenvolvedores de software, utilizado com uma grande variedade de linguagens e tecnologias.

O IDE Aptana é executado na JVM, a máquina virtual Java, não sendo necessária uma instalação propriamente dita, bastando descompactar o arquivo disponível no site www.aptana.com.

Se você usa o Windows, descompacte o pacote e mova a pasta Aptana para dentro da pasta Apl. A JVM provavelmente já está instalada.

No Linux, baixe o pacote para a versão de 32 ou 64 bits; execute o login como root e descompacte o arquivo.

```
# Linux versão 32 bits
unzip Aptana_Studio_3_Setup_Linux_x86_3.6.1.zip -d /opt
```

Configure as flags de leitura e execução da pasta para todos os usuários.

```
chmod a+rx /opt/AptanaStudio
```

Na pasta /usr/bin, crie um link para o programa.

```
ln aptana /opt/AptanaStudio
```

Se você usa o Linux, pode ser necessário instalar a JVM da Oracle, pois não há garantia de que o Aptana será executado na JVM FreeJava normalmente presente nas distribuições desse sistema operacional.

O Aptana suporta o desenvolvimento em HMTL, CSS, JavaScript e PHP com facilidades comuns às ferramentas de desenvolvimento, tal como a colorização e o autopreenchimento da sintaxe. Outra vantagem em optarmos por essa ferramenta é que o ambiente Eclipse (do qual o Aptana deriva) pode ser estendido via plugins que incorporam, por exemplo, o tratamento da sintaxe para outras linguagens de programação e novas ferramentas de desenvolvimento.

Mesmo não sendo uma ferramenta WYSIWYG (*what you see is what you get*), como o Adobe Dreamweaver, o IDE tem a capacidade de pré-visualização e permite lançar a página HTML em um navegador.

O Aptana é uma ferramenta poderosa, com muitos recursos e capacidades, e é um software livre, ou seja, você não precisa pagar pelo seu uso.

2.2.1 Criação de um projeto HTML

O desenvolvimento no Aptana é baseado no conceito de projetos, sendo que para cada um deles, deve haver uma pasta correspondente. Ao inicializar o software, selecione o workspace, ou seja, a pasta onde os projetos serão armazenados. Sugestão: crie uma pasta dentro da sua pasta de usuário ou diretamente na pasta do servidor Web (consulte o item 9.1).

Iniciamos com a criação de uma página HTML, a base do desenvolvimento Web, usando a ferramenta para criar automaticamente o corpo da página.

No menu horizontal localizado no topo, acesse a sequência de opções "File – New – Web Project – Default Project" e digite o nome escolhido para o projeto.

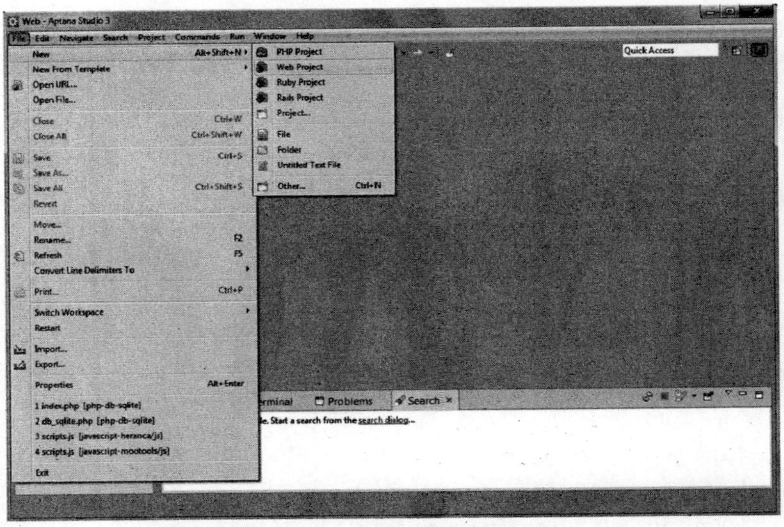

Figura 1 - Criar novo projeto no Aptana

A ação descrita criará uma pasta dentro do workspace. Para criar um arquivo HTML, selecione a pasta com o botão esquerdo do mouse, clique com o botão direito do mouse, use a sequência de opções "New From Template – HTML – HTML 5 Template" e digite o nome do arquivo HTML. Por padrão, denominamos a página principal index.html. Abra este arquivo e acrescente o conteúdo desejado.

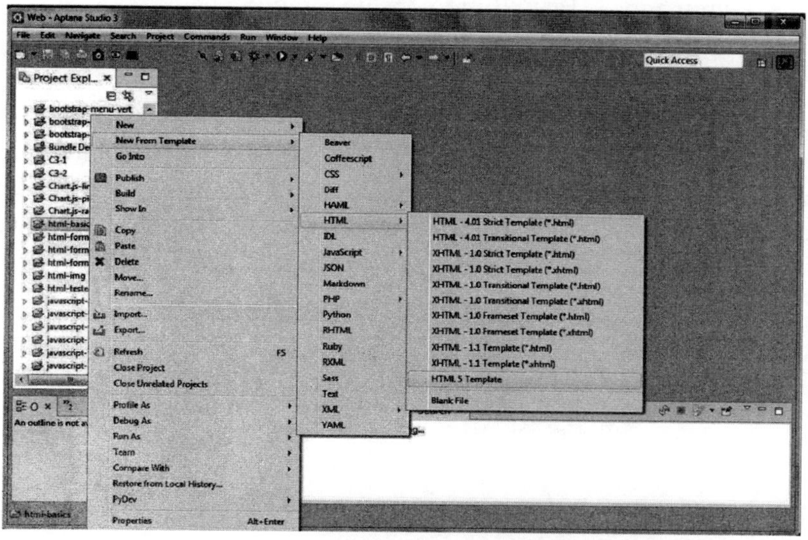

Figura 2 - Aptana - Criar arquivo HTML5

Uma breve listagem com alguns recursos do IDE Aptana:

- Colorização da sintaxe (syntax highlight);
- Digitando a parte inicial da palavra-chave, o IDE sugere os marcadores HTML ou as funções de JavaScript, PHP ou de uma das linguagens suportadas que coincidem com a string digitada; apresenta também a documentação do elemento. É um recurso similar ao *intellisense* do Visual Studio;
- O pacote de instalação contém suporte para a sintaxe das linguagens HTML, CSS, JavaScript e PHP;
- A ferramenta facilita a criação e o gerenciamento de arquivos HTML, JavaScript, CSS etc.;

- Seletor visual de cores para CSS: o IDE insere o código numérico correspondente à cor selecionada. No menu horizontal localizado no topo, acesse a sequência de opções "Commands – CSS – Insert Color";

- Texto padrão automático do tipo "Lorem ipsum ...". No menu horizontal localizado no topo, acesse a sequência de opções "Commands – Text – Lorem ipsum lorem >>";

- A aba Problems apresenta os eventuais erros e alertas de sintaxe referentes aos arquivos presentes no workspace.

A Figura 3 mostra a mensagem que surge na aba Problems (Window – Show View – Problems) quando inserimos um elemento HTML inválido: o alerta "Unexpected </img>" indica que o marcador <img>, usado para referenciar uma imagem, não tem o elemento sintático de fechamento </img>.

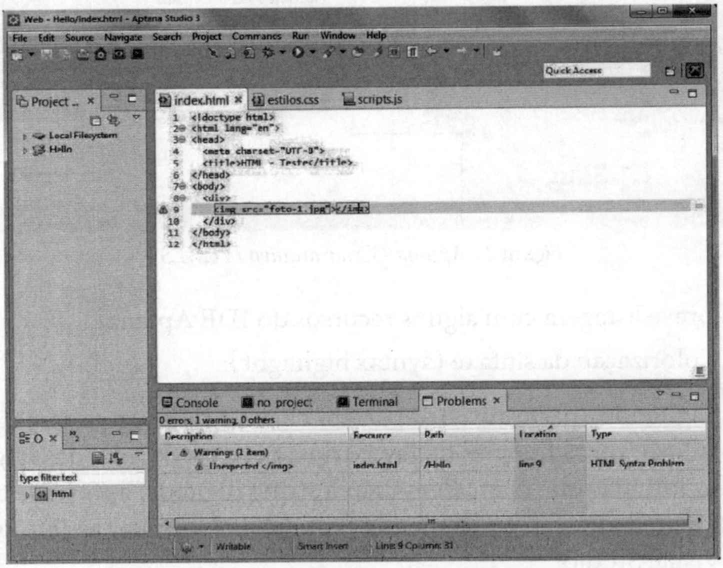

Figura 3 - Aba problems do Aptana

Ao criar um projeto Web, sugerimos que você siga um padrão de organização para as pastas: na raiz fica o arquivo index.html, na pasta css ficam as folhas de estilo, a pasta img armazena as imagens e js, os scripts. Use o próprio navegador de arquivos do IDE, localizado no lado esquerdo da interface, para executar operações, tais como, copiar, colar, renomear e excluir os arquivos e pastas dos projetos gerenciados pelo Aptana. Evite usar os comandos do sistema operacional para executar essas operações nos arquivos do workspace.

2.2.2 Breve lista de comandos

Muitos atalhos de comandos do IDE Aptana diferem dos encontrados em outros editores.

- CTRL SHIFT L abre a lista de atalhos.
- ALT SHIFT A seleciona um bloco (seleção por coluna).
- ALT SHIFT O marca todas as ocorrências da seleção atual.
- CTRL D apaga a linha atual.
- CTRL DEL apaga a palavra sob o cursor.
- CTRL SHIFT DEL apaga do cursor até o final da linha.
- CTRL F abre a janela de busca e substituição. CTRL K repete a busca para frente. CTRL SHIFT K repete a busca para trás.
- CTRL L abre uma janela onde você pode digitar o número da linha para a qual quer saltar.
- CTRL / ou CTRL SHIFT C ou CTRL 7 para comentar ou remover o comentário da linha atual.
- CTRL SHIFT / para comentar o bloco selecionado. CTRL SHIFT \ para remover o comentário.
- CTRL SHIFT P reposiciona o cursor no caractere de abertura, ou de fechamento, simétrico ao caractere selecionado. Exemplos: chaves { }, colchetes [ ], aspas " " etc.
- F3 abre a declaração da função sob o cursor; ALT ← retorna ao ponto de origem e ALT → avança para a declaração.
- Para maximizar a visão de um arquivo, uma das abas (Problem, Console etc.) ou o navegador de arquivos, dê um duplo clique na aba do elemento; outro duplo clique retorna a visão ao normal.

Para configurar as opções gerais do IDE, acesse a opção "Window – Preferences". Por exemplo, para alterar a largura e a forma de inserção de TABs, acesse a subopção "General – Editors – Text Editors" e configure suas preferências.

Se você já tem um aplicativo ou página Web armazenada em um local que não é o workspace do IDE, é necessário importar o conteúdo como um projeto do Aptana. O primeiro passo é copiar a pasta que contém o código para dentro da pasta workspace. Execute essa operação usando os comandos do sistema operacional. Em seguida, selecione a sequência de opções "File – Import – Existing Folder as New Project", informe o nome da pasta e execute a operação.

2.3 *Notepad++*

Notepad++ é um editor de código-fonte para quem prefere uma ferramenta mais leve e de uso mais simples que um IDE como o Aptana. Não obstante sua simplicidade, o Notepad++ incorpora uma grande quantidade de recursos e é bastante flexível. É uma alternativa para quem usa o Windows. O editor é distribuído sob a licença GPL e pode ser baixado no site http://notepad-plus-plus.org/.

O uso do Notepad++ é bastante intuitivo e o desenvolvedor pode rapidamente dominar seus recursos. Seguem algumas dicas úteis para configurar o editor segundo nossas necessidades.

Um dos recursos do editor é sua capacidade de preencher automaticamente o final de um elemento sintático, tal como o marcador de fechamento em HTML: acesse a sequência de opções "Settings – Preference – Auto-Completion" e selecione "html/xml close tag". Nessa mesma opção, é possível também configurar o fechamento automático de parênteses, colchetes e chaves na subopção Auto-Insert. Elementos customizados também podem ser configurados preenchendo os campos Open e Close com os caracteres desejados.

O Notepad++ baseia-se em uma arquitetura de plugins para adicionar novos recursos ao editor. Para instalar um plugin, acesse a sequência de opções "Plugins – Plugin Manager – Show Plugin Manager", selecione o plugin desejado na aba Available e execute a instalação.

Um plugin muito útil é o FingerText que permite criar e armazenar sequências textuais prontas que são ativadas pela tecla TAB. Algumas sequências, tal como, "Lorem ipsum dolor ...", já vêm instaladas: digite "lorem" e clique em TAB. Para incluir uma nova entrada, selecione o texto desejado, acesse a sequência de opções "Plugins – FingerText – Create Snippet from Selection" e registre o nome da sequência. Por exemplo, digite a sequência que caracteriza uma seção de código PHP e registre-a como "php".

```
<?php ?>
```

Acesse o link https://github.com/erinata/FingerText para obter mais informações sobre o FingerText.

Outro plugin que recomendamos é o Emmet. Ele facilita a codificação HTML e CSS. Os exemplos que seguem são uma pequena amostra das capacidades do plugin.

Para gerar o corpo de uma página HTML5, crie um arquivo em branco, digite ! (exclamação) ou "html:5" e use as teclas CTRL ALT ENTER ou acesse a sequência de opções "Plugins – Emmet – Expand abbreviation".

O Emmet possui inúmeros atalhos que automatizam a criação dos arquivos HTML. Consulte as dicas de uso em http://www.nextofwindows.com/zen-coding-emmet/.

Por exemplo, para criar uma tabela HTML com 10 linhas de cinco colunas, digite o texto abaixo e execute o comando de expansão.

```
table>tr*10>td*5
```

O Emmet pode ser instalado também no IDE Aptana. Link para a documentação oficial do plugin: http://docs.emmet.io/.

2.4 Ferramentas do navegador de Internet

Os navegadores de Internet modernos dispõem de um conjunto de ferramentas muito útil para o desenvolvedor analisar a apresentação de uma página Web. Os recursos disponíveis nessas ferramentas permitem verificar desde a troca de mensagens na rede até o conteúdo recebido do servidor. É possível, até mesmo, alterar o conteúdo e o formato da página HTML.

Os recursos disponíveis nas ferramentas de desenvolvimento de um navegador permitem:

- Inspecionar e alterar o conteúdo da página HTML;
- Inspecionar e alterar a formatação dos elementos (CSS);
- Inspecionar os dados que trafegam entre o servidor Web e o navegador;
- Executar o código JavaScript;
- Mostrar as informações de saída do debug de um código JavaScript.

Para ativar as ferramentas do Chrome, use o comando CTRL SHIFT I, CTRL SHIFT J ou acesse a opção de menu "Mais ferramentas – Ferramentas do desenvolvedor". No Mozilla, use CTRL SHIFT I ou acesse o menu "Desenvolvedor – Exibir/ocultar ferramentas". Em ambos, selecione a aba Console para interagir com o conteúdo HTML e a formatação CSS da página. Na aba Network (ou Rede), você pode monitorar o tráfego entre o navegador e servidor Web.

A Figura 4 mostra a ferramenta de desenvolvedor do Chrome ativada para o exemplo do item 4.2.7. Na aba Elements, podemos examinar o código HTML e as formatações CSS aplicadas ao conteúdo da página.

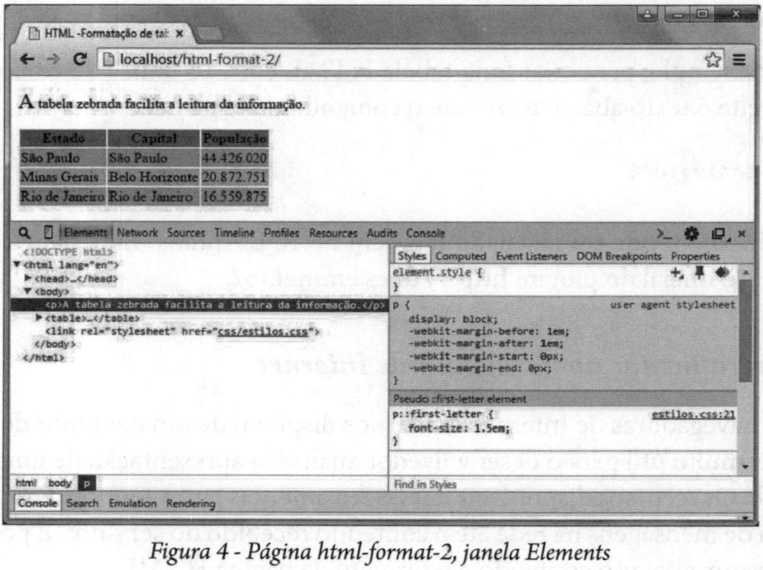

Figura 4 - Página html-format-2, janela Elements

2.5 Servidor Web e banco de dados

O conjunto formado pelo servidor Web, gerenciador de banco de dados e interpretador PHP é a infraestrutura instalada no lado servidor que gerencia as solicitações dos clientes e disponibiliza as informações adequadas.

O conteúdo Web dinâmico pressupõe uma fonte de dados para as páginas HTML. Os gerenciadores de bancos de dados são os agentes que selecionam e filtram os dados, incluem e excluem as informações de acordo com as solicitações enviadas pelos clientes.

Instalar e configurar esse tipo de software é uma tarefa mais complexa que instalar, por exemplo, um IDE. Se você usa o Windows, consulte o item 9.1 para instalar o pacote WAMP (Windows Apache MySQL PHP), que inclui o servidor Apache, o interpretador PHP e os bancos de dados MySQL e SQLite. Para um ambiente Linux, a solução mais acessível é selecionar uma distribuição que inclua os softwares mencionados.

Na maioria dos casos, é recomendável que as páginas HTML sejam instaladas na pasta pública do servidor Web e testadas acessando o link no endereço localhost, pois alguns recursos não serão habilitados se simplesmente abrirmos a página no navegador como um arquivo local. Exemplo de link para acessar uma página hospedada em localhost: http://localhost/angular-01/index.html.

2.6 Ambiente virtual para desenvolvimento

A instalação de softwares de infraestrutura, tais como, um servidor Web e um gerenciador de banco de dados, essenciais para o nosso ambiente de desenvolvimento, pode interferir no funcionamento dos aplicativos preexistentes. Por exemplo, a instalação de uma determinada versão do PHP pode ser incompatível com a versão do Apache, inviabilizando o uso dos aplicativos PHP previamente instalados no sistema operacional.

Uma das alternativas para solucionar este problema é usar um ambiente de desenvolvimento baseado em máquinas virtuais (VM). Usando uma VM, o sistema operacional hospedeiro, à parte da instalação do gerenciador da máquina virtual, permanece intacto.

Se você ainda não conhece o conceito de máquina virtual, pense nela como uma máquina (PC) instalada dentro do seu computador físico. A VM é completamente independente da máquina hospedeira; por exemplo, a VM pode usar o Linux, sendo que o sistema operacional da máquina hospedeira é o Windows.

É importante ressaltar que o uso de uma VM só será viável se a máquina hospedeira tiver a disponibilidade de processamento e memória suficiente para atender as necessidades do sistema operacional hóspede.

A utilização de uma VM evita interferências maiores no ambiente de nosso sistema operacional. Porém, a criação de uma VM pode trazer um novo problema: o processo de gerar uma máquina virtual é equivalente a instalar um sistema operacional e os aplicativos em uma máquina física. Ou seja, o volume de trabalho é significativo. Felizmente, temos muitas VM prontas, disponíveis na Internet; se encontrarmos uma máquina contendo os softwares necessários ao nosso ambiente de desenvolvimento, nosso problema estará resolvido.

A solução de ambiente virtual que apresentamos é baseada no software de virtualização VirtualBox e em uma instalação Linux denominada Homestead.

O VirtualBox é um gerenciador de máquinas virtuais da Oracle licenciado sob os termos da GPL-2. Há versões para o Windows, Linux e Macintosh. Site oficial: https://www.virtualbox.org/.

Homestead é uma instalação Ubuntu-Linux disponibilizada pelos mantenedores do framework PHP Laravel (assunto do Capítulo 12). Essa instalação Linux tem todas as ferramentas necessárias para o nosso ambiente de desenvolvimento: servidor Web Nginx (pronuncia-se "engine X"), interpretador PHP, gerenciadores de bancos de dados MySQL e PostgreSQL. Consulte a documentação oficial no link http://laravel.com/docs/5.0/homestead.

A instalação do Homestead é disponibilizada na forma de um pacote (box) compatível com o Vagrant. Esse software é, de acordo com sua documentação, uma ferramenta para criar e distribuir ambientes de desenvolvimento. O Vagrant trabalha em conjunto com os gerenciadores de VM VirtualBox, VMware ou KVM. Seu uso é livre e está disponível em versões para o Windows, Linux e Macintosh. Site: https://www.vagrantup.com/.

Usaremos o Vagrant para instalar uma VM pronta, armazenada em um repositório da Internet, como é o caso do pacote Homestead. O Vagrant também é uma ferramenta de interface com a VM.

Necessitamos também do GIT para baixar a configuração do Homestead. GIT é uma ferramenta de gerenciamento e controle de versões de softwares. Para o momento, o único uso da ferramenta será baixar uma versão de um pacote de arquivos armazenado em um repositório remoto. No item 15.2, utilizaremos outros recursos do GIT. Site oficial: https://git-scm.com/.

2.6.1 Instalação e configuração

O primeiro passo na preparação de nosso ambiente de desenvolvimento é instalar os softwares mencionados: Vagrant, VirtualBox e GIT.

Para executar a instalação e a configuração do ambiente, utilizaremos a linha de comando do sistema operacional. No caso do Windows, use a linha de comando alternativa incluída no pacote do GIT executando a opção "Git Bash" na pasta de programas Git. O uso da linha de comando do Windows (cmd) não é recomendado devido às suas limitações.

Instale o sistema operacional adicionando o box Laravel ao gerenciador de VM VirtualBox. Importante: o tamanho do box é de aproximadamente 800 Mbytes. Ou seja, para uma instalação rápida, é necessário conectar um link de Internet de boa capacidade.

```
vagrant box add laravel/homestead
```

Selecione uma pasta de trabalho. A sugestão é usar sua pasta de usuário. Exemplo: /home/jsilva no Linux ou C:\Users\Jsilva no Windows. Dentro dessa pasta, instale os arquivos da VM Homestead.

```
git clone https://github.com/laravel/homestead.git Homestead
```

Este comando armazena os arquivos de configuração na pasta Homestead localizada sob a pasta corrente. Ou seja, na pasta C:\Users\Jsilva\Homestead, se o sistema operacional hospedeiro é o Windows.

Configure a VM executando o seguinte comando dentro da pasta Homestead. O script gera os arquivos dentro da pasta C:\Users\Jsilva\.homestead.

```
bash init.sh
```

Volte para a pasta de trabalho, C:\Users\Jsilva, e crie uma chave de acesso com o utilitário ssh-keygen, que faz parte do pacote GIT. O comando gera as chaves privada e pública nos arquivos id_rsa e id_rsa.pub, respectivamente, dentro da pasta C:\Users\Jsilva\.ssh.

```
ssh-keygen -t rsa -C "jsilva@xyz.com"
```

Abra o arquivo C:\Users\Jsilva\.homestead\Homestead.yaml. Observe o trecho do arquivo com os parâmetros que configuram o tipo de VM (VirtualBox) e as pastas para os arquivos que contêm as chaves pública e privada.

```
# C:\Users\Jsilva\.homestead\Homestead.yaml #
...
provider: virtualbox

authorize: ~/.ssh/id_rsa.pub

keys:
- ~/.ssh/id_rsa
...
```

2.6.2 Acesso à máquina virtual

A VM não teria muita utilidade se não dispusesse de algum meio para se conectar à máquina real. A forma clássica de conexão entre as máquinas é por meio de um link virtual de comunicação de rede que permite, por exemplo, o acesso mútuo com uma ferramenta de FTP. Entretanto, outra forma de conexão é a que mais nos interessa: a VM dispõe de um recurso que permite que o sistema operacional hóspede e o hospedeiro compartilhem uma pasta. Em um compartilhamento, a pasta e os arquivos contidos nela são visíveis tanto pelo hóspede quanto pelo hospedeiro. Isto implica que qualquer alteração executada em um arquivo dessa pasta no lado hóspede será refletida imediatamente no hospedeiro e vice-versa. A ideia é usar esse recurso para gerenciar os arquivos do projeto com as ferramentas instaladas no hospedeiro e, ao mesmo tempo, usar o hóspede como servidor Web e repositório dos dados.

O arquivo Homestead.yaml contém as configurações da pasta usadas pelo servidor Web e o mapeamento para criar o compartilhamento. De acordo com esse arquivo, a pasta C:\Users\Jsilva\Code do hospedeiro é mapeada para a pasta /home/vagrant/Code do hóspede.

```
# C:\Users\Jsilva\.homestead\Homestead.yaml #
...
folders:
    - map: ~/Code
      to: /home/vagrant/Code

sites:
    - map: homestead.app
      to: /home/vagrant/Code/Laravel/public
...
```

Crie uma pasta denominada Code dentro da pasta de trabalho C:\Users\Jsilva. Em seguida, dentro da pasta Code, crie a pasta Laravel\public. Essa pasta corresponde ao endereço do servidor Web Homestead que será acessado pelo navegador.

Inicialize a máquina virtual.

```
vagrant up
```

Durante a inicialização, a VM gera uma saída em console contendo uma série de informações sobre a configuração do ambiente. Anote o mapeamento das portas 80 e 443 que correspondem às conexões HTTP e HTTPS, respectivamente. O exemplo abaixo mostra uma saída de console quando a VM direciona as portas para a configuração padrão: HTTP na porta 8000 e HTTPS na porta 44300.

```
...
==> default: Preparing network interfaces based on configuration...
    default: Adapter 1: nat
    default: Adapter 2: hostonly
==> default: Forwarding ports...
    default: 80 => 8000 (adapter 1)
    default: 443 => 44300 (adapter 1)
    default: 3306 => 33060 (adapter 1)
    default: 5432 => 54320 (adapter 1)
    default: 22 => 2222 (adapter 1)
```

```
==> default: Running 'pre-boot' VM customizations...
==> default: Booting VM...
==> default: Waiting for machine to boot. This may take a few minutes...
    default: SSH address: 127.0.0.1:2222
    default: SSH username: vagrant
    default: SSH auth method: private key
...
```

Crie o arquivo index.php para mostrar a configuração PHP (consulte o item 9.1) e armazene-o na pasta C:\Users\Jsilva\Code\Laravel\public\php-info.

```
<!-- C:\Users\Jsilva\Code\Laravel\public\php-info\index.php -->
<?php phpinfo(); ?>
```

Acesse a página no navegador informando o endereço localhost, a porta HTTP e a pasta onde se localiza o arquivo.

```
http://localhost:8000/php-info/
```

Para acessar o ambiente da VM Homestead, use o emulador de terminal ssh incluído no pacote de instalação do GIT. Nota: No Windows, é necessário configurar o caminho C:\Program Files\Git\bin na variável de ambiente %PATH%.

```
vagrant ssh
```

Após a execução do comando ssh, estamos dentro do ambiente Homestead, de onde podemos interagir com o sistema operacional usando a linha de comando do Linux. A partir daí, podemos acessar os bancos de dados MySQL e PostgreSQL instalados na VM. Dados válidos para ambos os bancos de dados: nome homestead, usuário homestead, senha secret, acessível em localhost.

Acesse o PostgreSQL via utilitário psql.

```
psql -d homestead -U homestead -h localhost
```

Use o comando mysql para acessar o banco de dados MySQL.

```
mysql --user=homestead --database=homestead --password=secret
```

O Capítulo 10 apresenta mais informações sobre o acesso aos bancos de dados.

3. HTML – Hypertext Markup Language

O elemento básico do conteúdo de uma página Web é o arquivo no formato HTML, Hypertext Markup Language.

O arquivo HTML contém o texto que visualizamos no navegador e os marcadores que configuram a forma de estruturar e apresentar os elementos da página. Além da informação textual, uma página HTML contém referências para outras páginas, imagens, áudio, vídeo etc.

O HTML é uma linguagem de marcadores de texto, isto é, um arquivo HTML contém os dados e as instruções para a apresentação e a formatação destes. Entretanto, o HTML não é uma linguagem de programação, ou seja, não incorpora os elementos essenciais à codificação das lógicas de um programa de computador, tais como, variáveis, estruturas de decisão, estruturas de repetição etc.

Exemplo mostrando a estrutura de um arquivo HTML5.

```
<!doctype html>
<html lang="pt-br">
<head>
  <meta charset="UTF-8">
  <title>Document</title>
</head>
<body>
  ...
</body>
</html>
```

Analisando o arquivo HTML de exemplo, podemos observar que ele se divide em quatro elementos principais.

O cabeçalho do arquivo informa o tipo do documento. O marcador <!doctype html> indica a versão 5 do HTML.

O conteúdo HTML é configurado dentro da seção criada pelo marcador <html>. Sob esta seção, declaramos duas subseções: o cabeçalho e o conteúdo efetivo da página, criados com os marcadores <head> e <body>, respectivamente.

O atributo lang do marcador <html> indica a língua usada no conteúdo HTML. O conjunto de caracteres é declarado no atributo charset do marcador HEAD. Na maioria dos casos, utiliza-se a codificação UTF-8 que cobre praticamente todos os caracteres usados pelas diversas línguas do mundo. Essa configuração informa ao navegador como devem ser apresentados os caracteres acentuados e os caracteres especiais. Consulte a documentação oficial no site da W3C, http://www.w3.org/International/O-charset, ou o artigo da W3Schools, http://www.w3schools.com/html/html_charset.asp.

Opcionalmente, o arquivo HTML pode conter informações sobre a formatação (layout) dos elementos mencionados, tais como, o tipo, cor, tamanho e outras características de apresentação do texto. A formatação pode ser declarada no próprio elemento, restringindo o efeito ao mesmo, ou em uma seção específica de estilo configurada dentro dos marcadores <style>. Entretanto, recomenda-se que o arquivo HTML contenha apenas a estrutura e o corpo da página Web. As informações de formatação devem ser separadas em um arquivo à parte, em folhas de estilos no formato CSS, Cascading Style Sheet, que será o assunto do Capítulo 4. A referência a uma folha de estilos é declarada em um marcador <link>.

```
<link rel=”stylesheet” href=”css/estilos.css” />
```

Os scripts, pequenos programas escritos em JavaScript e interpretados pelo navegador, também podem ser incorporados ao arquivo HTML. Da mesma forma que as informações de estilo, os scripts devem ser, preferencialmente, separados em um arquivo à parte e referenciados no arquivo HTML via marcadores <script>.

```
<script src=”js/scripts.js” />
```

O JavaScript é assunto do Capítulo 6.

3.1 Marcador HTML

Os elementos HTML têm o formato genérico <tag>conteúdo</tag>, contendo um marcador de abertura e o correspondente marcador de fechamento. Alguns elementos são configurados dentro dos limites do marcador <tag>, de forma que não necessitam de uma declaração de fechamento.

Exemplo de um elemento com marcadores de abertura e fechamento.

```
<table class='tabela1' id='tab1'>
  ...
</table>
```

Já, o marcador <img>, usado para referenciar uma imagem, é um exemplo de elemento HTML sem marcador de fechamento.

```
<img class="animais" id="gato-3" src="img/gato-3.jpeg"
    alt="Gato número 3">
```

Os elementos, como <img>, que têm apenas o marcador de abertura, deverão ser declarados com a barra do marcador de fechamento, <img ... /> apenas se for necessária a compatibilidade HTML com as versões anteriores à 5.

```
<!-- Compatível com todas as versões de HTML -->
<img src="img/gato-3.jpeg" />

<!-- Válido para HTML5 -->
<img src="img/gato-3.jpeg">
```

Os elementos essenciais de um documento HTML são os marcadores <html>, que identificam o tipo de documento, <head>, contendo informações sobre o documento, e <body>, delimitando o conteúdo efetivo da página.

Os atributos ID, identificador, que individualiza um elemento na página HTML, e CLASS, que permite identificar um conjunto de elementos do mesmo tipo, são opcionais, porém muito úteis por facilitarem a manipulação da página HTML via scripts. Por exemplo, um script usa o ID para procurar um elemento específico e CLASS para determinar todos os elementos que pertencem a uma determinada classe.

O identificador do elemento, atributo ID, é único dentro de um determinado arquivo HTML. Dica: o IDE Aptana irá gerar um alerta se declararmos dois elementos com o mesmo identificador.

A Figura 5 mostra a estrutura de um elemento declarada por um marcador HTML.

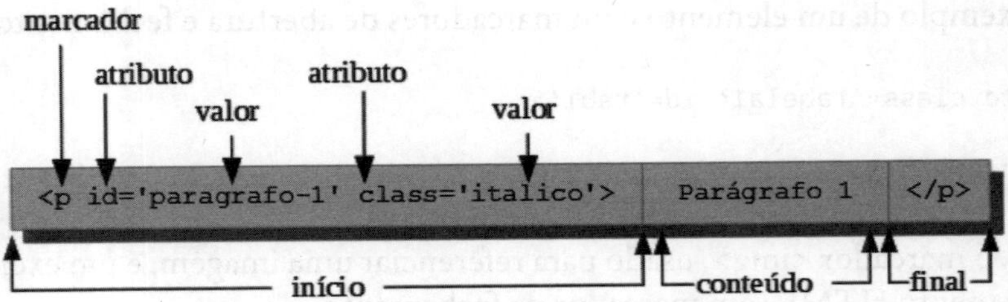

Figura 5 - Estrutura do marcador HTML

No HMTL5, as aspas são opcionais na declaração do valor de um atributo.

Uma característica fundamental na apresentação de documentos HTML é que a interpretação dos marcadores não é estrita. Diz-se que o navegador tem uma tolerância (forgiveness), é leniente com erros na sintaxe HTML. O aplicativo cliente, o navegador, tenta mostrar o máximo de informação possível a partir do conteúdo recebido do servidor. Se o marcador contido no arquivo não fizer parte do padrão HTML ou se a informação recebida for incompleta, com erros, o navegador irá ignorar a formatação e mostrará o texto bruto. Por exemplo, se incluirmos um marcador inexistente no padrão HTML:

```
...
<marca>Meu marcador</marca>
...
```

O navegador, não podendo interpretar o significado do marcador <marca>, mostrará o conteúdo integral da linha como se fosse um texto comum.

Esse comportamento segue a lógica de que o navegador de Internet não deve encerrar o carregamento da página devido a um desvio no padrão HTML ou a um erro na execução de um script.

3.2 Elementos básicos

Seria necessário dedicar todo o livro ao assunto se fôssemos descrever a lista completa dos marcadores HTML. Consulte sites como o W3Schools (http://www.w3schools.com/) para obter a descrição, a sintaxe e exemplos de uso de todos os marcadores definidos no padrão HTML.

Neste capítulo, selecionamos alguns dos marcadores mais usados como uma forma de ilustrar o uso do HTML.

3.2.1 Texto

O marcador <p> cria um parágrafo dentro do documento HTML.

```
<p id='par-01' class='italico'>Texto itálico</p>
```

As linhas em branco e as quebras de linha dentro de um texto HTML são ignoradas pelo navegador. É necessário inserir o marcador <br> nos locais onde se deseja criar uma quebra de linha visível.

```
HTML <br>
CSS <br>
JavaScript <br>
```

O interpretador HTML considera apenas um espaço em branco. Para inserir mais de um espaço, use uma sequência de caracteres especiais .

```
<p>Três espaços   em branco<p>
```

Todo conteúdo dentro do marcador <!-- --> é ignorado pelo navegador. A marcação é usada para documentar o arquivo HTML ou inibir temporariamente a visualização dos elementos da página.

3.2.2 Referências

As imagens são incorporadas na página com o marcador <img>. O atributo opcional ALT configura um texto que será mostrado na ausência da imagem e como um recurso de acessibilidade para descrever a imagem para os deficientes visuais.

```
<img src="img/balao.jpg"
  alt="Balão de ar quente sobre o parque"/>
```

Os marcadores <figure> e <figcaption>, disponíveis no HTML5, permitem associar uma legenda a uma imagem.

```
<figure>
  <img src="img/balao.jpg" alt="Balão"/>
  <figcaption>
    <p>Balão de ar quente sobre o parque</p>
  </figcaption>
</figure>
```

As referências para outras páginas HTML são criadas com o marcador <a> e o atributo href.

```
<a href="page-2.html">Página 2</a>
```

3.2.3 Listas e tabelas

As listas simples são definidas dentro dos marcadores <ul>, sendo que cada elemento da lista é delimitado pelo marcador <li>.

```
<!-- html-basics/index.html -->
...
<!-- Lista simples -->
<ul>
  <li>HTML</li>
  <li>CSS</li>
  <li>JavaScript</li>
</ul>
```

Nas listas numeradas, os elementos recebem automaticamente uma numeração em ordem crescente. Essas listas são definidas dentro dos marcadores <ol>.

```
<!-- Lista numerada -->
<ol>
  <li>HTML</li>
  <li>CSS</li>
  <li>JavaScript</li>
</ol>
```

As tabelas são criadas com o marcador <table>.

```
<!-- Tabela -->
<table border="1">
  <tr>
    <th>Tecnologia</th>
    <th>Descrição</th>
  </tr>
  <tr>
    <td>HTML</td>
    <td>Hypertext Markup Language</td>
  </tr>
  <tr>
    <td>CSS</td>
    <td>Cascading Style Sheets</td>
  </tr>
  <tr>
    <td>JavaScript</td>
    <td>JavaScript</td>
  </tr>
</table>
```

Configuração de uma tabela HTML:

- O marcador <tr> cria uma linha dentro da tabela;
- O marcador <td> cria uma coluna dentro de uma linha;
- O marcador <th> cria uma coluna especial de cabeçalho dentro de uma linha. O texto dentro dessas células é centralizado e colocado em negrito.

Visualização da página HTML.

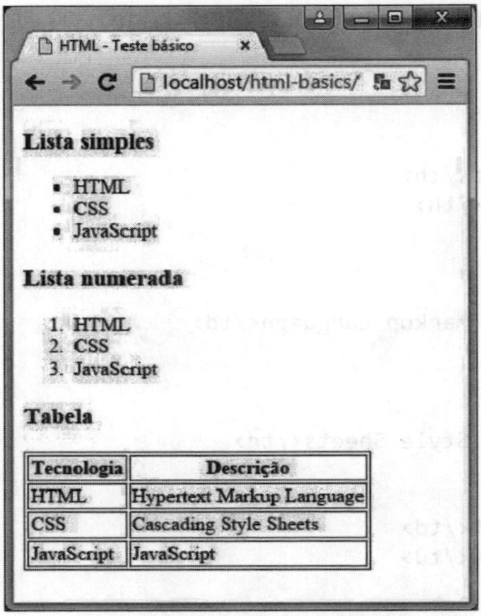

Figura 6 - Página html-basics

3.2.4 Divisões

O marcador <div> cria uma divisão na página HTML delimitando um bloco de elementos. No exemplo, cada divisão tem uma característica especial de apresentação. A formatação dos elementos de uma página usando CSS é assunto do Capítulo 4.

```
<!-- html-format/index.html -->
...
<p id="vermelho">Linha vermelha 150%</p>
<p id="azul">Linha azul 120%</p>

<style>
  #vermelho {
    color: #ff6848;
    font-size : 1.5em;
  }

  #azul {
    color: #6848ff;
    font-size : 1.2em;
```

```
  }
</style>
```

Visualização da página HTML.

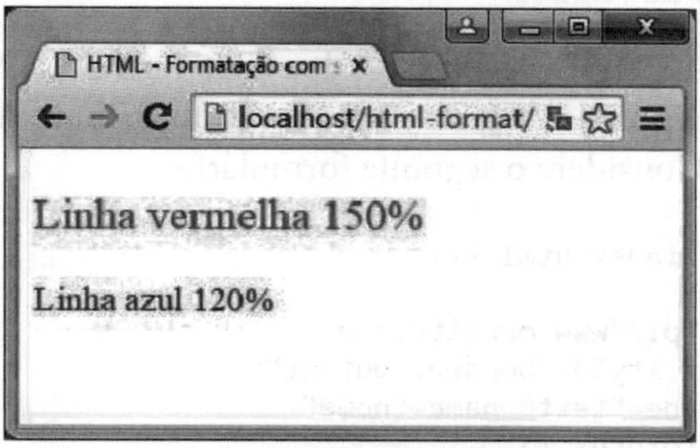

Figura 7 - Página html-format

3.2.5 Validação da sintaxe HTML

O IDE Aptana aponta, em tempo real, inconsistências na formatação HTML gerando alertas e mensagens de erro. Há também sites como o do W3C, http://validator.w3.org/, que permitem verificar se os arquivos HTML, em suas diversas versões, estão em conformidade com o padrão estabelecido. É possível acessar o site diretamente a partir do IDE: com o arquivo HTML aberto, execute a sequência de comandos "Commands – HTML – Validate Syntax (W3C)".

3.3 Entrada de dados

Uma página HTML pode aceitar os dados fornecidos pelo usuário e enviá-los ao servidor. Os campos de entrada que receberão as informações digitadas pelo usuário devem ser declarados dentro de um formulário criado por um marcador <form>. Esse marcador deve ter, no mínimo, o atributo ACTION, onde se declara o destino dos dados que, geralmente, é um link para uma página HTML, e o atributo METHOD para indicar a forma de envio dos dados.

```
<form action="link.html" method="get">
  <!–
```

```
    Aqui se declaram os elementos do formulário
  -->
</form>
```

3.3.1 Submissão dos dados

O atributo METHOD deve ter o valor GET ou POST. No método GET, os dados são incorporados ao link configurado no atributo ACTION e enviados ao servidor. Considere o seguinte formulário:

```
<!-- html-input/index.html -->
...
<form action=http://www.meusite.com
    method="get" style="border: outset">
  Nome <input type="text" name="nome"
    required autofocus />
  <br><br>
  Senha <input type="password" name="senha"
    required />
  <br><br>
  <input type="submit" />
  <input type="reset" />
</form>
...
```

Se preenchermos "wilson" e "12345" nos campos nome e senha, respectivamente, e clicarmos no botão SUBMIT, teremos o seguinte resultado mostrado na barra de endereços do navegador: www.meusite.com?nome=wilson&senha=12345

Os dados do formulário são separados com um caractere & e concatenados ao link com o caractere "?". A característica principal do método GET é que a informação submetida pelo usuário fica visível, ou seja, sua desvantagem óbvia é que os dados ficam desprotegidos. Além disso, o fato de a informação ficar armazenada no histórico do navegador cria outro problema de segurança.

Entretanto, se o formulário não contiver dados sensíveis, o método GET permite que o link seja copiado e guardado, o que não é possível com o método POST.

O segundo método de submissão de dados, POST, tem a vantagem de não expor os dados, porém, é importante frisar que a informação é enviada ao servidor sem proteção (criptografia), sendo facilmente interceptável. Os dados enviados com o método estão disponíveis, por exemplo, no navegador. No Mozilla, verifique a opção "Ferramentas – Desenvolvedor Web – Rede – POST – Parâmetros". Para obter segurança no tráfego de dados, necessitamos de uma conexão do tipo SSL (Secure Socket Layer), pois o tipo de requisição não é uma garantia de sigilo.

Outro aspecto importante a considerar é que a especificação HTTP normatiza uma regra de uso para os métodos: o GET deve ser usado apenas para recuperar os dados sem alterá-los. Se a requisição enviada ao servidor é uma operação que altera os dados, como é o caso de um preenchimento de cadastro, deve-se usar o método POST. Note que essa regra só será respeitada se a interface no lado servidor também seguir a convenção.

Quando a interface do servidor segue as regras mencionadas para o GET e POST, e também implementa o atendimento das requisições PUT, para alterar os dados existentes, e DELETE, para eliminar dados, diz-se que a interface Web é REST (Representational State Transfer). Consulte também o item 14.5.

3.3.2 Tipo de entrada de dados

O marcador <input> pode ser de um dos seguintes tipos:

- text: entrada de dados simples;
- password: entrada de dados simples sem a visualização dos caracteres digitados. Apropriado para a digitação de senha;
- radio: configura um conjunto de opções excludentes.

```
<!-- html-input-2/index.html -->
...
Combustível
<input type="radio" name="comb" value="E" checked/>
    Etanol<br>
<input type="radio" name="comb" value="G"/>
    Gasolina<br>
```

- checkbox: configura uma seleção do tipo sim/não com múltiplas opções.

```
Pratos preferidos<br>
<input type="checkbox" name="prato" value="p1">
   Churrasco<br>
<input type="checkbox" name="prato" value="p2">
   Feijoada<br>
<input type="checkbox" name="prato" value="p3">
   Pizza<br>
<input type="checkbox" name="prato" value="p4">
   Vatapá<br>
```

- textarea: entrada de dados multilinha.

```
Sua mensagem <br>
<textarea rows="10" cols="50" name="mensagem">
  Digite aqui a sua mensagem!
</textarea>
```

- submit: cria um botão para enviar os dados.
- reset: cria um botão para limpar os campos do formulário.

```
<input type="submit" />
<input type="reset" />
```

No HTML5, o marcador <input> tem dois atributos muito úteis para aprimorar a interatividade do usuário com a página HTML.

- required indica que o preenchimento do campo é obrigatório. O formulário não é enviado e o navegador irá gerar um alerta se o usuário não preencher o campo.

- autofocus posiciona o cursor no campo selecionado quando a página é carregada.

O segundo tipo de marcador, que pode ser configurado dentro de um formulário, é um menu de múltiplas opções. Dentro da seção delimitada pelo marcador <select>, listamos as opções com o marcador <option>.

```
Sua nota
<select name="nota">
  <option value="0">Ruim
  <option value="1">Regular
  <option value="2">Bom
  <option value="4">Excelente
</select>
```

3.4 A estrutura DOM – Document Object Model

O navegador organiza os elementos de uma página HTML em uma estrutura hierárquica denominada DOM (Document Object Model), onde cada elemento da página é armazenado em um nó específico da estrutura. O resultado é uma árvore onde um elemento é pai, filho e/ou irmão dos outros elementos. O elemento-pai está um nível acima na hierarquia em relação ao filho e os elementos-irmãos estão no mesmo nível hierárquico da árvore.

Para entender a estrutura DOM, usaremos como exemplo uma página HTML com um cabeçalho e uma tabela com duas linhas de duas colunas.

```
<!doctype html>
<html lang="en">
<head>
  <meta charset="UTF-8">
  <title>Teste</title>
</head>
<body>
  <h3>Siglas</h3>
  <table>
    <tr>
      <td>HTML</td>
      <td>Hypertext Markup Language</td>
    </tr>
    <tr>
      <td>CSS</td>
      <td>Cascading Style Sheet</td>
    </tr>
  </table>
</body>
</html>
```

Todo documento HTML tem o elemento DOCUMENT em sua raiz como o pai de todos os elementos da página.

No nosso exemplo, os elementos <head> e <body> são irmãos e têm <html> como pai. Ou, de forma equivalente, dizemos que <head> e <body> são filhos de <html>.

Uma tabela HTML pode ter várias seções <tbody>. No exemplo, como não se declarou nenhum bloco desse tipo, <tbody> foi implicitamente criado. A tabela, <tbody>, tem como descendentes diretos as linhas (<tr>) que, por sua vez, são as mães das colunas (<td>).

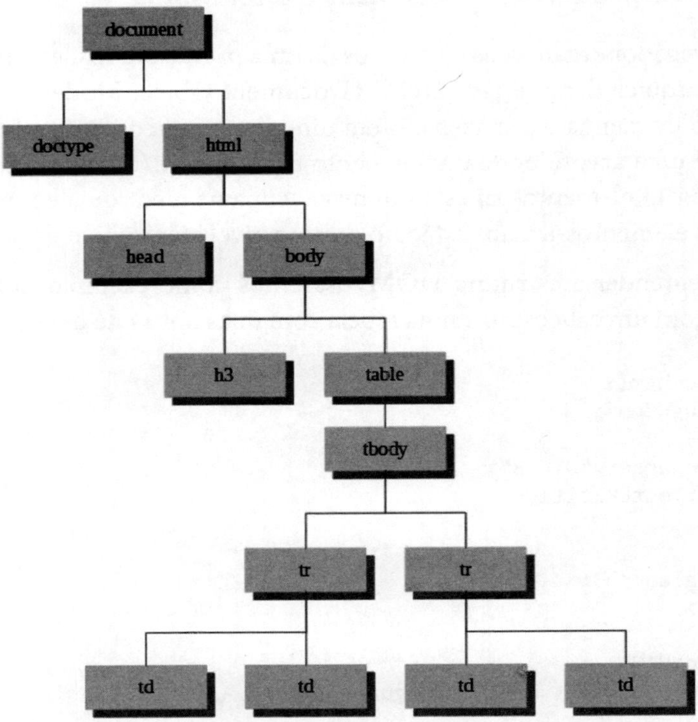

Figura 8 - Estrutura DOM de uma página HTML

Uma forma de visualizar a estrutura DOM de uma página HTML é instalar o plugin *DOM Inspector* no navegador Mozilla.

A possibilidade de manipular os elementos de uma página HTML é uma das capacidades essenciais em um aplicativo Web. A árvore DOM é uma forma de representar uma página Web que organiza e simplifica o acesso aos elementos HTML. No Capítulo 7, estudaremos a biblioteca jQuery, um conjunto de funcionalidades que facilita o acesso e a manipulação dos elementos HTML de uma página Web.

4. CSS – Cascading Style Sheets

CSS, Cascading Style Sheets, é um conjunto de declarações de estilo que configuram a formatação e a apresentação dos elementos da página HTML. As declarações CSS permitem selecionar e ajustar as propriedades do texto, cores dos elementos, formatação das tabelas, tamanho e transparência de imagens etc.

4.1 Declaração CSS

A declaração CSS pode estar contida no próprio marcador HTML, em um bloco dentro do arquivo HTML ou em um arquivo específico referenciado pelos arquivos HTML. A última forma é o método preferido por separar os elementos HTML e a formatação CSS em locais específicos.

Uma declaração CSS consiste geralmente de uma propriedade e seu valor.

Use o atributo STYLE para criar uma declaração CSS dentro de um marcador HTML. A formatação será específica do marcador, válida somente no âmbito deste.

```
<!-- Formata fonte em 200% -->
<div style="font-size: 2em" >
  Fonte tamanho duplo
</div>
```

As formatações declaradas no arquivo HTML ou em um arquivo próprio de estilos devem ser delimitadas por chaves { }.

No exemplo abaixo, as declarações formatam o tipo e o tamanho dos caracteres que estão dentro do corpo da página HTML. Note como várias declarações podem ser configuradas dentro do bloco delimitado pelas chaves; elas devem ser separadas por ponto e vírgula.

```
body {
  font-family: Georgia;
  font-size: 20px;
}
```

A Figura 9 mostra o formato básico de uma configuração CSS.

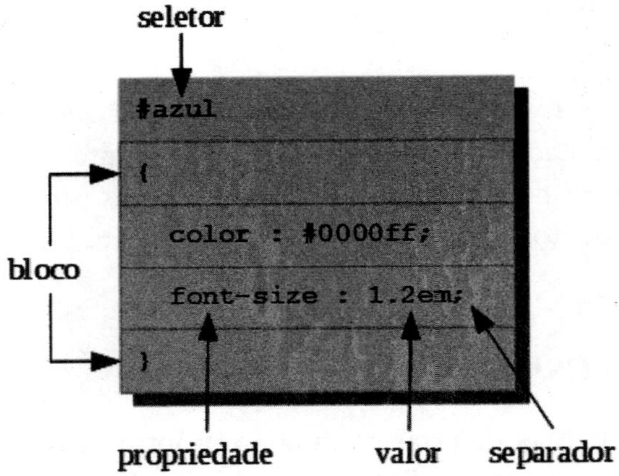

Figura 9 - Estrutura da declaração CSS

A configuração CSS é formada pelo seletor e pela declaração. O seletor é uma referência a um ou vários elementos, a um tipo ou uma classe de elementos, onde a formatação será aplicada. Quando se declaram múltiplos elementos em um seletor, eles devem ser separados por vírgula.

```
h1, h2, h3 {
  ...
}
```

A configuração propriamente dita é explicitada em uma declaração. Dentro do seletor, podemos configurar vários parâmetros CSS declarando diversos conjuntos de propriedades e valores. Cada conjunto propriedade/valor deve terminar com ponto e vírgula.

As declarações configuradas no arquivo HTML dentro dos marcadores <style> criam estilos com escopo válido para os elementos contidos no arquivo. O exemplo abaixo formata qualquer texto pertencente ao corpo do arquivo HTML.

```
<html>
  <head> ...  </head>
  <body>
  ...
    <style>
      body {
        font-family: Georgia;
        font-size: 20px;
      }
    </style>
  </body>
</html>
```

Já um arquivo CSS específico pode conter estilos disponíveis para qualquer página HTML que faça referência a ele. No arquivo HTML, usamos a propriedade HREF do marcador <link> para indicar o arquivo CSS desejado; nesse mesmo marcador, a propriedade REL indica que o link é uma folha de estilos. No exemplo abaixo, fazemos referência ao arquivo estilos.css, localizado dentro de uma pasta denominada css, localizada sob a pasta onde está armazenado o arquivo da página HTML.

```
<link rel="stylesheet" type="text/css"
    href="css/estilos.css"/>
```

Nas páginas codificadas no padrão HTML5, o atributo TYPE é opcional.

Para criar um arquivo CSS no Aptana, selecione o projeto na aba "Project Explorer", clique com o botão direito do mouse e execute a sequência de comandos "New – Folder". Dê o nome css à pasta.

Selecione a pasta criada com o mouse e, no botão direito, execute a sequência de comandos "New From Template – CSS – CSS Template". Dê o nome estilos.css ao arquivo.

4.2 Formatação de elementos

O seletor CSS pode ser um tipo de elemento, uma classe de elementos ou um elemento HTML específico.

4.2.1 Tipo do elemento

A formatação pode ser aplicada a um determinado tipo de elemento HTML. Exemplo para formatar a apresentação de elementos do tipo <h1>:

```
h1 {
  font-family: Georgia;
}
```

Também é possível declarar uma formatação válida para vários tipos de elementos. Exemplo para formatar elementos do tipo <h1>, <h2> e <h3>:

```
h1, h2, h3 {
  font-family: Georgia;
}
```

4.2.2 Classe

É possível criar uma configuração válida para toda uma classe de elementos HTML. A classe é definida no arquivo HTML, na propriedade CLASS do elemento. Na configuração CSS, o nome da classe deve ser prefixado com um ponto. O exemplo formata os elementos da classe ITALICO para a apresentação de uma fonte em itálico, com uma linha sólida inferior.

```
.italico {
  font-style: italic;
  border-bottom: solid;
}
```

A formatação é válida para qualquer elemento cujo atributo CLASS seja configurado como ITALICO.

```
<p class='italico'>Parágrafo 1</p>
...
<h1 class='italico'>Cabeçalho H1</h1>
```

A aplicação do estilo pode ser restrita à classe associada a um determinado tipo de elemento. No exemplo abaixo, apenas os parágrafos definidos dentro dos marcadores <p> e pertencentes à classe ITALICO serão afetados pela formatação.

```
p.italico {
  font-style: italic;
  border-bottom: solid;
}
```

4.2.3 Identificador

Para criar uma configuração válida para um elemento específico, vinculamos o seletor CSS a um identificador de um marcador HTML, o qual é declarado no atributo ID do elemento. Na configuração CSS, o identificador deve ser prefixado com um caractere cerquilha.

```
#destaque {
  font-weight: bold;
  font-style: italic;
  color: #00ff00;
}
```

A formatação é válida para o elemento HTML cujo ID coincide com aquele declarado na seção de estilo CSS. Em um arquivo HTML, o identificador deve ser único, isto é, somente um elemento pode ter este valor declarado no atributo ID.

```
<p id='destaque'>Texto negrito itálico em verde</p>
```

4.2.4 Descendentes e adjacentes

É possível criar uma configuração CSS aplicável aos descendentes de um elemento ou tipo de elemento. O exemplo formata apenas o texto de marcadores <h3> que pertencem a uma tabela.

```
table h3 {

  font-style: bold;
}
```

O adjacente é um elemento-irmão localizado imediatamente após o elemento em referência. O exemplo formata o primeiro parágrafo que segue o parágrafo com o ID paragrafo-1.

```
#paragrafo-1 + p {
  color: #aaaaaa;
}
```

4.2.5 Hover

O estilo "hover" é aplicado quando o mouse "passa" sobre o elemento. Essa formatação produz um efeito dinâmico sem o uso de scripts. No exemplo, a cor de fundo de uma célula de uma tabela se altera quando o mouse passa sobre ela.

```
/* Altera a cor de fundo da célula */
td:hover {
  background-color: #b0b0b0;
}
```

O efeito em que as imagens se apresentam normalmente opacas, sendo que a imagem sobre a qual o mouse passa volta à transparência normal, pode ser facilmente obtido com a configuração "hover". Na formatação normal, a imagem tem um nível de 50% de transparência, que se altera para 100% quando o mouse passa sobre ela.

```
img {
  opacity: 0.5;
}

img:hover {
  opacity: 1;
}
```

4.2.6 Tabela zebrada

Usando os recursos de CSS, é bastante simples criar uma tabela com a formatação zebra, ou seja, onde há duas cores de fundo que se alternam de uma linha para outra.

```
/* Linha ímpar */
tr:nth-child(odd) {
  background-color: #ff8080;
}

/* Linha par */
tr:nth-child(even) {
  background-color: #00ff00;
}

/* Cabeçalho */
th { ... }
```

Para entender esse tipo de formatação, considere que a numeração das linhas de uma tabela começa em um. O seletor nth-child() aplicado ao seletor tr referencia uma linha da tabela; a opção odd seleciona as linhas ímpares e even, as pares.

A primeira linha da tabela poderá ter uma formatação específica se configurarmos suas colunas com o marcador <th>, caracterizando-a como um cabeçalho.

O seletor CSS nth-child() é genérico; para selecionar uma linha específica da tabela, basta especificar seu número.

```
/* Seleciona a linha 5 da tabela */
tr:nth-child(5) { ... }
```

Esse seletor pode ser aplicado a outros elementos HTML. As diretivas CSS abaixo formatam as linhas pares e ímpares de uma lista criada com os marcadores <ul> e <ol>.

```
li:nth-child(odd) {
  color: #e7d15a;
}

li:nth-child(even) {
  color: #65dccd;
}
```

4.2.7 Formatações específicas

É possível formatar a primeira letra dos parágrafos. O exemplo configura a primeira letra com o dobro do tamanho normal.

```
p::first-letter {font-size: 2em;}
```

Também é possível formatar a primeira linha de um parágrafo. No exemplo, formatamos a primeira linha com a fonte em negrito.

```
p::first-line {font-style: bold;}
```

Esses seletores são aplicáveis apenas aos elementos do tipo bloco, tais como, <p>, <h?>, <div> etc. Apenas um conjunto específico de formatações é aplicável aos seletores. Consulte uma referência como o site da W3Schools.

4.2.8 Exemplo de uso

Um exemplo usando alguns dos recursos mencionados anteriormente ajudará a visualizar o efeito das formatações. Na página HTML, declaramos um parágrafo e uma tabela.

```
<!-- html-format-2/index.html -->
...
<p>A tabela zebrada facilita a leitura da informação.
</p>

<table>
  <tr>
    <th>Estado</th>
    <th>Capital</th>
    <th>População</th>
  </tr>
  <tr>
    <td>São Paulo</td>
    <td>São Paulo</td>
    <td> 44.426.020</td>
  </tr>
...
</table>

<link rel=”stylesheet” href=”css/estilos.css”>
```

No arquivo CSS, declaramos as formatações para criar uma tabela zebrada e destacar a primeira letra do parágrafo. Incluímos também uma formatação para criar o efeito hover, alterando a cor de fundo quando o mouse passa sobre a célula da tabela.

```
/* html-format-2/estilos.css */
/* Tabela */
th {
  background-color: #a0a0a0;
}

tr:nth-child(odd) {
  background-color: #e7d15a;
}

tr:nth-child(even) {
  background-color: #65dccd;
}

td:hover {
  background-color: #ffffff;
}

/* Parágrafos */
p::first-letter {
  font-size: 1.5em;
}
```

Visualização da página HTML.

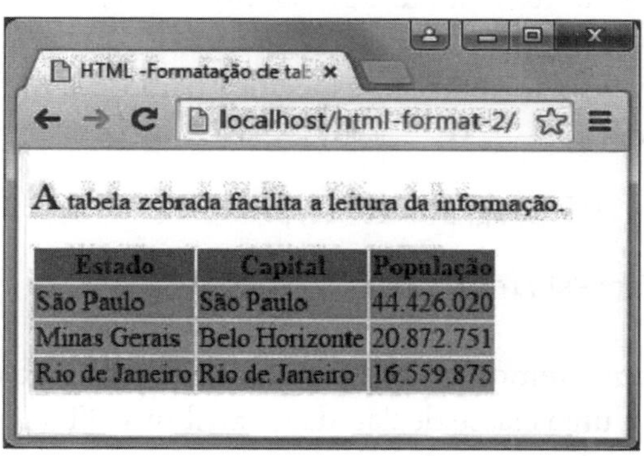

Figura 10 - Página html-format-2

4.3 Hierarquia da formatação CSS

Considerando a hierarquia DOM (Document Object Model) da página HTML, a precedência da formatação CSS vai do menos específico, o nível mais alto da hierarquia, ao mais específico, que é o nível mais baixo da hierarquia. A hierarquia DOM foi assunto do item 3.4.

No exemplo, a formatação do corpo do arquivo HTML é válida para todo elemento que não tem outra formatação configurada. O tipo de fonte do texto será Verdana, exceto para os trechos marcados com <h1>, que são formatados com a fonte tipo Georgia. A razão é que <h1> localiza-se em um nível hierárquico DOM abaixo de <body>, portanto, sua formatação tem precedência em relação à formatação geral estabelecida para o marcador <body>.

```
body {
  font-family: Verdana;
}

h1 {
  font-family: Georgia;
}
```

A regra que governa a precedência de estilos, da maior para a de menor prioridade, é estabelecida da seguinte forma.

A formatação inline, configurada no próprio elemento HTML, é a de mais alta prioridade.

```
<p style="border-bottom: solid">Linha inferior</p>
```

Em seguida, vem a formatação específica para o identificador declarado no atributo HTML ID.

```
<p id="paragrafo-1">Parágrafo ID 1</p>

#paragrafo-1 {font-style: italic;}
```

Em terceiro lugar, temos a formatação configurada para todos os elementos pertencentes a uma classe declarada no atributo HTML CLASS.

```
<table class="tabela-1"> ... </table>
```

```
.tabela-1 {
  color: #63CF89;
  border: solid;
  box-shadow: #63cf89 5px 5px;
}
```

Por fim, vem a formatação que é válida para todos os elementos do tipo HTML especificado.

```
<h1>Cabeçalho 1</h1>
```

```
h1 {text-align: center;}
```

4.4 Expressões regulares

Expressão regular é um conceito genérico na Ciência da Computação. Como o próprio nome indica, as expressões regulares descrevem os padrões (regularidades) de texto em um formato simbólico.

A combinação de configuração CSS e expressões regulares permite selecionar e restringir os elementos nos quais desejamos aplicar uma determinada formatação.

Sintaxe genérica para configurar uma formatação que será aplicada aos elementos que possuem um determinado atributo consistente com a expressão regular dada pelo conjunto operador e valor

```
elemento[ atributo OPERADOR valor ] {
  // instruções CSS
  ...
}
```

A Tabela 1 lista alguns dos operadores usados nas expressões regulares, o significado e o efeito dos mesmos.

Operador	Significado	Seleciona elemento(s) com atributo
=	Exatamente igual a	coincidente exatamente com o valor especificado
^=	Inicia com	cuja parte inicial coincide com o valor especificado
$=	Termina com	cuja parte final coincide com o valor especificado
*=	Contém	que contém o valor especificado em qualquer posição

Tabela 1: Expressões regulares para as declarações CSS

Os itens que seguem mostram alguns exemplos de uso das expressões regulares na formatação CSS.

4.4.1 Exatamente igual

Com a expressão regular, selecionamos uma das imagens por meio do nome do arquivo, que é único, para alterar sua transparência. Nesse tipo de expressão regular, usamos o operador de igualdade =.

```
<!-- HTML -->
  <img src="img/cat-1.jpeg">
  <img src="img/cat-2.jpeg">
  <img src="img/cat-3.jpeg">

/* Estilo */
  img[src = "img/cat-2.jpeg"] {
    opacity: 0.5;
  }
```

4.4.2 Inicia com

A expressão regular seleciona os elementos para os quais o atributo HREF inicia com "ftp:". Usamos o operador ^ para indicar um padrão encontrado no início da expressão.

```
<!-- HTML -->
  <a href="ftp://ftp.unicamp.br">Unicamp</a>

/* Estilo */
  a[href ^= "ftp:"] {
    color : #f8e50c;
  }
```

4.4.3 Termina com

O exemplo mostra uma expressão regular que seleciona todos os elementos cujo atributo HREF termina com a expressão "HTML". O operador $ indica um padrão encontrado no final de uma expressão.

```
<!-- HTML -->
  <a href="https://developer.mozilla.org/pt-BR/docs/Web/HTML">
    MDN - HTML
  </a>

/* Estilo */
  a[href $= "HTML"] {
    color : #add8e6;
  }
```

4.4.4 Contém

Uma expressão regular para selecionarmos todos os elementos cujo atributo HREF contém o valor "CSS". O operador * indica um padrão encontrado em alguma parte da expressão.

```
<!-- HTML -->
  <a href="https://developer.mozilla.org/pt-BR/docs/Web/CSS">
    MDN - CSS
  </a>
  <br />
  <a href="https://developer.mozilla.org/pt-BR/docs/Web/CSS/CSS3">
    MDN - CSS3
  </a>

/* Estilo */
  a[href *= "CSS"] {
    color : #999999;
  }
```

4.4.5 Exemplo de uso

Exemplo de uma página usando os recursos de expressões regulares descritos nos itens anteriores. A página HTML contém links criados com o marcador <a> e o atributo HREF, sendo um deles do tipo FTP e os demais, HTTPS.

```
<!-- html-format-regex/index.html -->
...
<body>
  <h1 tipo="ftp">Link FTP</h1>
  <a href="ftp://ftp.unicamp.br">Unicamp</a>
  <br />

  <h1>Links HTTP</h1>
  <a href="https://developer.mozilla.org/pt-BR/">
    MDN - Mozilla Developer Network</a>
  <br />
  <a href="https://developer.mozilla.org/pt-BR/docs/Web/HTML">
    MDN - HTML</a>
  <br />
  <a href="https://developer.mozilla.org/pt-BR/docs/Web/HTML/HTML5">
    MDN - HTML5</a>
  <br />
  <a href="https://developer.mozilla.org/pt-BR/docs/Web/CSS">
    MDN - CSS</a>
  <br />
  <a href="https://developer.mozilla.org/pt-BR/docs/Web/CSS/CSS3">
    MDN - CSS3</a>
  <br />
  <a href="https://developer.mozilla.org/pt-BR/docs/Web/JavaScript">
    MDN - JavaScript</a>

  <link rel="stylesheet" href="css/estilos.css">
</body>
```

No arquivo CSS, configuramos as formatações CSS mostradas nos itens anteriores.

```
/* html-format-regex/css/estilos.css */
a {
  font-family: Verdana;
  font-size: 1.5em;
  text-decoration: none;
}

a[href ^= "ftp:"] {
  color: #f8e50c;
}

a[href *= "CSS"] {
  color: #999999;
```

```
}

a[href $= "HTML"] {
  color: #add8e6;
}

h1[tipo = "ftp"] {
  color: #63b50f;
}
```

A visualização no navegador é apresentada na Figura 11.

Figura 11 - Página html-format-regex

4.5 Outros recursos CSS

Selecionar cores para os elementos de uma página HTML é um desafio em especial para quem não é designer. No Aptana, há um seletor que permite visualizar a cor que estamos escolhendo. Com o arquivo CSS aberto e selecionado, acesse a sequência de opções "Commands – CSS – Insert Color" no menu horizontal localizado no topo do IDE.

Um dos problemas de usar fontes de texto especiais é que nem todos os sistemas operacionais ou, possivelmente, uma instalação em particular de um usuário pode não ter suporte para a fonte que selecionamos para formatar nossa página HTML. Uma forma de garantir a disponibilidade de um determinado tipo de fonte é usar as fontes armazenadas em um CDN (Content Delivery Network), um repositório localizado em um site da Internet. Consulte o item 5.1.

Faça uma pesquisa usando o termo *Web fonts* para verificar os sites que disponibilizam esse tipo de recurso. Um exemplo são as fontes do Google: https://www.google.com/fonts.

4.6 Sass – Pré-compilador CSS

Sass é uma extensão da sintaxe CSS que simplifica a declaração das diretivas de formatação HTML. Muito útil nas formatações CSS extensas e/ou complexas, o Sass é um pré-compilador, baseado no interpretador da linguagem Ruby, que gera o arquivo CSS correspondente a partir do seu arquivo de configuração. Ou seja, o Sass não substitui o CSS, ele é a base a partir da qual geramos as diretivas CSS.

O primeiro passo para usar o Sass é instalar o interpretador Ruby. No Windows, baixe o arquivo executável de instalação do Ruby no site http://rubyinstaller.org/ e siga o procedimento padrão desse sistema operacional. Não esqueça de selecionar a opção "Add Ruby executables to yout PATH" na tela de instalação.

No Linux, se o interpretador Ruby ainda não estiver instalado, execute os procedimentos necessários de acordo com o tipo de distribuição do sistema operacional.

Com o Ruby instalado, instale o Sass usando a linha de comando. É necessária uma conexão de Internet ativa.

```
gem install sass
```

Algumas cores disponíveis no CSS têm nomes definidos: red, green, blue, maroon etc. Seria muito útil se pudéssemos também atribuir um nome a uma cor personalizada. Repetir um valor de cor em inúmeros locais do arquivo CSS usando o recurso de copiar e colar é uma tarefa tediosa e propensa a erros.

O Sass permite definir um nome, uma pseudovariável, que é uma forma mais conveniente de uso para declarar os atributos da formatação CSS. No caso da configuração de uma cor, é mais fácil lembrarmos um nome do que a sequência ASCII.

Um exemplo mostra como criar um arquivo Sass e usar variáveis para gerar a formatação CSS. O primeiro passo é criar o arquivo Sass dentro da pasta css. No Aptana, clique na pasta css e selecione a sequência de opções "New From Template – Sass – Blank File". Ao nomear o arquivo, use a extensão scss.

As variáveis são nomes prefixados com $. Depois de declarar as variáveis, configure as formatações CSS da forma usual, porém usando as variáveis no lugar dos valores fixos.

```
/* sass-basics/css/estilos.scss */
@charset "utf-8";

$fonte-1: Helvetica;
$cor-1: #ff8090;

$fonte-2: Georgia;
$cor-2: #80ff80;

body {
  font-family: $fonte-1;
  color: $cor-1;
}

h3 {
  font-family: $fonte-2;
  color: $cor-2;
}
```

Depois de editar o arquivo com as diretivas de formatação desejadas, é necessário convertê-lo no formato CSS. Usando o Aptana, selecione o arquivo e no menu do topo, acesse a sequência de opções "Commands – Sass – Compile SASS". Ou se você preferir, use a linha de comando:

```
sass estilos.scss estilos.css
```

O arquivo CSS gerado a partir do arquivo Sass:

```
/* sass-basics/css/estilos.css */

body {
```

```
  font-family: Helvetica;
  color: #ff8090; }

h3 {
  font-family: Georgia;
  color: #80ff80; }
```

É possível fazer o caminho inverso e converter um arquivo CSS em um arquivo Sass.

Vale mencionar que o exemplo desenvolvido serve apenas para ilustrar o modo de funcionamento do Sass. Em um arquivo CSS tão simples, seria muito mais fácil declarar as formatações diretamente, sem usar uma etapa de pré-compilação. O Sass tem muitos outros recursos que são especialmente vantajosos nos arquivos CSS complexos; acesse o link http://sass-lang.com/guide para ler a documentação da ferramenta.

5. Bootstrap – Biblioteca CSS

Bootstrap, a biblioteca desenvolvida pelo Twitter, é um conjunto de estilos CSS pré-fabricados, prontos para usar, uma biblioteca JavaScript e um conjunto de fontes de caracteres. Apesar de seu vínculo com o JavaScript, a Bootstrap pode ser usada mesmo por aqueles que desconhecem a linguagem.

A biblioteca simplifica o design de uma página HTML com recursos que facilitam a criação do conteúdo Web com a aparência e funcionalidade de um site profissional em um prazo de tempo curto, mesmo para aqueles que não têm experiência em design. Adicionalmente, no site da distribuição, há vários exemplos de layout de página HTML que você pode adaptar às suas necessidades ou usar como fonte de inspiração: http://getbootstrap.com/getting-started/#examples.

Os recursos disponíveis na biblioteca incluem fontes, ícones, formatação para botões de diversos tamanhos e cores, tabelas, formulários, menus com aparência desktop com disposições horizontal e vertical, janela modal, efeitos como carrossel de imagens etc.

Outra vantagem de usar a Bootstrap é que ela, por padrão, incorpora recursos de responsividade, ou seja, a biblioteca permite a criação de páginas que se adaptam aos diversos tipos de dispositivos de visualização: computador, tablet, smartphone etc.

Para utilizar a biblioteca, baixe o pacote no site getbootstrap.com, descompacte-o e copie as pastas para dentro da pasta do seu projeto. A estrutura de pastas contida no pacote da versão 3.x é a seguinte:

- css: o arquivo bootstrap.css é o arquivo principal de formatação e bootstrap-theme.css é um opcional para aprimorar a aparência dos elementos;

- js: arquivo da biblioteca JavaScript. Necessário apenas se você usar efeitos do tipo carrossel;
- fonts: arquivos com fontes e símbolos que incluem ícones do tipo lupa, seta etc.

```
+---css
|       bootstrap-theme.css
|       bootstrap-theme.css.map
|       bootstrap-theme.min.css
|       bootstrap.css
|       bootstrap.css.map
|       bootstrap.min.css
|
+---fonts
|       glyphicons-halflings-regular.eot
|       glyphicons-halflings-regular.svg
|       glyphicons-halflings-regular.ttf
|       glyphicons-halflings-regular.woff
|       glyphicons-halflings-regular.woff2
|
\---js
        bootstrap.js
        bootstrap.min.js
        npm.js
```

Note que nas pastas css e js, há sempre duas versões de arquivo, "normal" e a versão compacta identificável pela extensão "min" (minified). Use a versão compacta dos arquivos. A versão "normal" é um arquivo-texto visualizável, isto é, endentado e com linhas separadas, voltada para fazer estudos ou para debugar o código.

5.1 CDN – Content Delivery Network

Há duas opções quanto à forma de carregar uma biblioteca CSS ou JavaScript em uma página HTML. Na fase de desenvolvimento, pode ser útil e mais conveniente, já que não há necessidade de ter uma conexão ativa de Internet, armazenar localmente o arquivo da biblioteca. Entretanto, na versão de produção, recomenda-se acessar o arquivo armazenado em um dos repositórios remotos (CDN), disponíveis na Internet, que armazenam a biblioteca.

A principal vantagem dessa opção é que como, normalmente, muitos sites que acessamos referenciam a mesma biblioteca de um mesmo repositório, o navegador pode armazenar a informação (biblioteca) em seu cache. Quando isto ocorre, a biblioteca é carregada uma única vez, otimizando o desempenho e diminuindo os acessos à rede.

Alguns repositórios podem disponibilizar a opção de um link que aponta para a versão mais recente da biblioteca. O risco dessa opção é a possibilidade de ocorrer problemas de compatibilidade da página HTML, desenvolvida com base em uma versão específica da biblioteca, com as novas versões que forem disponibilizadas no repositório. Geralmente, usamos uma versão específica da biblioteca referenciada por um link para o repositório remoto.

```
<!-- Latest compiled and minified CSS -->
<link rel="stylesheet"
   href="//maxcdn.bootstrapcdn.com/bootstrap/3.2.0/css/bootstrap.min.
css">

<!-- Optional theme -->
<link rel="stylesheet"
       href="//maxcdn.bootstrapcdn.com/bootstrap/3.2.0/css/bootstrap-
theme.min.css">

<!-- Latest compiled and minified JavaScript -->
<script  src="//maxcdn.bootstrapcdn.com/bootstrap/3.2.0/js/bootstrap.
min.js">
</script>

<!-- jQuery -->
<script src="https://code.jquery.com/jquery-2.1.1.min.js">
</script>
```

Alguns recursos de Bootstrap utilizam o JavaScript e dependem da biblioteca jQuery, assunto dos Capítulos 6 e 7, respectivamente. Ao copiar a pasta js de Bootstrap para o seu projeto, copie também a biblioteca jQuery; se você usar a biblioteca de um CDN, inclua o link correspondente na página HTML. Consulte o item 7.1.

É importante que, ao referenciar as bibliotecas na página HTML, via marcador <script>, se respeite a ordem de declaração: primeiro jQuery, em seguida, Bootstrap.

```
<script type="text/javascript"
   src="js/jquery-2.1.0.min.js"></script>
<script type="text/javascript"
   src="js/bootstrap.min.js"></script>
```

Este capítulo se baseia na versão 3 da biblioteca.

5.2 Elementos básicos – Contêiner e grade

Um dos elementos básicos de formatação da biblioteca Bootstrap é o contêiner. A função desse elemento, como o próprio nome sugere, é conter os elementos HTML da página. O efeito do contêiner na formatação é percebido na visualização da página HTML que se apresenta centralizada e com margens laterais.

Crie o contêiner declarando uma seção com o marcador <div> e preencha o atributo class com o valor container. Nota: <div> é o marcador básico usado pela Bootstrap para criar um bloco de formatação.

```
<div class="container">
  <!-- Declare aqui os elementos HTML -->
  ...
</div>
```

O segundo elemento básico da biblioteca é o padrão de grade com até 12 colunas, que pode ser dividido em diversas combinações de largura. Por exemplo, uma linha de duas colunas pode ser dividida nas proporções 2-10, 4-8, 9-3 ou qualquer combinação cuja soma resulte em 12. A biblioteca se apoia nos marcadores <div> e <class> para criar e classificar as linhas e as colunas.

Criamos uma página com uma linha de três colunas e outra de duas declarando duas seções com o marcador <div> da classe row para demarcar as duas linhas e dentro de cada linha, criamos as colunas com o marcador <div> da classe col-xx-N.

```
<!-- bootstrap-grid/index.html -->
...
<div class="container">
  <div class="row btn-info">
    <div class="col-xs-4">Coluna 1</div>
```

```
    <div class="col-xs-4">Coluna 2</div>
    <div class="col-xs-4">Coluna 3</div>
  </div>
  <div class="row btn-default">
    <div class="col-xs-6">Coluna 1</div>
    <div class="col-xs-6">Coluna 2</div>
  </div>
</div>
```

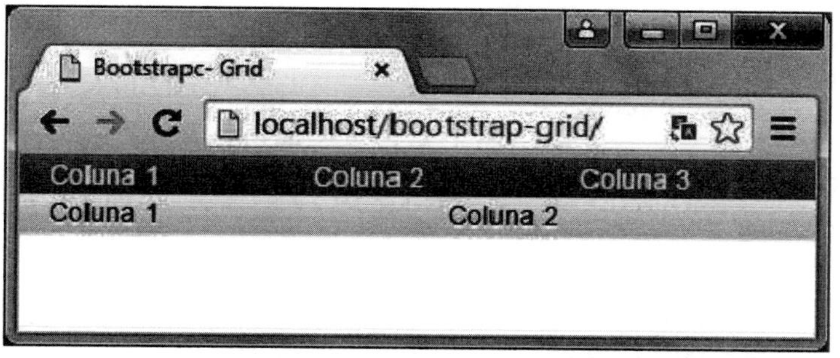

Figura 12 - Página bootstrap-grid

A largura e a característica da coluna são definidas pela classe col-xx-N, onde xx é o tipo de display e N a largura proporcional, um valor entre 1 e 12. O tipo de display determina a largura mínima para a apresentação contínua, lado a lado, das colunas. Se a linha tiver duas ou mais colunas e a largura da tela do dispositivo estiver abaixo do limite configurado para o tipo de display, as colunas serão empilhadas, ou seja, serão apresentadas em linhas consecutivas, em vez de lado a lado. Este recurso permite que a apresentação da página se adapte aos diferentes dispositivos que a acessam, sem a necessidade de usar uma rolagem (scroll) horizontal.

Classe	Display	Equipamento	Limite (largura em pixels)
col-xs-N	extra smal	smartphone	< 768
col-sm-N	small	tablet	≥ 768
col-md-N	medium	desktop	≥ 992
col-lg-N	large	desktop	≥ 1200

Tabela 2: Largura da coluna e tipo de display

Exemplo: se as colunas forem configuradas com a classe col-sm-N, elas serão apresentadas lado a lado somente se a largura da janela no navegador for maior que 768 pixels. Nota: a largura e a altura da janela do navegador podem ser obtidas com as funções jQuery width() e height(), respectivamente.

```
console.log("LxA:", $(document).width(),
    $(document).height());
```

No exemplo abaixo, a página HTML é dividida em quatro linhas, sendo a primeira e a terceira com uma coluna, a segunda com três e a quarta com duas.

```
<!-- bootstrap-grid-verne/index.html -->
...
<div class="container">
  <div class="row">
    <div class="col-sm-12">
      <h1 class="text-center">
        A volta ao mundo em oitenta dias
      </h1>
    </div>
  </div>
  <div class="row">
    <div class="col-sm-4">...</div>
    <div class="col-sm-4">...</div>
    <div class="col-sm-4">...</div>
  </div>
  <div class="row">
    <div class="col-sm-12">
      <h2 class="text-center">Júlio Verne</h2>
    </div>
  </div>
  <div class="row">
    <div class="col-sm-6">...</div>
    <div class="col-sm-6">...</div>
  </div>
</div>
```

A visualização em um display capaz de mostrar toda a largura da página HTML apresenta as colunas na formatação configurada.

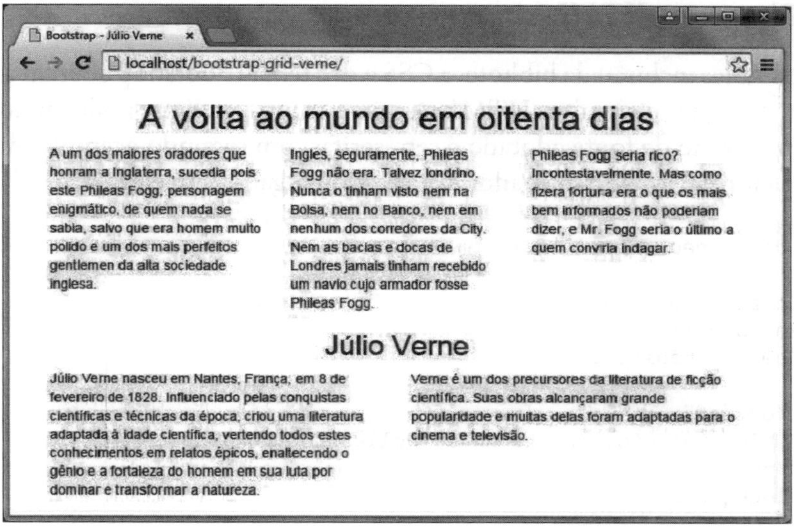

Figura 13 - Página bootstrap-grid-verne – layout múltiplas colunas

As colunas serão empilhadas se o display não tiver a largura apropriada para a configuração da página HTML.

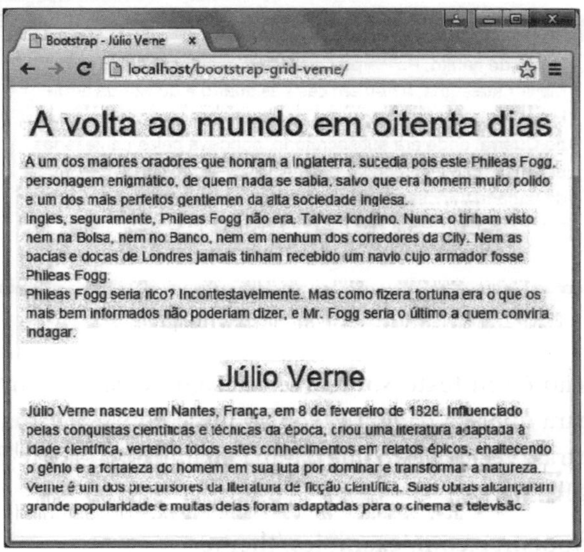

Figura 14 - Página bootstrap-grid-verne - layout uma coluna

5.3 Elementos HTML

A simples inclusão da biblioteca CSS e dos temas Bootstrap alteram a aparência de alguns elementos HTML. A primeira mudança que pode ser notada é que o padrão de fonte adotado é sem serifas; um segundo exemplo mostra como a formatação do marcador <blockquote> ganha em elegância.

```
<!-- bootstrap-quote/index.html -->
...
<div class=”container”>
  <blockquote>
    Como de hábito ...

    <footer>
      Lima Barreto, Triste fim de Policarpo Quaresma
    </footer>
  </blockquote>
...
```

Visualização da página HTML.

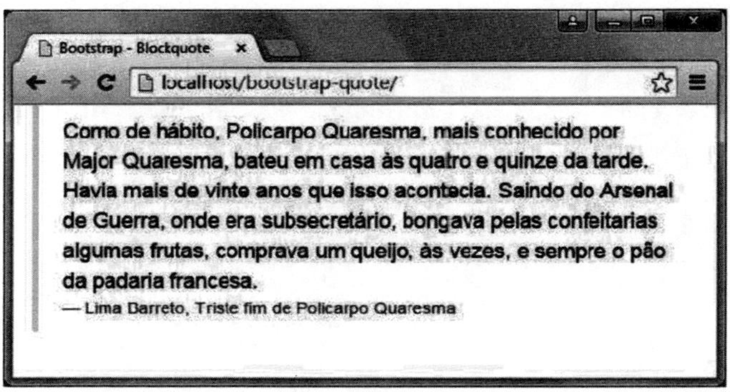

Figura 15 - Página bootstrap-quote

Este livro não é um texto sobre Web design, mesmo assim, vale a dica: varie o tema para que sua página Web não fique com a mesma aparência de milhares de outras. Veja o efeito que o tema incluído no pacote Bootstrap tem sobre a página HTML.

http://getbootstrap.com/examples/theme

Pesquise na Internet outros temas desenvolvidos para a Bootstrap. Consulte, por exemplo, o site https://bootswatch.com/.

5.4 Modificando a aparência dos elementos HTML

Modificar a aparência dos elementos HTML usando os recursos da Bootstrap é muito simples: basta atribuir os valores apropriados no atributo class do elemento. O número de opções de apresentação para os elementos HTML disponibilizados pela biblioteca, somado às combinações que podem ser feitas entre essas opções, resulta em um leque enorme de possibilidades de formatação. Este livro cobre apenas algumas das opções mais comuns.

5.4.1 Cores e alinhamento

Valores para a formatação do texto:

- Alinhamento de texto: text-left, text-center, text-right, text-justify e text-nowrap;
- Cor do texto: text-info, text-danger, text-primary, text-success e text-warning.

Valores para a formatação da cor de fundo: bg-success, bg-danger, bg-info, bg-primary e bg-warning.

```
<h3 class=”text-center text-success bg-danger”>
  Centralizado
</h3>
```

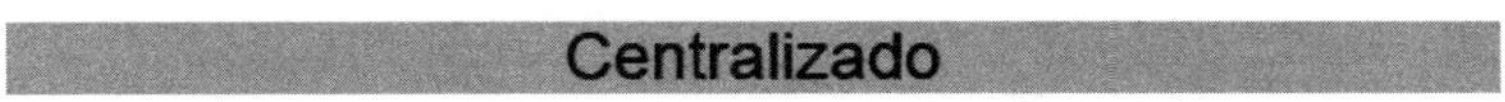

As opções gerais que alteram o alinhamento e a cor de fundo podem ser usadas para diversos elementos HTML, tais como, linha e coluna da tabela, parágrafos etc.

5.4.2 Botões

As opções de modificação para um botão dividem-se basicamente em dois grupos: aparência, que altera a cor do elemento, e tamanho.

- Aparência: btn-info, btn-warning, btn-danger etc.

- Tamanho: btn-xs (extra small), btn-sm (small) e btn-lg (large).

Criaremos uma página HTML com alguns tipos de botões disponíveis na biblioteca. O primeiro passo é criar o contêiner que abrigará os botões do exemplo.

```
<div class="container">
...
  <div>
    <button class="btn btn-default">
      btn-default
    </button>
...
  </div>
...
</div>
```

Declaramos os botões da forma usual, de acordo com a sintaxe HTML, sendo que a única diferença é o atributo class preenchido com o valor btn para caracterizar o botão e um segundo valor para indicar a aparência desejada. O exemplo abaixo cria um botão do tipo default:

```
<button class="btn btn-default">

  btn-default
</button>
```

Opcionalmente, pode-se incluir um terceiro valor no atributo class para selecionar o tamanho do botão. O exemplo abaixo cria um botão do tipo info com o tamanho mínimo (extra small):

```
<button class="btn btn-xs btn-info">

  btn-info
</button>
```

Para criar botões com ícones, use a biblioteca Glyphicons ou Font Awesome, conforme mostrado no exemplo. Se você estiver referenciando as bibliotecas Bootstrap para os arquivos locais, lembre-se de copiar a pasta fonts, incluída no pacote da distribuição, para a pasta de seu projeto.

A biblioteca Font Awesome é uma opção à Glyphicons. O principal diferencial da Font Awesome em relação à Glyphicons é que seus ícones são vetoriais. Link para a biblioteca: http://fortawesome.github.io/Font-Awesome/. No pacote de instalação, há duas pastas: css e fonts. Copie o arquivo font-awesome.min.css da pasta css para a pasta css do projeto e o conteúdo de fonts para a pasta fonts do projeto.

```
<div>
  <button class="btn-default">
    <span class="glyphicon glyphicon-search">
    </span>
  </button>

  <button class="btn btn-default">
    <span class="fa fa-home">
    </span>
  </button>
</div>
```

O código HTML com as declarações dos botões:

```
<!-- bootstrap-btn/index.html -->

...
<body>
  <div class="container">
    <h1 class="info bg-info text-center">Botões</h1>

    <br />

    <!-- Botões padrão -->
    <div>
      <button class="btn btn-default">btn-default
      </button>
...
    </div>

    <br />

    <!-- Botão bloco -->
    <div>
      <button class="btn btn-block">btn-block
      </button>
    </div>
```

```
    <br />

    <!-- Botões extra small -->
    <div>
      <button class="btn btn-xs btn-info">btn-info
      </button>
...
    </div>

    <br />

    <!-- Botões small -->
    <div>
      <button class="btn btn-sm btn-info">btn-info
      </button>
...
    </div>

    <br />

    <!-- Botões large -->
    <div>
      <button class="btn-lg btn-info">btn-info
      </button>
...
    </div>

    <br>

    <!-- Botões com ícone -->
    <div>
      <button class="btn btn-default">
        <span class="glyphicon glyphicon-search">
        </span>
      </button>

      <button class="btn btn-default">
        <span class="fa fa-home">
        </span>
      </button>
    </div>

  </div>  <!-- container -->
</body>

<link rel="stylesheet" href="css/bootstrap.min.css">
<link rel="stylesheet"
```

```
  href="css/bootstrap-theme.min.css">
<link rel="stylesheet" href="css/font-awesome.min.css">
```

A visualização da página HTML.

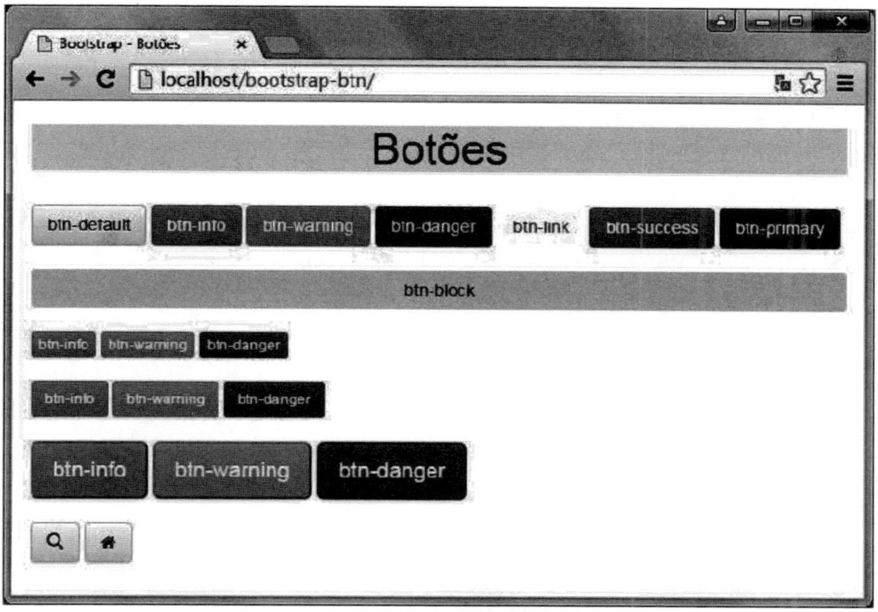

Figura 16 - Página bootstrap-btn

5.4.3 Tabela

Para formatar uma tabela HTML, preencha o atributo class com o valor table.

```
<!-- bootstrap-table/index.html -->
...
<div class="container">
  <table class="table">
    <tr>
      <th>Sigla</th>
      <th>Significado</th>
    </tr>
    <tr>
      <td>HTML</td>
      <td>Hypertext Markup Language</td>
```

```
    </tr>
    <tr>
      <td>CSS</td>
      <td>Cascading Style Sheet</td>
    </tr>
  </table>

  <p class=”bg-danger”>Lorem ipsum ...</p>

  <table class=”table”>
    <tr>
      <th>Col 1</th>
      <th>Col 2</th>
      <th>Col 3</th>
      <th>Col 4</th>
    </tr>
    <tr>
      <td>Lorem ipsum ...</td>
      <td>Lorem ipsum ...</td>
      <td>Lorem ipsum ...</td>
      <td>Lorem ipsum ...</td>
    </tr>
  </table>

  <link rel=”stylesheet”
    href=”css/bootstrap.min.css” />
  <link type=”text/css” rel=”stylesheet”
    href=”css/bootstrap-theme.min.css” />
</div>
```

A visualização de uma tabela padrão formatada pela Bootstrap em uma página HTML.

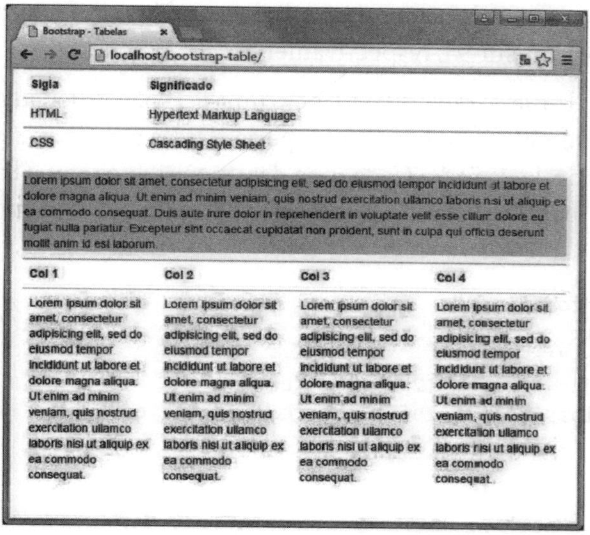

Figura 17 - Página bootstrap-table

Algumas opções adicionais para formatar uma tabela:

- table-bordered: cria uma grade em torno de todas as células da tabela. Como se pode ver no exemplo anterior, a formatação padrão cria apenas linhas horizontais de separação na tabela;
- table-striped: cria o efeito "zebra", isto é, a cor de fundo das linhas se alterna entre dois valores. Consulte também o item 4.2.6;
- table-hover: destaca a linha quando o mouse passa sobre ela. Consulte também o item 4.2.5;
- table-condensed: diminui o espaçamento entre as linhas e entre as colunas.

5.5 Menu vertical

Este é um exemplo de página HTML com duas colunas, sendo um menu na lateral esquerda e, à direita, o conteúdo propriamente dito. Cada opção do menu é um link para uma seção específica da página.

A estrutura básica da página é uma linha com duas colunas com larguras 3 e 9 (col-sm-3 e col-sm-9), respectivamente.

As opções do menu são declaradas em uma lista não ordenada definida pelos marcadores <ul> e <li>, e formatadas pelas classes nav e nav-stacked que dão o formato vertical desejado. Cada uma das opções do menu é um link HTML criado com o marcador <a>. As classes btn-link e btn-lg formatam essas opções.

```
<!-- -->
<div class="container">
  <!-- Título -->
  <div class="'row">
    <div class="col-sm-12" align="center">
      <h1 class="alert-info">Autores fantásticos</h1>
    </div>
  </div>

  <div class="row">
    <!-- Menu vertical -->
    <div class="col-sm-3">
      <ul class="nav nav-stacked">
        <li><a class="btn-link btn-lg"
          href="#jverne">Julio Verne
        </a></li>
        <li><a class="btn-link btn-lg"
          href="#bcasares">Bioy Casares
        </a></li>
        <li><a class="btn-link btn-lg"
          href="#jjveiga">J J Veiga
        </a></li>
...
      </ul>
    </div>

    <!-- Conteúdo -->
    <div class="col-sm-9">
...
      <p id="jverne">
        <h3>Júlio Verne</h3>
        Júlio Verne nasceu em Nantes ...
...
      </p>
    </div>
  </div>
...
</div>
```

Visualização da página HTML.

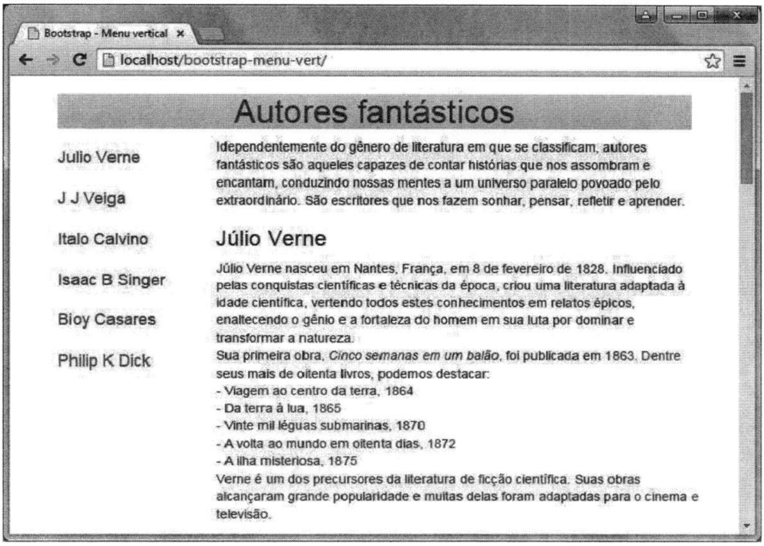

Figura 18 - Página bootstrap-menu-vert

5.6 *Menu horizontal*

Neste item, criaremos um menu horizontal semelhante ao dos aplicativos desktop e atualmente muito comum nas páginas Web.

Em primeiro lugar, declare um contêiner para hospedar todos os elementos da página.

```
<!-- bootstrap-menu-hor/index.html -->
...
<div class="container">
...
</div>
```

A estrutura principal do menu é criada com uma seção <div> da classe navbar, que contém outra seção <div> da classe navbar-inner. A formatação navbar-inverse é opcional, usada para criar o efeito de menu com caracteres brancos sobre um fundo escuro.

```
<div class="navbar navbar-inverse">
  <div class="navbar-inner">
...
  </div>
</div>
```

Dentro da seção navbar-inner, declare as opções do menu dentro de uma lista não ordenada criada com o marcador <ul>; a lista deve ser formatada com as classes nav e navbar-nav. Para cada opção do menu, deve-se declarar um elemento de lista com o marcador <li>. A opção, propriamente dita, é declarada em um link criado com o marcador <a>.

```
...
<div class="navbar-inner">
  <ul class="nav navbar-nav">
    <li><a href="#">Arquivo</a></li>
...
  </ul>
```

Uma opção de menu que contém subopções exige mais alguns passos de configuração. Primeiramente, formate o elemento da lista <li> com a classe dropdown.

Na opção de menu, definida com o marcador <a>, inclua o atributo data--toggle com o valor dropdown e formate com a classe dropdown-submenu. Observe a declaração <b class="caret"></b> ao lado da descrição da opção: ela cria um ícone que é uma seta apontando para baixo, indicando a existência de subopções para a opção.

Dentro do elemento de lista <li>, declare outra lista não ordenada (<ul>), configurada com a classe dropdown-menu, que conterá as subopções desejadas nos elementos <li>.

```
...
<div class="navbar-inner">
  <ul class="nav navbar-nav">
...
    <li class="dropdown">
      <a href="#" data-toggle="dropdown"
        class="dropdown-submenu">
        Relatório
        <b class="caret"></b>
```

```
        </a>
        <ul class="dropdown-menu">
          <li><a href="#" id="opt1">Semanal</a></li>
          <li><a href="#">Mensal</a></li>
          <li><a href="#">Anual</a></li>
        </ul>
      </li>
...
    </ul>
...
```

Para completar a barra de menu, no lado mais à direita, criamos os elementos de um mecanismo de busca composto de um campo de entrada de dados e o botão que dispara a ação.

A base da formatação é uma lista não ordenada (marcador <ul>) configurada pelas classes nav e navbar-form. A classe pull-right posiciona o elemento à direita.

O campo de entrada é um elemento HTML ordinário, criado com o marcador <input>.

Entre as diversas opções de botão, usamos a classe btn-default para formatá-lo. Consulte o item 5.4. Dentro do botão, inserimos um ícone de lupa formatando um elemento vazio com as classes glyphicon, que configura um ícone, e glyphicon-search que representa o símbolo lupa.

```
<div class="navbar-inner">
...
  <ul class="nav navbar-form pull-right">
    <input type="text" placeholder="Procurar..."/>
    <button class="btn-default">
      <span class="glyphicon glyphicon-search">
      </span>
    </button>
  </ul>
...
</div>
```

O código HTML completo. Note que a criação de menus horizontais depende da biblioteca JavaScript da Bootstrap, a qual, por sua vez, depende da biblioteca jQuery.

```
<body>
<div class=”container”>
  <!-- barra de menu -->
  <div class=”navbar navbar-inverse”>
    <div class=”navbar-inner”>
      <!-- opções do menu -->
      <ul class=”nav navbar-nav”>
        <li><a href=”#”>Arquivo</a></li>
        <li class=”dropdown”>
          <a href=”#” data-toggle=”dropdown”
            class=”dropdown-submenu”>
            Relatório<b class=”caret”></b>
          </a>

          <!-- subopções de «Relatório» -->
          <ul class=”dropdown-menu”>
            <li><a href=”#” id=”opt1”>
              Semanal
            </a></li>
            <li><a href=”#”>Mensal</a></li>
            <li><a href=”#”>Anual</a></li>
          </ul>
        </li>
      </ul>

      <!-- Mecanismo de busca -->
      <ul class=”nav navbar-form pull-right”>
        <input type=”text” placeholder=”Procurar...”/>
        <button class=”btn-default”>
          <span class=”glyphicon glyphicon-search”>
          </span>
        </button>
      </ul>
    </div>
  </div>
</div>

<link rel=”stylesheet” href=”css/bootstrap.min.css”>
<link rel=”stylesheet” href=”css/bootstrap-theme.min.css”>

<script src=”js/jquery-2.1.0.min.js”></script>
<script src=”js/bootstrap.min.js”></script>

<!-- Neste script se configurariam as lógicas de
     tratamento das opções de menu -->
<script src=”js/scripts.js”></script>
</body>
```

Visualização da página HTML.

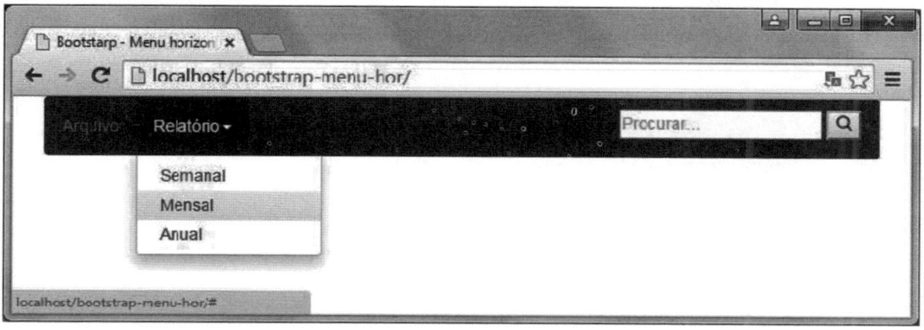

Figura 19 - Página bootstrap-menu-hor

A opção de formatação navbar-fixed-top permite fixar a barra de menu no topo da página de forma que, mesmo com a rolagem da página, o menu permanece visível na parte superior dela. Nota: existe também a opção navbar-fixed-bottom para fixar a barra de menu no rodapé da página.

```
<div class=”container”>
  <div class=”navbar navbar-inverse navbar-fixed-top”>
...
</div>
```

Os recursos apresentados neste item permitem criar uma página com uma barra de menu formatada com os estilos da Bootstrap. As respostas para as opções de menu selecionáveis pelo usuário devem ser codificadas em JavaScript utilizando, por exemplo, a biblioteca jQuery (assunto do Capítulo 7).

5.7 *Apresentação de slides (carrossel)*

É muito comum encontramos nas páginas da Internet imagens apresentadas na forma de slides. Este recurso de apresentação, conhecido como carrossel, adiciona dinamismo a uma página Web. Usando a Bootstrap, a criação de um carrossel de imagens é uma simples questão de configuração da página HTML com os elementos e classes apropriados, não sendo necessária nenhuma codificação em JavaScript.

O primeiro passo para criar uma apresentação de slides é declarar uma seção <div> formatada com as classes carousel e slide. Esta seção deve ser identificada com um nome (ID) para que o seletor de acesso direto possa referenciá-la.

```
  <!-- Carrossel com imagens -->
  <div id="img-carousel" class="carousel slide">

  <!-- Slides -->
...

  <!-- Seletores para selecionar o slide anterior -->
...

  <!-- Seletor para selecionar o slide seguinte -->
...

  <!-- Seletor de acesso direto a um slide-->
...
  </div>
```

Dentro da seção principal, declaramos os elementos do carrossel.

O elemento principal são os slides da apresentação. Primeiramente, declare uma seção <div>, da classe carousel-inner, para abrigar as informações dos slides. Dentro dessa seção, declare outra seção <div>; ela deve ser configurada com a classe item (o valor "active" indica que o slide será selecionado na inicialização). No corpo da seção, declare a referência à imagem desejada. Opcionalmente, podemos configurar também uma legenda que será apresentada com a imagem declarando uma seção <div> da classe carousel-caption.

```
<!-- Slides -->
<div class="carousel-inner">
  <div class="item active">
    <img src="img/img-1.jpg" alt="Fractal 1"/>
    <div class="carousel-caption">
      <h1>Fractal 1</h1>
    </div>
  </div>
...
```

Outro elemento do carrossel são os controles que permitem selecionar um slide específico da apresentação.

Crie um seletor que avança a apresentação para o slide anterior declarando um marcador de link, <a>, formatado com as classes carousel-control e left. O seletor deve ter dois atributos: href, com o valor do identificador do carrossel, e data-slide, com o valor prev. Inserimos também um ícone de seta para a esquerda com as classes glyphicon e glyphicon-chevron-left.

```
<!-- Seletor para selecionar o slide anterior -->
<a class="carousel-control left" href="#img-carousel"
  data-slide="prev">
  <span class="glyphicon glyphicon-chevron-left">
  </span>
</a>
```

O seletor que avança a apresentação para o slide seguinte é similar ao anterior. As diferenças são a classe que deve ser right, o atributo data-slide que deve ser next e o ícone que deve ser formatado com glyphicon-chevron-right.

Crie também um seletor de acesso direto aos slides. Declare uma seção do tipo lista ordenada (<ol>) e formatada com a classe carousel-indicators. Para cada slide, deve-se declarar um elemento na lista (<li>) contendo dois atributos: data-target e data-slide-to. O atributo data-target referencia o carrossel por seu identificador e o atributo data-slide-to deve conter o valor ordinal (que começa em zero) do slide vinculado a esse elemento da lista. Cada elemento da lista será apresentado como um círculo vazado que, ao ser clicado, carrega o slide correspondente.

```
<!-- Seletor de acesso direto a um slide-->
<ol class="carousel-indicators">
  <li data-target="#img-carousel" data-slide-to="0"
    class="active"></li>
...
```

O código HTML completo.

```
<!-- bootstrap-carousel/index.html -->
<div class="container">

  <!-- Carousel com imagens -->
  <div id="img-carousel" class="carousel slide">

    <!-- Slides -->
    <div class="carousel-inner">
```

```
        <div class="item active">
          <img src="img/img-1.jpg" alt="Fractal 1"/>
          <div class="carousel-caption">
            <h1>Fractal 1</h1>
          </div>
        </div>
...
        <!-- Outros slides -->
...
      </div>

      <!-- Seletor para selecionar o slide anterior -->
      <a class="carousel-control left"
        href="#img-carousel" data-slide="prev">
        <span class="glyphicon glyphicon-chevron-left">
        </span>
      </a>

      <!-- Seletor para selecionar o slide seguinte -->
      <a class="carousel-control right"
        href="#img-carousel" data-slide="next">
        <span class="glyphicon glyphicon-chevron-right">
        </span>
      </a>

      <!-- Seletor de acesso direto a um slide-->
      <ol class="carousel-indicators">
        <li data-target="#img-carousel" data-slide-to="0"
          class="active"></li>
        <li data-target="#img-carousel"
          data-slide-to="1"></li>
        <li data-target="#img-carousel"
          data-slide-to="2"></li>
        <li data-target="#img-carousel"
         data-slide-to="3"></li>
      </ol>

    </div>  <!-- carousel -->
  </div>  <!-- container-->
```

Outra característica do carrossel é que a apresentação para quando pousarmos o mouse sobre um slide.

Visualização da página HTML.

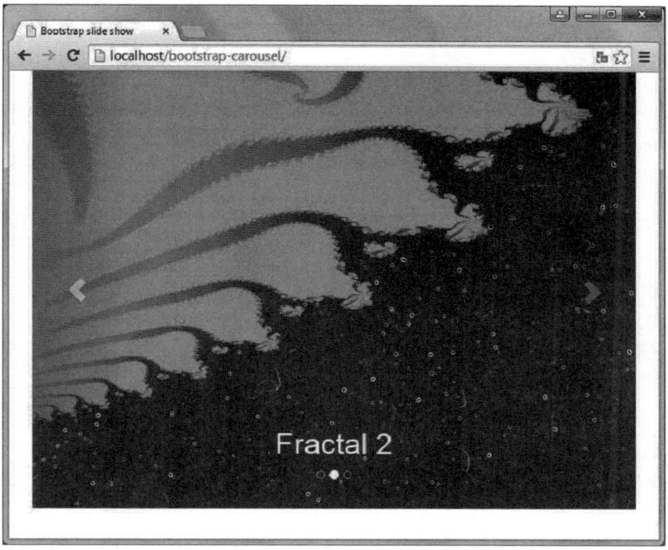

Figura 20 - Página bootstrap-carousel

O funcionamento do carrossel, além das bibliotecas e folhas de estilo Bootstrap, depende também da biblioteca jQuery (assunto do Capítulo 7).

```
<body>
...
  <script type="text/javascript"
    src="js/jquery-2.1.0.min.js"></script>
  <script type="text/javascript"
    src="js/bootstrap.min.js"></script>
  <link type="text/css" rel="stylesheet"
    href="css/bootstrap.min.css"/>
  <link type="text/css" rel="stylesheet"
    href="css/bootstrap-theme.min.css"/>
</body>
```

Para centralizar as imagens da apresentação, configure um estilo CSS.

```
<body>
...
<style>
  .carousel-inner > .item > img {
    margin: 0 auto;
  }
</style>
```

```
...
</body>
```

A troca de slides da apresentação tem um intervalo padrão de 5 s. Para ajustar esse valor, crie um script com as funções da biblioteca jQuery.

```
<body>
...
  <script>
    /* Configura um intervalo de 5s entre slides */
    $(function() {
      $(".carousel").carousel({
        interval: 5000
      });
    });
  </script>
...
</body>
```

6. JavaScript

JavaScript é uma linguagem interpretada voltada para aplicações Web. Os programas JavaScript são geralmente rotinas (scripts) executadas no lado cliente, ou seja, pelos navegadores que incorporam um interpretador para a linguagem. Os scripts podem ser embutidos na própria página HTML ou codificados em um arquivo à parte e referenciados com o marcador HTML <script>. A aplicação mais comum dessas rotinas é executar uma ação em resposta a um evento HTML, tal como, o clique de um botão.

> *O uso do JavaScript não se limita às aplicações no lado cliente. Os engines V8 (Google) e spidermonkey (Mozilla) disponibilizam o interpretador JavaScript em um ambiente que não é o navegador. O framework Node.js é um exemplo de ambiente para o servidor baseado no V8.*

O grande apelo do JavaScript é permitir a criação de páginas HTML com um comportamento dinâmico. O exemplo clássico de uso é a validação de dados fornecidos pelo usuário, antes de enviá-los ao servidor, em que se verifica, por exemplo, se todos os campos obrigatórios foram preenchidos, se o CPF está correto etc. A pré-validação dos dados no lado cliente evita que valores incorretos sejam enviados, diminuindo o tráfego e a carga de trabalho no servidor. Nota: é importante ressaltar que a validação de dados no lado servidor deve ser feita mesmo que o lado cliente incorpore essa função. Tal procedimento evita que dados inválidos sejam aceitos caso o cliente tenha, por exemplo, desativado o JavaScript ou se o navegador não for compatível com a linguagem.

Mais recentemente, o JavaScript passou a ser aplicado também na criação de interfaces do usuário nas páginas HTML que emulam a aparência e o comportamento das aplicações desktop. Este assunto será o tema do Capítulo 14.

Além da similaridade sintática, o JavaScript não tem nenhuma relação com a plataforma Java da Oracle. O JavaScript é uma linguagem interpretada, ao passo que um programa Java é compilado para um formato binário reconhecido pela máquina virtual Java, JVM (Java Virtual Machine). Esse arquivo binário gerado pelo compilador é único, sendo que a compatibilidade com o sistema operacional é uma tarefa relegada à máquina virtual. Ou seja, a máquina virtual, JVM, é que deve ser específica para cada um dos sistemas operacionais onde se pretende executar o aplicativo Java.

Infelizmente, pode haver algumas diferenças na implementação do JavaScript entre os diferentes navegadores. Como o JavaScript não é um produto, mas uma linguagem especificada pelas normas ECMA-262 (ECMAscript) e ISO/IEC 16262, os fabricantes de navegadores têm a liberdade de, por exemplo, incorporar recursos além daqueles especificados na norma ou implementar um recurso de forma diferente da de outro fabricante. Ou seja, uma funcionalidade pode ter comportamentos diferentes de um navegador para outro ou o recurso extra de um fabricante pode simplesmente não existir no interpretador de outro fabricante. A utilização de bibliotecas, como jQuery, assunto do Capítulo 7, ajuda a minimizar esses problemas de compatibilidade.

Apesar de sua aparente simplicidade, o JavaScript tem recursos que podem surpreender os programadores de outras linguagens. Alguns exemplos de recursos peculiares são a programação OO baseada em objetos (e não em classes) e a incorporação das capacidades de uma linguagem funcional, na qual a função é um elemento de "primeira classe" que pode ser armazenada em variáveis e ser passada/recebida como parâmetro de outras funções. Outro exemplo são as funções anônimas amplamente usadas em bibliotecas e frameworks como jQuery e AngularJS, assuntos dos Capítulos 7 e 14, respectivamente.

Os itens que seguem apresentam os tópicos mais relevantes da linguagem. Para se aprofundar no assunto, sugerimos, entre outras, duas referências muito úteis disponíveis nos sites da W3Schools, http://www.w3schools.com/js/, e do Mozilla Developers Network, https://developer.mozilla.org/pt-BR/docs/Web/JavaScript. Seguindo outra abordagem, o livro de Douglas Crokford, *JavaScript: The Good Parts* (O'Reilly, 2008), tem como foco dicas de como usar bem a linguagem e evitar suas limitações e armadilhas. O livro não é um tutorial e pressupõe que o leitor já domina os conceitos básicos do JavaScript.

6.1 Primeiros passos

Nosso primeiro exemplo em JavaScript consiste em um botão dentro de uma página HTML que, ao ser clicado, abre uma janela modal com uma mensagem. O botão tem um atributo, onclick , associado ao evento de clique do mouse. A resposta para esse evento, que consiste em chamar o script hello(), é definida no bloco function { } localizado dentro do marcador <script>. Nesse script, a função JavaScript alert() cria a janela modal com a string "Olá, pessoal!".

Quanto à localização, os scripts podem ser codificados dentro do cabeçalho, marcador <header>, ou no final do corpo, marcador <body>, da página HTML. Em um exemplo simples como o mostrado, não há diferença prática entre as opções. Para os casos mais complexos, recomenda-se a segunda opção devido ao seu desempenho superior na carga da página HTML. Consulte, por exemplo, o link https://developer.yahoo.com/performance/rules.html, item *Put Scripts at the Bottom.*

```
<head>
...
</head>

<body>
  <button onclick="hello()">Hello</button>

  <script>
    function hello() {
      alert("Olá, pessoal!");
    }
  </script>
</body>
```

Vale observar que a função alert() não faz parte da especificação do JavaScript. Entretanto, seu uso é generalizado porque todos os navegadores, salvo alguma exceção, implementam a função.

É possível codificar os scripts em um arquivo à parte e referenciá-los, dentro do marcador <script>, na página HTML. Esta prática é recomendada como parte da filosofia de separar os diferentes elementos que compõem uma página Web (estrutura HTML, formatação CSS e scripts) em arquivos específicos.

Para o exemplo anterior, poderíamos codificar o script hello() dentro do arquivo scripts.js. Seguindo nosso padrão de organização de arquivos, dentro da pasta onde está o arquivo HTML, criamos uma pasta denominada js, onde armazenaremos o arquivo JavaScript. No arquivo HTML, fazemos apenas uma referência a scripts.js.

```
<body>
...
  <script type="text/javascript" src="js/scripts.js">
  </script>
</body>
```

Nas páginas codificadas no padrão HTML5, não é necessário declarar o atributo type.

Poderemos desvincular ainda mais a página HTML do código JavaScript se excluirmos a referência para a função hello() no marcador <button> e criarmos a associação entre o botão e o script com a função addEventListener().

```
<!-- Arquivo HTML -->
...
<body>
  ...
  <button id="btnHello">Hello</button>
  ...
  <script type="text/javascript" src="js/scripts.js">
  </script>
</body>

/* Arquivo JavaScript scripts.js */
/* */
document.getElementById("btnHello").addEventListener(
  "click", hello, false
);

/* */
function hello() {
  alert("Olá, pessoal");
}
```

É importante notar que addEventListener() só pode associar um evento a um elemento HTML após a criação deste. Considerando que o navegador lê o arquivo HTML sequencialmente, da primeira até a última linha, para criar a estrutura DOM (ver item 3.4), é necessário que o botão seja criado antes da declaração do script. No exemplo acima, apresentamos a primeira alternativa, que é declarar a associação entre o script hello() e o clique no botão btnHello, no arquivo HTML, após a declaração do botão.

> *Note que dentro do marcador HTML, a função é referenciada com parênteses, hello(), entretanto, na declaração de uma função como addEventListener(), a referência é feita apenas pelo nome, hello.*

Outra opção é criar o vínculo entre o botão e o script em uma função, declarada na página HTML, ou em um arquivo JavaScript e executá-la após a carga do arquivo HTML. No atributo onload, que é associado ao evento de finalização da carga da página, declara-se a função desejada.

```
<head>
  ...
  <script src="js/scripts.js"></script>
</head>

<body onload="addEvtLst()">
  ...
```

No arquivo de scripts, scripts.js, declaramos a função que relaciona o evento à ação.

```
// scripts.js
function addEvtLst() {
  document.getElementById(
    "btnHello").addEventListener("click", hello, false);
}
```

Note que ocorrerá um erro se declararmos a associação entre o botão e o script diretamente dentro do arquivo scripts.js, fora do escopo de uma função. Como o navegador lê e interpreta o arquivo HTML sequencialmente, ao encontrar a referência para o arquivo de scripts, ele executará qualquer comando contido nesse arquivo que não esteja dentro dos limites de uma função. Ou seja, a função addEventListener() tentará associar a função hello() a um botão que só será criado, mais adiante, no corpo do arquivo HTML.

No Capítulo 7, dedicado a jQuery, usaremos um recurso dessa biblioteca para criar uma solução mais elegante para o problema apresentado nos parágrafos anteriores.

6.1.1 Usando o console do navegador

É possível testar as funcionalidades do JavaScript sem criar uma página HTML. Os navegadores atuais têm um console com interatividade simples, porém funcional, onde é possível criar variáveis, invocar funções JavaScript etc. No Chrome, acesse "Mais ferramentas – Ferramentas do desenvolvedor" ou use a combinação de teclas CTRL SHIFT J. Se você usa Mozilla, selecione "Abrir menu – Desenvolvedor – Console da Web" ou pressione as teclas CTRL SHIFT K. Dica: para escrever um bloco de código com várias linhas, use as teclas SHIFT ENTER para marcar o final de uma linha.

A Figura 21 mostra um exemplo de uso da função console.log() no Chrome. Essa função envia uma saída ao console de forma semelhante à função printf() do C, C++ ou Java. Enquanto printf() escreve na saída padrão do sistema operacional, que geralmente é o console, console.log() envia a saída para o console do navegador.

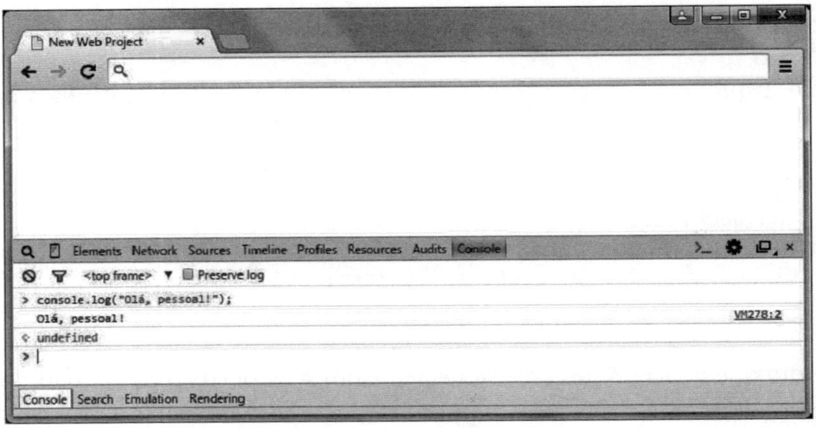

Figura 21 - Console do Chrome

Outra opção para visualizar o resultado dos comandos JavaScript é usar o método document.writeln(), ou write(), para que a saída seja incorporada à página HTML. Dica: em uma página HTML, deve-se usar o marcador <br> para abrir uma nova linha.

```
document.write("Olá, pessoal!" + "<br>");
```

6.2 Características da linguagem

Apesar do JavaScript adotar uma abordagem mais "liberal" em relação à sintaxe, se comparada a linguagens como C, C++ ou Java, há certas regras e peculiaridades que devem ser respeitadas.

O JavaScript diferencia os elementos grafados com letras maiúsculas e minúsculas; a linguagem é *case sensitive*. A variável x é diferente de X.

```
var x = 1;
var X = 2;

// apresenta a saída 3
console.log(x + X);
```

O marcador ponto e vírgula ao final de uma linha de código é opcional. Entretanto, se o marcador não for usado, será necessário ter cuidado com as declarações em que uma linha pode ser interpretada como continuação da anterior causando erros sutis e difíceis de determinar. O uso do ponto e vírgula no final de linha é uma herança arcaica presente no JavaScript; este elemento não é mais usado em linguagens como Python, Scala, Groovy etc. Nossa opção foi adotar seu uso, por padrão, para evitar que, acidentalmente, criemos lógicas ambíguas como foi mencionado; uma segunda razão é que no PHP, a outra linguagem que estudaremos, o uso desse marcador é obrigatório. A ferramenta de desenvolvimento selecionada, IDE Aptana, enfatiza o uso do marcador, gerando um alerta caso se omita o mesmo nos finais de linha. Jslint, disponível em http://www.jslint.com/, é outra ferramenta capaz de verificar este e outros tipos de desvio na sintaxe JavaScript.

Os marcadores { } criam um bloco de código que pode definir o corpo de uma função, objeto, estrutura de repetição (loop for, while e do-while) ou estrutura de decisão if() ou switch().

Uma variável declarada com a palavra-chave var dentro de um escopo é válida em toda sua abrangência. Ou seja, uma variável declarada dentro de um bloco for() de uma função é válida em todo o escopo dessa função e não apenas dentro da estrutura de repetição. O JavaScript não segue a filosofia de linguagens como o C++ e Java, em que a variável tem o escopo limitado ao bloco onde é declarada. No JavaScript, um bloco, tal como o for(), não define um escopo próprio.

6.3 Variáveis e tipos de dados

O JavaScript não trata as variáveis com a mesma rigidez de outras linguagens. As variáveis podem ser criadas com uma simples declaração de atribuição.

```
str = "JavaScript";
```

A declaração anterior cria uma variável de escopo global. Em geral, preferimos limitar o escopo da variável ao contexto local, o que pode ser conseguido com a palavra-chave var, lembrando que o escopo no JavaScript é uma região delimitada por function() { }.

```
var str = "JavaScript";
```

O nome de uma variável pode conter letras, números e os caracteres $ (cifrão) e _ (underline), mas não pode iniciar com um caractere numérico.

É importante ressaltar que, mesmo não sendo explicitamente declarado, toda variável JavaScript tem um tipo definido. Usando a função typeof(), podemos determinar o tipo de uma variável.

```
var str = "JavaScript";
typeof(str);  // retorna "string"
```

O valor de uma string pode ser definido entre aspas duplas ou simples.

```
var s1 = 'String 1';
```

```
var s2 = "String 2";
```

Uma string definida dentro de outra deve usar aspas simples se a string mais externa usa aspas duplas e vice-versa.

```
var s3 = "String 3 'três'";
var s4 = 'String 4 "quatro"';
```

Para usar o mesmo tipo de aspas que delimitam uma string como um caractere normal, devem-se preceder as aspas com o caractere \ (contrabarra).

```
var s4 = "Aspas duplas: \"\"";
```

Além de string, o tipo de uma variável pode ser número, inteiro ou ponto flutuante, ou booleano.

```
// string pode ser declarada com ' ou "
typeof('aeiou');  // retorna "string"
typeof("xyz");    // retorna "string"

typeof(123);    // retorna "number"
typeof(2.71);   // retorna "number"
typeof(true);   // retorna "boolean"
```

O tipo será indefinido se a variável for criada sem uma atribuição de valor.

```
var x;
typeof(x);  // retorna "undefined"
```

Um valor numérico pode assumir também os valores especiais NaN como resultado de uma operação aritmética sobre um valor não numérico e Infinity quando se divide um número por zero.

```
// retorna "NaN"
console.log('a' * 'b');

// retorna "Infinity"
console.log(10/0);
```

Uma estrutura array é do tipo "object". Consulte também o item 6.6.

```
var arr = [1,2,3];

// retorna "object"
typeof(arr);
```

Uma variável JavaScript é dinâmica, sem um tipo fixo. Assim, uma variável criada com o valor de um determinado tipo pode passar a armazenar um tipo diferente. No exemplo abaixo, uma variável inicializada com o valor numérico muda de tipo quando se atribui a ela uma string.

```
var x = 1;
x = "aeiou";  // válido!
```

Mesmo que a linguagem tenha a flexibilidade mencionada, é uma boa prática de programação que, salvo em situações especiais, uma variável armazene somente valores de um tipo específico (ou null).

6.3.1 Operadores aritméticos

Os operadores aplicáveis às variáveis numéricas são: soma (+), subtração (-), multiplicação (*), divisão (/) e resto de divisão (%).

```
var x = 2.71;
console.log(x % 2);  // retorna 0.71
```

O operador + é usado também para concatenar duas strings.

```
var str = "HTML";
str = str + "5";  // resultado: "HTML5"
```

Em uma declaração de atribuição, o operador = pode ser combinado com qualquer um dos operadores anteriormente mencionados. A operação de adição pode ser simplificada com o operador +=.

```
// Adição e atribuição à variável
var x = 0;
x = x + 100;
```

```
// Operador combinado de adição e atribuição
x = 0;
x += 100;
```

Outras combinações de operadores com o operador de atribuição:

```
var x = 0;

x += 100;  // x igual a 100
x -= 30;   // x igual a 70
x /= 2;    // x igual a 35
x *= 1.1   // x igual a 38.5
x %= 30    // x igual a 8.5
```

As notações para as operações de somar e subtrair uma unidade de um valor numérico pode ser abreviada com uma forma ainda mais sucinta, com o emprego dos operadores de incremento (++) e decremento (--), respectivamente. Exemplo de uso da operação de incremento com o operador ++:

```
// Incremento em 1 com operador +=

var x = 0;
x += 1;

// Incremento em 1 com operador ++
x = 0;
x++;
```

Uma característica importante do operador ++ é que ele pode preceder a variável em uma operação de pré-incremento ou sucedê-la em uma operação de pós-incremento. Na declaração abaixo, o valor mostrado no console é zero porque x é pós-incrementado, ou seja, o incremento na variável ocorre após a impressão.

```
var x = 0;
console.log(x++);  // mostra 0
```

No exemplo abaixo, o operador ++, precedendo a variável x, incrementa a variável antes que a operação de impressão no console ocorra. Ou seja, o valor mostrado será 1.

```
var x = 0;
console.log(++x);  // mostra 1
```

Note que ao final da operação, x será incrementado em um em ambos os casos, de forma que o resultado final é o mesmo tanto em um pré-incremento quanto em um pós-incremento.

O operador - -, da mesma forma que ++, pode preceder ou suceder a variável em uma operação de pré-decremento ou pós-decremento, respectivamente.

6.3.2 Conversão de tipos

O caráter dinâmico das variáveis JavaScript permite a conversão automática entre os tipos durante as operações. A operação de conversão segue algumas regras que devem ser bem entendidas principalmente pelos desenvolvedores de linguagens com tipagem forte, como é o caso do C, C++ e Java, que não permitem esse tipo de operação.

O primeiro ponto de atenção é com o operador + que exerce uma dupla função, somando valores numéricos e concatenando strings. O que ocorre se "somarmos" um valor numérico a uma string?

```
var x = 1 + "2";
console.log(typeof(x));  // retorna "string"
console.log(x);  // retorna "12"
```

O exemplo ilustra o comportamento do operador + que executará uma adição somente se todos os operandos forem valores numéricos ou booleanos. Nos demais casos, o operador executará uma concatenação, convertendo todos os valores em string.

A conversão de um valor string em número deve ser feita de forma explícita por meio da função parseInt() ou parseFloat(). Um exemplo de uso típico é a soma dos valores digitados nos campos de entrada do tipo texto em uma página HTML: se a função de conversão parseInt() não for usada, o operador + concatenará os valores dos dois campos em vez de somá-los. Nota: se o tipo HTML do campo de entrada for number (type = "number"), esse tipo de conversão será desnecessário.

```
...
  <input type="text" id="valor1" />
  <input type="text" id="valor2" />
  <input type="submit" onclick="somar()"/>
...
<script>
function somar() {
  var v1 = document.getElementById("valor1").value;
  var v2 = document.getElementById("valor2").value;
  console.log(v1);
  console.log(v2);

  console.log(parseInt(v1) + parseInt(v2));
}
</script>
```

Uma técnica muito usada, como alternativa às funções de conversão parseInt() e parseFloat(), é prefixar a string com o operador +:

```
var x = "123";
typeof(x);  // retorna "string"
typeof(+x);  // retorna "number"
```

As funções mencionadas e o operador + são equivalentes quando a string que será convertida contém apenas caracteres numéricos. As situações em que há diferenças na conversão é tema de uma questão postada no site Stackoverflow.

http://stackoverflow.com/questions/17106681/parseint-vs-unary-plus--when-to-use-which

Os operadores de subtração (-), multiplicação (*), divisão (/) e resto de divisão (%) tentam converter os operandos não numéricos em valores numéricos. No exemplo abaixo, como a string 10 pode ser convertida em um número, o operador – executa uma subtração válida:

```
console.log('10' - 3);  // retorna 7
```

Ambas as strings podem ser convertidas em números, logo o resultado da multiplicação é um número válido.

```
var x = '5' * '7';
console.log(x);  // retorna 35
```

Quando se aplica um dos operadores mencionados em strings que não podem ser convertidas em números, obtemos o resultado NaN (Not a Number), indicando que a operação aritmética é inválida. No exemplo abaixo, como não é possível converter a sequência aeiou em um número válido, obtemos NaN como resultado da subtração:

```
console.log('aeiou' - 1);  // retorna "NaN"
```

Entretanto, note como a operação abaixo, a "multiplicação" de um caractere por um número, apesar de obter um valor numérico, não tem como resultado um valor válido:

```
var y = 2 * 'aeiou';
typeof(y);  // retorna "number"
console.log(y);  // retorna NaN (not a number)!
```

Nota: no JavaScript a operação de replicar um caractere ou string N vezes com o operador *, válida no Python, não é permitida.

Outra característica importante do JavaScript é que, em qualquer operação, os valores booleanos false e true são equivalentes aos valores numéricos 0 e 1, respectivamente.

```
// retorna 2 porque true equivale a 1
var x = 1 + true;
```

Em resumo, o operador + soma os valores numéricos e concatena as strings. A soma só ocorrerá se todos os valores envolvidos forem numéricos ou booleanos; nas demais situações, os valores serão concatenados. Os operadores - * / e % tentarão converter as eventuais strings em valores numéricos. Se um dos operandos não for conversível em um número válido, o resultado da operação será NaN (número inválido).

6.3.3 Valores numéricos

No JavaScript, não há distinção na representação de números de ponto flutuante e inteiros, ambos são codificados em 64 bits no padrão IEEE-754.

A faixa válida para os valores inteiros corresponde ao intervalo $[-2^{53} - 1, +2^{53} - 1]$, ou seja, de -9007199254740991 a 9007199254740991. Esses valores estão disponíveis nas constantes Number.MIN_SAFE_INTEGER e Number.MAX_SAFE_INTEGER, respectivamente.

Os números de ponto flutuante podem ser representados na faixa $[5x10^{-324}, 1.7976931348623157x10^{+308}]$ em valores positivos e negativos. Os valores que delimitam essa faixa estão disponíveis nas constantes Number.MIN_VALUE e Number.MAX_VALUE, respectivamente.

Note que certas operações em JavaScript, tal como a indexação de arrays, usa números inteiros de 32 bits.

É necessário tomar um cuidado especial com a incapacidade dos valores de ponto flutuante em representar precisamente os números decimais. Tome como exemplo o valor decimal 0,1 (1/10). Tudo parece normal ao criarmos uma variável com esse valor:

```
// JavaScript
var f = 0.1;
console.log(f);

// Saída na console
0.1
```

Basta alterar o número de decimais apresentados para constatarmos que o valor armazenado não é exatamente 0,1.

```
// JavaScript
console.log(f.toPrecision(21));

// Saída na console
0.100000000000000005551
```

Essa limitação na representação dos valores de ponto flutuante não é uma falha do JavaScript, senão uma característica da representação binária que, por fazer parte da arquitetura do computador, afeta também as outras linguagens de programação que usam a representação binária para os números de ponto flutuante.

Recomenda-se evitar o uso de valores numéricos de ponto flutuante padrão do JavaScript para os cálculos que envolvem valores monetários. Opte pela representação decimal em situações como essa, onde a exatidão do número de ponto flutuante é essencial.

É necessário recorrer a uma biblioteca especializada, pois a representação decimal de valores numéricos não faz parte do JavaScript. Entre a variedade de bibliotecas disponíveis, selecionamos Decimal.js por sua simplicidade e boa documentação. Baixe o pacote no site https://github.com/MikeMcl/decimal.js/. A biblioteca está contida no arquivo decimal.js ou decimal.min.js e a documentação em doc/API.html.

Página HTML com uma função de teste:

```
<!-- javascript-decimal/index.html -->
...
<body onload="printTeste()">
  <script src="js/decimal.min.js"></script>
  <script src="js/scripts.js"></script>
</body>
```

Codificação da função de teste no arquivo scripts.js:

```
/* javascript-decimal/js/scripts.js */
function printTeste() {
  var f = 0.1;
  document.write("Float: ", f.toPrecision(21));

  document.write("<br>");

  var d1 = new Decimal(0.1);
  document.write("Decimal: ", d1.toFormat(" ", 21));
}
```

A saída HTML mostra o valor 0,1 representado na forma nativa do JavaScript (binária) e na forma decimal:

```
<!-- Saída na página HTML -->
Float: 0.100000000000000005551
Decimal: 0.100000000000000000000
```

6.3.4 Escopo da variável

Uma variável criada fora de uma função tem escopo global. Ou seja, ela é acessível por todas as outras funções, inclusive aquelas pertencentes a arquivos diferentes de onde a variável foi declarada.

```
<!-- javascript-escopo/index.html -->
...
<body>
  <button onclick="f1()">Function 1</button>
  <button onclick="f2()">Function 2</button>

  <script src="script_1.js"></script>
  <script src="script_2.js"></script>
</body>
...

/* javascript-escopo/js/script_1.js */
var g1 = 0;

function f1() {
  console.log("f1():", g1++);
}

/* javascript-escopo/js/script_2.js */
function f2() {
  console.log("f2():", g1++);
}
```

Se clicarmos os botões "Function 1" e "Function 2" na sequência 1, 2, 2, 2, 1, obteremos a saída de console mostrada na Figura 22. Note como a variável g1 é incrementada por ambas as funções, apesar de ter sido declarada no arquivo onde se define f1().

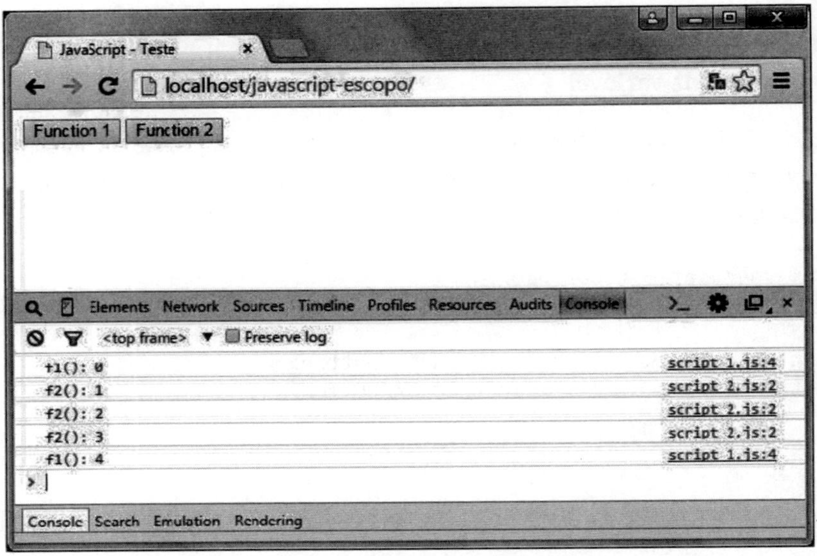

Figura 22 - Página javascript-escopo

Uma variável criada diretamente, por meio de uma atribuição, tem escopo global, independentemente do local onde ela é declarada. Ou seja, a variável str do exemplo abaixo tem escopo global mesmo sendo declarada dentro de uma função:

```
function f() {
...
  // Considerando-se que não há uma declaração
  // "var str"
  str = "JavaScript";
...
}
```

Para limitar o escopo ao âmbito da função, crie a variável usando uma declaração var.

```
function f() {
...
  var str = "JavaScript";
...
}
```

A palavra-chave var limita o alcance da variável à função dentro da qual ela foi declarada. Entretanto, diferentemente de outras linguagens, a variável terá o escopo válido para toda a função.

```
function f() {
  console.log(i);

  for (var i = 0; i < 3; i++) {
    console.log(i);
  }

  console.log(i);
}
```

Analisando a saída, percebemos que o escopo da variável i, diferentemente do que ocorre em linguagens como C++, Java ou Python, não se limita ao loop for() dentro do qual ela foi declarada. A variável é válida em todo o escopo da função, inclusive antes do ponto de sua declaração no loop for(); note como a saída da console, antes do loop for(), apresenta "undefined", ou seja, apesar da variável ainda não armazenar um valor, ela já foi criada.

```
undefined
0
1
2
3
```

Fora do escopo do loop for(), i continua válida, como prova o valor 3 na saída da console.

Conclui-se que faz mais sentido declarar a variável no início da função. No JavaScript, um bloco de código, como o loop for(), não cria um novo escopo.

6.3.5 Ambiente de nomes

Vimos no item anterior que uma variável definida fora do escopo de uma função torna-se visível globalmente, isto é, ela pode ser referenciada em qualquer outra parte do código. O mesmo ocorre com uma função definida em um arquivo: ela pode ser invocada em qualquer outro local porque seu escopo é global.

E se for necessário nomear uma variável ou uma função com o mesmo nome usado por um elemento de outro arquivo do aplicativo? Ou se usarmos uma biblioteca que define nomes coincidentes com os que definimos em nosso aplicativo?

O que ocorre é que todos os elementos declarados em um programa JavaScript pertencem ao ambiente de nomes (namespace) global. Recorremos a uma analogia simples para explicar esse conceito: em qualquer sistema operacional, uma pasta não pode conter dois arquivos com o mesmo nome, porém, a restrição não se aplicará se eles forem armazenados em pastas diferentes. Quando não especificado, um elemento JavaScript pertence ao namespace global. A linguagem, no entanto, permite que criemos nossos próprios ambientes de nomes. Ou seja, podemos evitar a colisão de nomes definindo ambientes de nomes específicos para nosso aplicativo.

O exemplo abaixo mostra o uso desta técnica. Na página HTML, o clique do botão invoca a função print() definida no escopo global:

```
<!-- javascript-namespace/index.html -->
<body>
  <button onclick="print()")>Print</button>
  <script src="js/app-1.js"></script>
  <script src="js/app-2.js"></script>
  <script src="js/scripts.js"></script>
</body>
```

A função global print(), por sua vez, invoca duas funções também denominadas print(), porém definidas em ambientes de nomes diferentes, namespace_1 e namespace_2. Em resumo, temos três ocorrências de print() sem que haja nenhuma dubiedade.

```
/* javascript-namespace/js/scripts.js */
function print() {
  namespace_1.print();
  namespace_2.print();
}
```

A declaração de um ambiente de nomes segue as seguintes regras:

- É criado com uma declaração var e definido dentro de { };

- As variáveis e as funções membros são definidas com um nome e seu valor separados por dois pontos;
- Os membros da estrutura são separados por vírgulas.

Mesmo uma função pertencente ao ambiente, ao referenciar uma variável ou outra função do próprio escopo, tem que prefixar este elemento com o nome do ambiente ou com a palavra-chave this.

```
/* javascript-namespace/js/app-1.js */
var namespace_1 = {
  contador : 0,

  print : function() {
    console.log("namespace_1", this.contador++);
  }
};

/* javascript-namespace/js/app-2.js */
var namespace_2 = {
  contador : 0,

  print : function() {
    console.log("namespace_2", this.contador);
    this.contador += 10;
  }
};
```

Além da função print(), cada um dos dois ambientes contém uma variável com o mesmo nome (contador). A execução do exemplo mostra que as variáveis, apesar de terem o mesmo nome, são independentes: em namespace_1, a variável é incrementada em um a cada clique no botão; paralelamente, a variável de namespace_2 é incrementada em 10.

A Figura 23 mostra a saída de console após três cliques no botão.

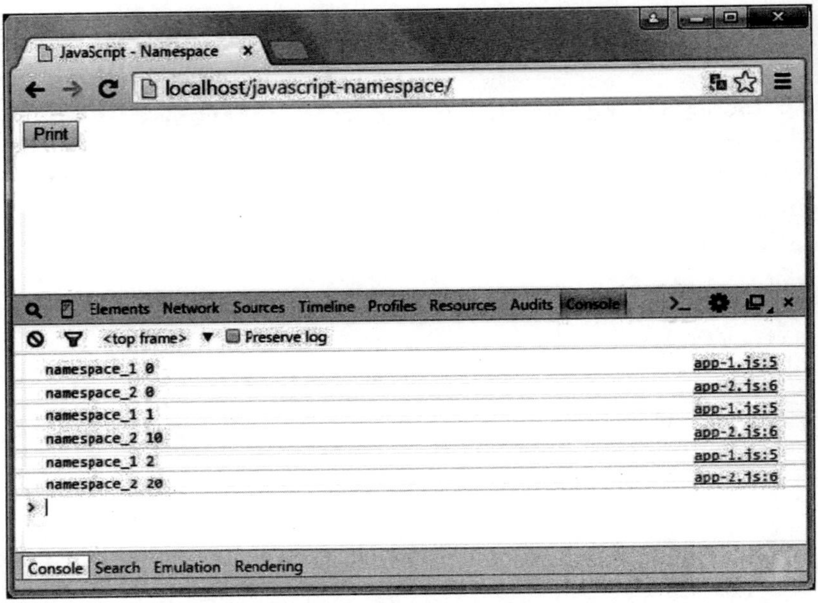

Figura 23 - Página javascript-namespace

6.4 Estruturas de decisão

As estruturas de decisão são parte essencial de uma linguagem de programação. Elas permitem que condições lógicas modifiquem o fluxo de execução de uma função ou de um bloco de código. Exceto por algumas particularidades, as estruturas de decisão do JavaScript são semelhantes às de outras linguagens.

6.4.1 Estrutura if-else

A forma mais comum de executar ações vinculadas a condições lógicas usa a declaração if-else. Esta estrutura permite testar uma expressão booleana e desviar o fluxo de execução para um determinado bloco de código.

Ilustraremos a utilização de if-else com um exemplo que simula o botão liga/desliga de uma lâmpada. No arquivo HTML, incluímos uma imagem, via marcador <img>, que representa a lâmpada. A referência para esse elemento é o identificador imgLamp. Incluímos também um botão que permitirá simular o estado da lâmpada, que pode ser aceso ou apagado. O arquivo HTML deve também conter uma referência para o arquivo de scripts.

```
<!-- javascript-ifelse/index.html -->
...
<body>
  <img id="imgLamp" src="img/lamp_off.png"
    alt="lâmpada">

  <button id="btnLamp" onclick="btnLampClicked()">
     Lâmpada
  </button>

  <script src="js/scripts.js"></script>
</body>
```

O botão tem um script associado que executa a simulação trocando a imagem apresentada na página. Primeiramente, definimos no arquivo de scripts, a variável lampOn, que indica o estado da lâmpada: true, aceso, e false, apagado.

```
/* javascript-ifelse/js/scripts.js */
var lampOn = false;
```

Finalmente, a função associada ao clique do botão simula a troca de estado da lâmpada selecionando a imagem de acordo com o estado da lâmpada. Por exemplo, se o estado atual é apagado, a função responde ao clique mudando o estado para ligado e seleciona a imagem correspondente à lâmpada acesa. Usamos a função JavaScript getElementById() para acessar o elemento HTML por seu identificador e o operador de negação (!) para inverter o valor booleano.

```
function btnLampClicked() {
  var imagem = document.getElementById('imgLamp');
  lampOn = !lampOn;

  if (lampOn) {
    imagem.src = 'img/lamp_on.png';
  }
  else {
    imagem.src = 'img/lamp_off.png';
  }
```

```
}
```

As declarações if-else são encadeáveis, ou seja, podemos criar uma estrutura de decisão múltipla. Tomaremos como exemplo o menu de opções HTML implementado com o marcador <select> que permite ao usuário selecionar uma nota de 0 a 10. Vinculamos às mudanças desse seletor uma função que altera o valor do marcador <label>, identificado pelo nome "conceito", de acordo com o valor selecionado.

```
<!-- javascript-ifelseif/index.html -->
...
<body>
  <p>
    <label id='conceito' style="font-size: 1.5em">
      Nota</label>
  </p>
  <select name='notas' id='notas'
    onchange="printConceito()">
    <option value='0'>0</option>
    <option value='1'>1</option>
    <option value='2'>2</option>
    <option value='3'>3</option>
    <option value='4'>4</option>
    <option value='5'>5</option>
    <option value='6'>6</option>
    <option value='7'>7</option>
    <option value='8'>8</option>
    <option value='9'>9</option>
    <option value='10'>10</option>
  </select>

  <script src="js/scripts.js"></script>
</body>
...
```

A função printConceito() examina o valor selecionado no seletor HTML "notas" e atribui um conceito que é mostrado no marcador <label>, identificado pelo nome "conceito". A cor do texto apresentado no marcador <label> varia de acordo com a nota selecionada. Utilizamos a função JavaScript parseInt() porque a nota selecionada no marcador <select> é uma string que necessita ser convertida em um valor numérico tratável pela lógica if-else.

```
/* javascript-ifelseif/js/scripts.js */
```

```
...
function printConceito() {
  var nota = document.getElementById("conceito");
  var x = parseInt(
    document.getElementById("notas").value);

  if (x > 8) {
    nota.innerHTML = "ótimo";
    nota.style.color = "#0000ff";
  }
  else if (x > 5) {
    nota.innerHTML = "bom";
    nota.style.color = "#00ff00";
  }
  else if (x > 2) {
    nota.innerHTML = "regular";
    nota.style.color = "#ff8800";
  }
  else {
    nota.innerHTML = "fraco";
    nota.style.color = "#ff0000";
  }
}
```

No exemplo anterior, usamos o operador de comparação > para verificar se o conteúdo da variável é maior que um determinado valor. Os outros operadores de comparação são: <, <=, ==, !=, >= e >, respectivamente, menor que, menor ou igual, igual, diferente, maior ou igual e maior que. Há também o operador "!" que inverte um valor booleano (true para false e vice-versa).

Além do operador de igualdade, == e !=, o JavaScript conta também com os operadores de identidade === e !==. Este assunto será detalhado no item 6.4.3.

Uma comparação em um if-else pode encadear múltiplos testes booleanos com a lógica OU e E usando os símbolos || e &&, respectivamente.

```
if ((valor1 > 0 && valor1 < 10) ||
    (valor2 > 0 && valor2 < 10))
  console.log("Valor na faixa de (0, 10)");
else
  console.log("Valor fora da faixa");
...
```

6.4.2 Estrutura switch-case

Outra forma de criar uma estrutura de decisão é declarar um seletor switch-case que permite tratar situações nas quais há múltiplas alternativas de execução. Como foi visto no item anterior, o encadeamento de declarações if-else também permite tratar uma seleção de múltiplas possibilidades. A vantagem de um switch-case é que, em certas situações, esta estrutura torna a codificação mais elegante, além de atender os casos especiais nos quais se deseja executar operações vinculadas a mais de uma alternativa, como pode ser visto no exemplo do final deste item.

Nosso primeiro exemplo é um arquivo HTML com um campo de entrada de dados (<input>), um parágrafo de texto e um botão.

```
<!-- javascript-switch-case/index.html -->
...
<body>
  <fieldset>
    <input type="text" id="sigla" />

    <p id="significado"></p>

    <input type="submit" onclick="printDef()"/>
  </fieldset>

  <script src="js/scripts.js"></script>
</body>
```

Se clicarmos no botão, depois de preencher o campo de entrada de dados, a lógica no switch-case, definida na função printDef(), seleciona um valor apropriado para apresentar no parágrafo "significado".

O valor do seletor é declarado na declaração switch() e as opções de seleção nas ocorrências de case. O seletor pode ser um valor numérico ou uma string, como é o caso do nosso exemplo.

```
/* javascript-switch-case/js/scripts.js */
function printDef() {
  var def =  document.getElementById("significado");

  switch (document.getElementById("sigla").
      value.toUpperCase()) {
    case "HTML":
```

```
        def.innerHTML = "Hypertext Markup Language";
        break;

      case "CSS":
        def.innerHTML = "Cascading Style Sheet";
        break;

      default:
        def.innerHTML = "Não definido!";
    }
}
```

Toda opção case deve ter um break como elemento final, de forma a delimitar o bloco de código dessa opção. Em um switch-case, o fluxo do programa continua a execução até encontrar um break. Ou seja, o código das opções (case) seguintes será executado a menos que o fluxo seja interrompido por um break. A lógica de funcionamento da estrutura é a seguinte:

- O valor é verificado na declaração inicial da estrutura;
- O fluxo do programa salta para o case correspondente ao valor ou para o bloco default, caso haja uma declaração do tipo, e nenhum case corresponda ao valor;
- Executa a linha de código seguinte à declaração do case ou do default;
- Continua a executar as linhas de código seguintes até encontrar um break.

Há algumas formas de uso do switch-case que dispensam a declaração de um break nas opções case. O primeiro caso é quando a opção contém um return que, por interromper o fluxo de execução, dispensa o break.

```
switch (opcao) {
  case 1:
    return somar();

  case 2:
    return subtrair();
...
}
```

Outra forma de switch-case que também dispensa o uso de break é uma lógica que pressupõe a execução das opções subsequentes à opção selecionada. O exemplo que apresentamos abaixo é uma lógica que imprime todos os elementos de um array com até quatro elementos. Sem as declarações break nas opções case, se o array tiver quatro elementos, o código de cada uma das quatro opções será executado; se houver três elementos, as saídas de console das três opções serão executadas e assim por diante. Usamos apenas um break, na cláusula default, para proteger a lógica de um array vazio ou que contém mais que quatro elementos.

```
/* javascript-switch-sembreak/scripts.js */
function testeSwitchCase() {
  var arr = [100,200,300,400];

  switch (arr.length) {
    default:
      document.writeln("Tamanho inválido de array");
      break;

    case 4:
      document.writeln(arr[3]);

    case 3:
      document.writeln(arr[2]);

    case 2:
      document.writeln(arr[1]);

    case 1:
      document.writeln(arr[0]);
  }
}

/* Visualização da página HTML após execução do
   switch-case
400 300 200 100
*/
```

Normalmente, declara-se ao final do seletor, com a palavra-chave default, o código que trata os casos que não se enquadram em nenhuma das opções definidas nas declarações case. Como, geralmente, a declaração default é a última opção da estrutura, um break torna-se desnecessário. Entretanto, se a cláusula default ocupar qualquer outra posição na estrutura, lembre-se de incluir um break.

6.4.3 Expressões lógicas

Uma das particularidades do JavaScript é a existência de dois operadores de comparação: igualdade (==) e identidade (===), e as contrapartes negadas, != e !==. A diferença entre eles é que o operador de igualdade tenta converter os valores comparados usando o mesmo critério empregado na soma de valores, conforme descrito no item 6.3.2.

```
// Imprime "true"
console.log(123 == '123');

// Imprime "false"
console.log(123 === '123');
```

Quando se comparam dois valores do mesmo tipo, não há diferença entre os operadores. Entretanto, se não há certeza sobre o tipo dos operandos, deve-se usar os operadores de identidade. Uma forma de evitar os erros potenciais de comparação é sempre usar os operadores de identidade.

Além dos valores booleanos true e false, o JavaScript permite que um teste lógico seja executado nos outros tipos de dados. Os seguintes valores são equivalentes a true.

Os valores numéricos (tipo number), com exceção de 0 e NaN, são equivalentes a true.

```
var x = 0;

for (x = 0; x < 5; x++)
{
  if (x)
    console.log(x, " true");
  else
    console.log(x, " false");
}

/* Imprime a saída na console
0 false
1 true
2 true
3 true
4 true
*/
```

Os seguintes valores equivalem a um booleano false: número 0, NaN, null, undefined e string vazia (“”).

Outra característica importante das expressões lógicas são as regras de avaliação usadas quando os operadores || e &&, OU e E, respectivamente, concatenam testes lógicos em uma estrutura if-else. Em uma expressão lógica composta concatenada com o operador E, a avaliação é interrompida assim que uma sub-expressão é avaliada como false. No exemplo abaixo, se val1 for false, o restante da expressão não será avaliado porque o resultado será false independentemente dos valores das outras variáveis.

```
if (val1 && val2 && val3 && val4 && val5)
```

O mesmo tipo de avaliação é executado quando a expressão booleana é estruturada com operadores OU. A diferença é que em uma lógica OU, um único elemento true valida toda a expressão. No exemplo abaixo, se val1 for true, o valor das demais variáveis não importará, o resultado da expressão será true.

```
if (val1 || val2 || val3 || val4 || val5)
```

Estes “atalhos” lógicos visam melhorar o desempenho do processo de execução do código.

A estrutura if-else pode ser abreviada com uma declaração denominada operador ternário. O operador “?”tem do lado esquerdo uma expressão booleana e do lado direito as duas alternativas de um if-else separadas pelo operador “:”. A primeira alternativa corresponde ao código que será executado se a expressão for true; a segunda, o false.

```
imagem.src = (lampOn) ? ‘img/lamp_on.png’ :
    ‘img/lamp_off.png’;
```

6.5 Estruturas de repetição

A capacidade de executar repetidamente uma instrução ou um conjunto delas é um dos recursos básicos de qualquer linguagem de programação. As estruturas de repetição ou loops, como são mais conhecidas, estão presentes no JavaScript na forma dos comandos for(), while() e do-while().

O loop for() é o mais flexível de todos. Esta estrutura tem três parâmetros de controle.

- A inicialização executada uma única vez antes da primeira iteração do loop;
- O teste de uma expressão booleana executado antes de cada iteração;
- A atribuição executada ao final de cada iteração.

A sintaxe do loop for() no JavaScript é similar à das linguagens C, C++ e Java.

Note que se o teste da expressão booleana falhar na primeira iteração, o corpo de for() não será executado nenhuma vez.

```
var i;

for (i = 0; i < 10; i++) {
...
}
```

O exemplo abaixo mostra como um loop for() pode ser usado para inverter a capitulação de um elemento textual da página HTML. A página contém dois campos de entrada de dados e um botão para invocar a função inverter().

```
<!-- javascript-for/index.html -->
...
<body>
  <input id=”input-1” type=”text”
    placeholder=”Digite aqui e clique o botão”>
  <br><br>
  <input id=”input-2” type=”text”
    placeholder=”Digite aqui também”>
  <br><br>

  <button id=”btn-inv” onclick=”inverter()”>
    Maiúsculas
  </button>

  <script src=”js/scripts.js”></script>
</body>
```

Na função inverter(), usamos getElementsByTagName() para recuperar todos os elementos do tipo input como os elementos de um array. O loop for() varre esta estrutura convertendo os conteúdos em letras minúsculas ou maiúsculas, de acordo com o valor da variável maiusc. Essa variável muda de valor a cada chamada da função para que ora a conversão seja de maiúscula em minúscula, ora, o inverso. Nota: os arrays são assunto do item 6.7.

```
/* javascript-for/js/scripts.js */
var maiusc = true;

/* */
function inverter() {
  var elements = document.getElementsByTagName('input');
  var btn = document.getElementById('btn-inv');
  var i = 0;

  for (i = 0; i < elements.length; i++) {
    if (maiusc) {
      elements[i].value =
        elements[i].value.toUpperCase();
      btn.innerHTML = 'Minúsculas';
    }
    else {
      elements[i].value =
        elements[i].value.toLowerCase();
      btn.innerHTML = 'Maiúsculas';
    }
  }

  maiusc = !maiusc;
}
```

As duas outras formas de loop baseiam-se em um único teste booleano. O comando while() verifica a condição lógica no início do loop. O bloco de código abrangido pelo loop será executado enquanto a condição lógica for verdadeira. Por consequência, se o teste booleano falhar na primeira iteração, o bloco de código nunca será executado.

```
var i = 0;

while ( i ) {
...
}
```

Em um loop do-while(), o teste lógico é executado ao final da iteração. Ou seja, pelo menos a primeira iteração do loop é executada.

```
do {
...
while (...)
```

6.6 Funções

Uma função JavaScript é declarada em um bloco de código delimitado por chaves { } e identificada pela palavra-chave function.

Uma função pode executar ações sem retornar um valor.

```
function ola() {
  console.log('Olá!');
}
```

Ela pode aceitar valores como parâmetros.

```
function ola(nome) {
  console.log('Olá,', nome, '!');
}
```

E também aceitar valores como parâmetros e retornar um valor.

```
// Calcula área de um círculo
function area(raio) {
  return Math.PI * raio * raio;
}
```

No JavaScript, as funções, da mesma forma que as variáveis, não se vinculam a nenhum tipo específico. Ou seja, uma função pode retornar valores de tipos diferentes, condicionada, por exemplo, ao valor de uma determinada flag ou resultado.

Outro conceito presente no JavaScript são as funções anônimas que, como o próprio termo indica, são funções declaradas sem um identificador (nome). Em termos práticos, isto significa que podemos definir o corpo de uma função em qualquer parte do programa e executá-la no mesmo local onde ela é codificada. Ou seja, diferentemente das outras linguagens, no JavaScript não é obrigatório declarar um bloco de código isolado para codificar uma função. No exemplo abaixo, a função de impressão dos valores dos elementos do array é definida, e executada, dentro do método forEach() da estrutura.

```
var lista = [1,2,3];

lista.forEach(
  function(x) {
    console.log(x);
  }
);
```

A função forEach() é um método que percorre todos os elementos de um array, assunto que será detalhado no item 6.7.

É importante entender o conceito de funções anônimas porque as bibliotecas e os frameworks, como jQuery e AngularJS, empregam este recurso de forma ampla e generalizad.

As funções anônimas são geralmente usadas em lógicas simples, específicas, utilizadas apenas uma única vez, em uma situação em que a declaração explícita de uma função tornaria o código mais prolixo.

As funções anônimas podem ser aninhadas, ou seja, dentro de uma função anônima podemos declarar outras funções anônimas.

As funções anônimas são também denominadas funções lambda.

Uma característica notável das funções JavaScript é que elas têm o mesmo status de uma variável ou de um objeto. Por esta razão, uma função pode ser passada e recebida como parâmetro de outra função, ela pode ser o valor de retorno de uma função, e pode também ser armazenada em variáveis ou em arrays.

Outra característica singular do JavaScript é o critério de tratamento dos parâmetros de uma função. Se ela for invocada com mais parâmetros do que os registrados em sua assinatura, os valores extras serão ignorados. Inversamente, se omitirmos algum parâmetro na chamada da função, o JavaScript assumirá que o valor é undefined. As situações descritas não caracterizam um erro de sintaxe. Obviamente, para o segundo caso, ocorrerá um erro na execução do script se a lógica da função depender do parâmetro faltante.

O JavaScript dispõe de uma biblioteca com um extenso conjunto de funções. Consulte uma das referências disponíveis, tal como, http://www.w3schools.com/js/js_functions.asp.

Toda função da biblioteca JavaScript é método de um objeto específico. Usaremos como exemplo as funções de datas e horário da classe Date.

```
// Cria um objeto Date
var d = new Date();

// Retorna "Date 2015-02-18T02:15:26.051Z"
console.log(d);

// Retorna "18/02/2015 00:15:26"
console.log(d.toLocaleString());

// Retorna
// "quarta-feira, 18 de fevereiro de 2015 00:15:26"
console.log(d.toLocaleFormat());

// Retorna "18/02/2015"
console.log(d.toLocaleDateString());

// Retorna "00:15:26"
console.log(d.toLocaleTimeString());
```

6.7 *Arrays*

Da mesma forma que o C, C++ ou Java, o JavaScript também dispõe das estruturas do tipo array que permitem armazenar conjuntos de elementos.

Os arrays JavaScript têm algumas características distintas em relação às implementações de outras linguagens. Diferentemente do C ou C++, um array JavaScript não é um conjunto de elementos armazenados em um espaço contíguo de memória. Na verdade, no JavaScript, os arrays são objetos, sendo possível até mesmo acrescentar um método à estrutura. Para obter mais detalhes sobre os objetos, classes e programação OO, consulte o item 6.8.

6.7.1 Declaração e acesso aos elementos

Os arrays são criados com o operador new ou, como alternativa, declarando diretamente a lista de valores dentro de colchetes. A segunda forma é a recomendada; new normalmente é usada para criar uma instância de uma classe (um objeto).

```
// new cria array vazio
var arr1 = new Array();

// new cria e inicializa array  com valores
var arr2 = new Array(1,2,3);

// declaração direta com operador []
var arr3 = [10,20,30];
```

Por meio do índice, acessamos diretamente qualquer um dos elementos do array. Ele varia de 0, para o primeiro elemento, até o valor que é o número de elementos do array (dado pelo atributo length) menos 1.

```
// mostra o 1o elemento de arr3
console.log( arr3[0] );

// mostra o último elemento de arr3
console.log( arr3[arr3.length - 1] );
```

Para acessar um elemento do array por seu valor, use os métodos de pesquisa indexOf() e lastIndexOf(). O método indexOf() retornará o índice da primeira ocorrência do valor dado ou -1, se ele não for encontrado. Para encontrar a última ocorrência do valor, use o método lastIndexOf().

```
var arr = ['html','css','js','php','html'];

// retorna 0
arr.indexOf('html');

// retorna 4
arr.lastIndexOf('html');

// retorna -1
arr.indexOf('xyz');
```

Os elementos de um array no JavaScript não estão limitados a um tipo específico, como ocorre em outras linguagens. Tal como exemplificado no código abaixo, um array pode conter elementos de qualquer tipo válido do JavaScript. Note que é possível reservar uma posição com um valor indefinido e até mesmo armazenar uma função dentro da estrutura.

```
function soma(x,y) {return x+y;}

var lista = [1, "dois", 3.14, , true, soma];
```

Com o loop for(), podemos percorrer os elementos do array a partir da posição 0 até a posição final, que é o número de elementos da estrutura retornado pelo atributo length.

```
for (var i = 0; i < lista.length; i++) {
  console.log(lista[i]);
}

/* Saída em console
1
dois
3.14
undefined
true
function soma(x,y) {return x+y;}
*/
```

O método forEach() é uma opção que permite acessar sequencialmente os elementos do array. Diferentemente do loop for(), esta funcionalidade considera apenas os elementos válidos, ou seja, aqueles que estão definidos. O método lê cada um dos valores da estrutura e repassa-os para uma função que deve ser informada como parâmetro. No exemplo abaixo, combinamos forEach com uma função que envia o valor recebido para o console.

```
function prt(x) {console.log(x);}
lista.forEach(prt);
```

Usando forEach()a posição 3 da variável lista, que é indefinida, não é mostrada.

```
1
dois
3.14
true
function soma(x,y) {return x+y;}
```

No exemplo, a função de saída de dados, prt(), não precisa ser declarada externamente. Usando o recurso de função anônima, o código pode ser diretamente inserido em forEach().

```
lista.forEach (function(x) {console.log(x);});
```

Para executar uma função armazenada em um array, basta acessar o elemento correspondente e informar os parâmetros necessários.

```
// A posição 5 contém a função soma()
// soma(100, 200) retorna 300
lista[5](100,200);
```

Os arrays podem conter outros arrays. No exemplo abaixo, usamos um loop externo para percorrer os elementos do array e, para cada um desses elementos, usamos o loop interno para acessar o valor.

```
var ar2 = [[1,2,3], ['JavaScript','HTML']];

for (var i = 0; i < ar2.length; i++) {
  for(var j = 0; j < ar2[i].length; j++) {
    console.log(ar2[i][j]);
  }
}
```

Para acessar uma faixa de valores contíguos de um array, ou seja, um subarray, use o método slice(). Esse método retorna um subconjunto de elementos da posição inicial até a final (não incluso) do array. Em notação matemática, os elementos do subarray são representados pela faixa [inicial, final) do array.

```
var subArray = array.slice(inicial, final)
```

No exemplo abaixo, subArr conterá os elementos da posição 2 até 4, ou seja, [2, 5), de arr.

```
function prt(x) {console.log(x);};

var arr = [0,1,2,3,4,5];
arr.forEach(prt);
/* Gera a saída
0
1
2
3
4
5
*/

var subArr = arr.slice(2,5);
subArr.forEach(prt);
/* Gera a saída
2
3
4
*/
```

6.7.2 Inclusão de elementos

No JavaScript, os arrays são automaticamente redimensionados de acordo com a necessidade. Se atribuirmos um valor a uma posição inexistente, o tamanho da estrutura será ajustado e o novo elemento será adicionado ao array.

```
ar = [0,1,2];
console.log('Tamanho inicial:', ar.length);

ar[4] = 4;
console.log('Após inclusão:', ar.length);

console.log('Posição 3:',ar[3]);
```

No exemplo acima, incluímos o valor 4 na posição quatro de um array que inicialmente contava com três elementos. O tamanho da estrutura será reajustado para 5, deixando um vazio (undefined) na posição 3.

```
Tamanho inicial: 3
Após inclusão: 5
Posição 3: undefined
```

Devido a esta característica da linguagem, o valor do atributo length não é necessariamente o número de elementos válidos do array.

Concluindo, se atribuirmos um valor a uma posição além do "elemento seguinte ao último", as posições precedentes ficarão vazias, sem um valor definido. Para acrescentar um elemento na última posição do array, deve-se atribuir um valor à posição correspondente ao tamanho atual da estrutura dado pelo atributo length.

```
var planetas = ['Mercúrio','Vênus','Terra'];
planetas[planetas.length] = 'Marte';
```

Entretanto, esta operação pode ser executada de forma mais conveniente com o método push().

```
var planetas = ['Mercúrio','Vênus','Terra'];
planetas.push('Marte')
```

Se a intenção for incluir um elemento no início do array, use o método unshift().

```
var planetas = ['Mercúrio','Vênus','Terra'];
planetas.unshift('Sol');
```

6.7.3 Exclusão de elementos

O método pop(), o simétrico de push(), elimina o último elemento do array e retorna seu valor:

```
var arr = [0,1,2,3,4,5];

// o último elemento é eliminado: [0,1,2,3,4]
// atribui 5 a x
var x = arr.pop();
```

Para eliminar o primeiro elemento do array, use o método shift().

O método splice() permite eliminar um elemento em uma posição intermediária da estrutura.

```
var arr = [0,1,2,3,4,5];

// um elemento do array a partir da posição 2 é eliminado
// resultado: [0, 1, 3, 4, 5]
arr.splice(2, 1);
```

Na verdade, splice() é uma funcionalidade genérica para a substituição de valores em um array. Sua sintaxe é a seguinte:

```
array.splice(posi, num_elementos, val_1, val_2, ...)
```

O método elimina num_elementos a partir da posição posi e inclui os elementos val_1, val_2 etc. no lugar dos elementos eliminados. Exemplos de uso de splice():

(a) Elimina um elemento a partir da posição 2 e inclui um elemento. O efeito é o mesmo que substituir o elemento da posição 2 pelo valor 200.

```
var arr = [0,1,2,3,4,5];

// resultado: [0, 1, 200, 3, 4, 5]
arr.splice(2, 1, 200);
```

(b) Elimina um elemento a partir da posição 2 e inclui três elementos: o próprio valor da posição 2 e os valores 200 e 300. O efeito é o mesmo que inserir os valores 200 e 300 após a posição 2.

```
var arr = [0,1,2,3,4,5];

// resultado: [0, 1, 2, 200, 300, 3, 4, 5]
arr.splice(2, 1, arr[2], 200, 300);
```

(c) Elimina dois elementos a partir da posição 2.

```
var arr = [0,1,2,3,4,5];
arr.splice(2, 2);  // resultado: [0, 1, 4, 5]
```

A função delete() é outro meio de excluir elementos do array. Note, porém, que essa função exclui os elementos do array sem alterar o tamanho da estrutura, de forma que a posição do valor eliminado fica vazia (undefined).

```
var arr = [1,2,3,4,5];
```

```
delete(arr[2]);

for(var i = 0; i < arr.length; i++) {
  console.log(arr[i]);
}

/* Gera a saída de console
1
2
undefined
4
5
*/
```

Também é possível eliminar os elementos finais de um array ajustando-se o atributo length.

```
var arr = [1,2,3,4,5];

// resultado: [1,2,3]
arr.length(3);
```

6.7.4 Outras funcionalidades

O método sort() ordena os elementos de um array em ordem crescente.

```
var web = ['html','css','ajax','svg','php'];
web.sort();
web.forEach(function(x) {console.log(x);});

/* Gera a saída de console
ajax
css
html
php
svg
*/
```

Para ordenar em ordem decrescente, use o método reverse().

Como foi mencionado no início do capítulo, podemos adicionar uma função a um array. No exemplo, incluiremos sum(), um loop que soma os valores da estrutura e retorna o resultado.

```
var arr = [0,10,20,30,40,50];

arr.sum = function () {
  var total = 0;

  this.forEach(function(x) {
    total += x;
  });

  return total;
}

arr.sum();
```

A função sum() tem uma novidade sintática: a palavra-chave this. Para entender o significado dessa palavra-chave, primeiramente, considere que sum() é membro da estrutura na qual ela atua. Assim, diferentemente de uma função externa, sum() não pode receber os elementos do array como um parâmetro. A questão a resolver, portanto, é como sum() acessará os elementos do array. A solução é usar this, uma auto-referência para a estrutura que é aplicável a objetos e arrays.

Voltando ao assunto principal, se aplicarmos a função sum() a um array com valores numéricos, como no exemplo acima, obteremos o seguinte resultado:

```
/* Saída de console de arr.sum() */
150
```

O que ocorrerá se alterarmos um dos valores numéricos do array para uma string?

```
arr[0] = 'X';

// arr.sum() retorna 0X1020304050
arr.sum();
```

Aqui valem as regras de conversão mencionadas no item 6.3.2: como a string 'X' não pode ser convertida em um número, a soma transforma-se em uma concatenação de strings, produzindo a saída abaixo:

```
0X1020304050
```

Se alterarmos um dos elementos do array para o valor booleano true, vale a regra de conversão true == 1.

```
arr[0] = true;

// retorna 151 porque true vale 1
arr.sum();
```

6.8 Programação orientada a objetos

Influenciados por linguagens como C++ e Java, associamos a programação OO a classes e objetos. As classes são as estruturas abstratas e os objetos as ocorrências efetivas das classes, ou, usando o jargão OO, as instâncias das classes.

O JavaScript foge desse padrão definindo os próprios objetos como base da programação OO. No JavaScript, declaramos diretamente um objeto e dele derivamos outros objetos. Este conceito é denominado programação OO sem classes.

Outra característica singular do JavaScript é que os arrays, funções, namespaces e objetos são estruturas correlatas.

6.8.1 Objetos

Em sua forma mais simples, um objeto é definido entre { } que delimitam pares atributo e valor denominados membros ou propriedades. Exemplo de declaração de um objeto com dois membros:

```
var obj = {
  x: 0,
  y: 0
};
```

Para alterar uma variável do objeto basta referenciá-la por seu nome e atribuir um valor. A referência a um elemento do objeto pode ser feita ao estilo de um array, onde o nome é o índice da estrutura, ou usando o operador ponto, que é a forma mais comumente usada na programação OO.

```
// Operador ponto
obj.x = -1;

// Índice do elemento
obj['x']-1;
```

Uma peculiaridade do JavaScript, é que se tentarmos alterar um atributo inexistente no objeto, este será adicionado à estrutura.

```
obj['z'] = 99;  // acrescenta o atributo z a obj1
```

Assim como se pode adicionar um membro a um objeto, é possível também eliminar um elemento da estrutura usando o comando delete.

```
delete obj['y'];
```

Além de uma variável, como visto no exemplo anterior, um objeto pode ter por membro uma função ou, até mesmo, outro objeto. A função membro de um objeto é um atributo ao qual se atribui uma função anônima.

```
var obj = {
  x: 0,
  y: 0,

  print: function() {
    console.log(this.x, this.y);
  }
};
```

A sintaxe para invocar uma função membro de um objeto é a mesma que usamos para referenciar uma variável da estrutura.

```
// Forma mais comum de invocação
obj.print();

// Invocação ao estilo de um array
obj["print"]();
```

No escopo do objeto, os membros da estrutura têm que ser nominados com o operador this o qual é uma referência para o objeto em questão. Na função membro print(), usamos this.x e this.y para indicar que estamos referindo-nos às variáveis x e y do objeto. Qualquer referência dentro do objeto que não esteja prefixada com o operador this é uma referência para um elemento externo. Para ilustrar este tópico, iremos alterar o exemplo anterior com a inclusão de uma variável x externa ao objeto que será referenciada na função print(). A função passa a imprimir ambos os valores, a variável x do objeto e também a variável externa de mesmo nome.

```
var x = 123;

var obj = {
  x: 0,
  y: 0,

  print : function() {
    console.log(this.x, this.y, x);
  }
};

// imprime "0 0 123" no console
obj.prt();
```

> *Na nomenclatura OO, as variáveis e as funções que pertencem a uma classe são denominadas atributos e métodos, respectivamente.*

Na programação OO tradicional, criamos objetos a partir de uma classe. No JavaScript, criamos novos objetos baseados em um objeto preexistente.

```
var obj = {
  x: 0,
  y: 0,
...
};

// O objeto obj2 é um novo objeto que tem a mesma
// estrutura de obj, i.e., os mesmos membros
var obj2 = Object.create(obj);
obj2["x"] = -10;
```

Em geral, não é uma boa prática definir uma função dentro de um objeto. Se o objeto servir de base para a criação de novos objetos, ocorrerá o seguinte problema: cada objeto derivado conterá uma cópia da função. Ou seja, uma função que poderia ser única, será replicada em todos os objetos, desperdiçando memória.

Como foi mencionado no início do item, a programação OO no JavaScript não é baseada em classes. Aqui, o elemento básico da programação OO é o protótipo. O item 6.8.3 detalhará o assunto.

6.8.2 Classe de objetos

Outra forma de se criar objetos é declarar um escopo com a palavra-chave function(), a mesma usada para declarar uma função.

```
function Obj() {
  var x = 0;
  var y = 0;
};
```

Com a declaração new, criamos instâncias da classe de objetos declarada por function().

```
var obj1 = new Obj();
var obj2 = new Obj();
```

Uma forma conveniente de se inicializar as variáveis é atribuir-lhes um valor no momento da criação da instância da classe. No exemplo abaixo, Carro recebe os valores referentes à marca, modelo e cor como parâmetros que serão recebidos no momento da criação do objeto.

```
/* */
function Carro(marca_, modelo_, cor_) {
...
  // private
  var marca = marca_;
  var modelo = modelo_;
  var cor = cor_;
}

...

var carro = new Carro("VW", "Fusca", "azul");
```

6.8.3 Derivação de objetos

Como já foi mencionado no início do item, no JavaScript, a programação OO é baseada diretamente nos objetos, diferentemente de outras linguagens que têm a classe como a matriz dos objetos.

A herança, um dos conceitos fundamentais da programação OO, é implementada no JavaScript na forma de objetos que derivam de outros objetos diretamente, sem usar o conceito de classes.

Imagine um conjunto de objetos para representar veículos automotores. Todos eles têm em comum algumas características básicas, tais como, marca, modelo, tamanho físico, peso, potência do motor etc. Para simplificar, modelaremos um veículo considerando apenas os atributos marca e modelo.

```
/* javascript-heranca/js/scripts.js */
function VeiculoAutomotor(marca_, modelo_) {
  this.marca = marca_;
  this.modelo = modelo_;
};
```

Queremos incluir uma função como um membro do objeto, porém, de acordo com o que foi explicado no item 6.8.1, deve-se evitar uma declaração de função dentro do corpo do objeto.

No JavaScript, o elemento básico de um objeto é o protótipo (prototype). Todo objeto deriva de um protótipo. Em uma hierarquia, um objeto deriva de seu protótipo, que é o objeto-pai; este, por sua vez, pode derivar de outro protótipo, ou seja, o objeto-avô, e assim por diante.

Assim sendo, para evitar a replicação em todas as derivações do objeto, vinculamos a função ao protótipo e não ao objeto em si.

```
VeiculoAutomotor.prototype.getDados = function() {
  return [this.marca, this.modelo];
};
```

A herança, a técnica OO para criar classes derivadas de uma classe base, é implementada no JavaScript adicionando-se novos membros a um objeto criado com base em um objeto preexistente. Nosso exemplo é um caminhão, derivado de um veículo, ao qual acrescentamos o atributo capacidade de carga.

Para setar os atributos definidos no objeto-pai (Veiculo Automotor) invocamos o construtor desse objeto usando a função especial call() com uma referência para o objeto atual via operador this.

```
/* */
function Caminhao(marca_, modelo_, carga_) {
  VeiculoAutomotor.call(this, marca_, modelo_);
  this.carga = carga_;
}
```

Criamos o elo na hierarquia de objetos vinculando o protótipo do objeto derivado, Caminhao, ao protótipo do objeto base, VeiculoAutomotor.

```
Caminhao.prototype =
  Object.create(VeiculoAutomotor.prototype);
Caminhao.prototype.constructor = Caminhao;
```

Para incluir uma função no objeto derivado, seguimos o mesmo procedimento executado com o objeto base.

```
Caminhao.prototype.prt = function() {
  // Propósito didático: é mais simples usar
  //   this.marca, this.modelo ...
  console.log(this.getDados(), this.carga);
};
```

Com o objeto modelo criado, basta usar o operador new para gerar todas as instâncias que forem necessárias.

```
var caminhao1 =
  new Caminhao("FNM", "D-11000", 8100);
var caminhao2 =
  new Caminhao("Chevrolet", "Brasil", 6500);
```

O teste lógico comparando a função membro getDados() de duas instâncias de um objeto comprova que há apenas uma ocorrência da função.

```
//
if (caminhao1.getDados === caminhao2.getDados)
  console.log("Função getDados() é a mesma em todos os objetos");
```

6.8.4 Biblioteca MooTools

Para os que preferem uma implementação mais tradicional da programação OO, similar à das linguagens C++ e Java, a biblioteca MooTools é uma alternativa. Ela tem recursos de programação OO que dispensam a manipulação direta dos protótipos. A MooTools oculta o uso dos protótipos JavaScript, tomando de empréstimo alguns operadores OO das linguagens tradicionais.

A MooTools é uma biblioteca JavaScript completa com uma grande variedade de recursos. Nosso estudo da biblioteca, entretanto, se limitará a uma breve descrição dos recursos para implementar a programação OO. A biblioteca JavaScript de uso geral que selecionamos foi JQuery e ela será o tema do capítulo 7. Caso você se interesse em usá-la, a MooTools tem funcionalidades equivalentes, portanto, é uma alternativa para a jQuery.

A biblioteca está disponível em http://mootools.net/ ou em um CDN como o Google: https://developers.google.com/speed/libraries/?csw=1#-mootools.

Baseado no exemplo do item anterior, recriaremos a hierarquia de objetos automóvel/caminhão usando os recursos disponíveis na MooTools.

O primeiro passo, como sempre, é incluir uma referência para a biblioteca no arquivo HTML.

```
<!-- javascript-mootools/index.html -->
...
<body>
...
  <script src="js/MooTools-Core-1.5.1.js"></script>
  <script src="js/scripts.js"></script>
</body>
...
```

Criamos um objeto usando a função Class() associada ao operador new. A MooTools define o construtor do objeto em um atributo especial denominado initialize. As funções membro podem ser declaradas dentro do corpo do objeto sem o risco de haver replicação nas instâncias, como ocorre em um objeto declarado com a sintaxe padrão JavaScript (consulte o item 6.8.1).

```
/* javascript-mootools/js/scripts.js */
...
```

```
var VeiculoAutomotor = new Class({
  initialize: function(marca_, modelo_) {
    this.marca = marca_;
    this.modelo = modelo_;
  },

  getDados: function() {
    return [this.marca, this.modelo];
  }
});
```

Para criar um objeto derivado, declara-se no atributo especial Extends, o nome do objeto-pai. O construtor do objeto derivado invoca o construtor--pai por meio da função especial parent().

```
var Caminhao = new Class({
  Extends: VeiculoAutomotor,

  initialize: function(marca_, modelo_, carga_) {
    this.parent(marca_, modelo_);
    this.carga = carga_;
  }
});
```

Não há novidades na sintaxe de criação de uma instância do objeto modelo: usamos o operador JavaScript new.

```
// Instâncias do objeto derivado
var caminhao1 = new Caminhao("Mercedes", "1113", 6000);
console.log(caminhao1.getDados(), caminhao1.carga);

var caminhao2 = neCaminhao("Scania", "76", 15000);
```

O código abaixo comprova que todas as instâncias do objeto invocam uma única ocorrência da função getDados(), que foi declarada no corpo do objeto.

```
if (caminhao1.getDados === caminhao2.getDados)
  console.log("Função getDados()
      é a mesma em todos os objetos");
```

7. jQuery – Biblioteca JavaScript

As bibliotecas JavaScript estendem, complementam e simplificam o uso da linguagem.

Uma das vantagens de se usar uma biblioteca deste tipo é que elas apresentam um código compatível com os principais navegadores disponíveis no mercado. Devido às diferenças existentes entre as implementações do JavaScript pelos diferentes fabricantes, um aplicativo pode necessitar de partes do código particularizadas para cada tipo de navegador. As funções de uma biblioteca JavaScript já incorporam essas codificações condicionais. Além disso, uma biblioteca JavaScript resolve os problemas de compatibilidade entre as diferentes implementações do Ajax e do tratamento de eventos (teclado, mouse etc.) adotadas pelos diversos fabricantes de navegadores.

Outra vantagem é na forma de simplificação do acesso e a manipulação da estrutura DOM de uma página HTML. Uma biblioteca como jQuery facilita muito o processo de encontrar um elemento HTML, ou um grupo deles, para recuperar ou alterar seu valor ou sua aparência. Os elementos da estrutura DOM são diretamente referenciados pelo tipo, nome ou classe, em uma sintaxe semelhante àquela usada no CSS.

As bibliotecas também estendem a capacidade da linguagem. Um exemplo é a biblioteca MooTools que aperfeiçoa a implementação e o uso da programação OO no JavaScript.

7.1 Introdução

A jQuery, a mais conhecida e mais usada biblioteca JavaScript, pode ser considerada praticamente uma extensão dessa linguagem. Ela é especialmente útil na manipulação dos elementos DOM de uma página HTML.

A biblioteca tem duas linhas principais de desenvolvimento: as versões 1 e 2. A versão 1 foi descontinuada e está disponível apenas para garantir o funcionamento do conteúdo desenvolvido para essa versão. A versão atual, que continuará em desenvolvimento, é a 2. Ou seja, para os projetos novos, escolha a subversão mais recente da versão 2.

A jQuery, assim como toda biblioteca JavaScript, tem duas opções: a versão completa e a compacta (minified). A primeira contém um código formatado de maneira similar ao que escrevemos em nossos programas: endentado, com linhas em branco para separar os blocos de código, variáveis com nomes significativos, linhas de comentário para documentar as funcionalidades etc. Em resumo, o código é legível "por humanos". A versão compacta tem o mesmo conteúdo de código, porém ela é reformatada com o objetivo de diminuir o tamanho do arquivo: espaços em branco, caracteres de nova linha, ponto e vírgula desnecessários, comentários, entre outros, são eliminados; as variáveis são renomeadas com nomes mais curtos etc.

A versão completa é útil para os estudos e para a fase de desenvolvimento (as mensagens de erro são mais legíveis). Para o uso em produção, opte pela versão compacta que tem a vantagem de ser um arquivo de tamanho menor. A versão compacta caracteriza-se por conter uma extensão "min". Exemplo: jquery-2.1.1.min.js.

O site oficial da jQuery disponibiliza todas as versões da biblioteca. Links para subversões das versões 1 e da 2 no CDN oficial.

```
<script src="https://code.jquery.com/jquery-2.1.3.min.js">
</script>

<script src="https://code.jquery.com/jquery-1.11.2.min.>
</script>
```

Além do site oficial da jQuery, há diversas outras opções de repositórios, como, por exemplo, Microsoft e Google.

```
<script src="http://ajax.aspnetcdn.com/ajax/jQuery/jquery-2.1.3.min.
js">
</script>
<script src="https://ajax.googleapis.com/ajax/libs/jquery/2.1.3/
jquery.min.js">
</script>
```

Para usar um arquivo armazenado localmente, baixe a biblioteca no site jquery.com/downloads. Sugere-se copiar o arquivo jquery-xxx.js ou jquery--xxx.min.js para uma pasta denominada js, dentro da pasta que contém as páginas HTML.

Se você utilizar a biblioteca de um CDN, configure também a opção de carregar o arquivo armazenado localmente. Se a biblioteca estiver disponível no local indicado pelo link e for carregada com sucesso, window.jQuery retornará true; quando ocorrer um erro na carga da biblioteca, a segunda parte do teste lógico será executada, carregando a versão local do arquivo.

```
<script src="//code.jquery.com/jquery-2.1.1.min.js"></script>
<script>
  window.jQuery ||
  document.write('<script src="js/jquery-2.1.1.min.js"><\/script>');
</script>
```

Este procedimento evita que a indisponibilidade do repositório remoto comprometa a funcionalidade da página HTML.

Este capítulo cobre apenas uma pequena parte das centenas de funções disponíveis na biblioteca jQuery. O objetivo é mostrar o uso da biblioteca com alguns exemplos significativos. Aprenda mais sobre a biblioteca consultando a documentação oficial no site http://api.jquery.com/.

O IDE Aptana pode reconhecer a sintaxe jQuery. Primeiramente, verifique na opção "Commands" do menu no topo do IDE se há uma opção jQuery. Se você não encontrar a opção, execute a sequência de comandos "Commands – Bundle Development – Install Bundle" e selecione a opção jQuery.

7.2 *Função ready()*

O navegador cria a estrutura DOM lendo o arquivo HTML sequencialmente, iniciando na primeira linha até concluir a carga na última linha. Um problema potencial das funções JavaScript, incluídas no corpo do arquivo e que manipulam os elementos HTML, é a possibilidade de ocorrer um erro caso elas referenciem um elemento que ainda não foi lido. Veja mais detalhes sobre o assunto no item 6.1.

A jQuery dispõe de uma função, ready(), que é executada após a finalização da carga dos elementos HTML. A técnica padrão usada nos scripts jQuery consiste em declarar as funções específicas de manipulação da página HTML dentro de ready(), garantindo, assim, que os elementos HTML serão referenciados somente após a criação da estrutura DOM.

```
jQuery(document).ready( function() {
  function f1() { ... }

  function() { ... }

  ...
});
```

Normalmente, usam-se as formas abreviadas desta declaração. O primeiro passo é substituir a declaração explícita jQuery pelo símbolo $.

```
$(document).ready( function() { ... } );
```

O parâmetro document pode ser suprimido, abreviando ainda mais a declaração. Apesar de válida, esta notação não é recomendada pela documentação oficial da biblioteca

```
$().ready( function() { ... } );
```

Os códigos profissionais normalmente usam uma notação ainda mais compacta na qual a função ready() é implícita.

```
$(function() { ... } );
```

Por uma questão didática, para facilitar a leitura dos códigos-fonte de exemplo, optamos pelo segundo tipo de notação.

```
$(document).ready( function() { ... } );
```

A função ready() é executada quando o navegador completa a construção da árvore DOM, sem esperar a carga de recursos, tais como, as imagens da página HTML; em oposição, o evento load de HTML só ocorre quando a carga de toda a página é completada, incluindo as imagens. Ou seja, ready()

tem a vantagem potencial de ser executada mais rapidamente que uma função registrada em load.

As funções jQuery são definidas em um namespace de mesmo nome. O símbolo $ é uma abreviação para esse nome. O assunto namespaces no JavaScript foi tema do item 6.3.5.

Se você instalou o plugin da jQuery no Aptana, há um atalho para inserir o corpo da função ready(). Com o arquivo JavaScript aberto, basta executar a sequência de comandos “Commands – jQuery – document ready ready”.

7.3 Selecionando elementos na estrutura DOM

Os seletores são a base da manipulação dos elementos HTML, usados para configurar os parâmetros CSS, associar eventos, alterar dados etc.

A jQuery usa seletores similares aos usados na formatação CSS: para um tipo de elemento, classe, identificador, nth-child, * (todos os elementos) etc. Consulte o item 4.2 para ver uma descrição dos seletores CSS.

A cerquilha (#) seleciona o elemento identificado pelo atributo ID.

```
<!-- HTML -->
<input id='input1' type='text'/>

/* jQery */
$("#input1").val("12345");
```

O ponto (.) seleciona os elementos que pertencem a uma classe CSS.

```
<!-- HTML -->
<table class="tabela-1" id="mensal"> ... </table>
<table class="tabela-1" id="semanal"> ... </table>
...

/* jQuery */
var tab = $(".tabela-1");
tab.hide();
tab.show();
```

Com o nome do marcador, selecionamos todos os elementos de um determinado tipo HTML.

```
<!-- HTML -->
<h1>JavaScript</h1>
...

/* jQuery */
$("h1").css("font-style", "italic");
```

Os colchetes ([ATR]) selecionam todos os elementos que possuem o atributo ATR.

```
<!-- HTML -->
<button id="btnToggle">Toggle H2</button>
<button id="btnHide">Ocultar H2</button>
...
<ul id="lista">
  ...
</ul>
...
Digite: <input id="input1" type="text"/>

/* jQuery */
$("[id]").css("color","#ff0000");
```

É possível selecionar um conjunto de elementos por seu estado, visível ou invisível (oculto), usando os seletores :visible e :hidden.

```
/* jQuery */
// oculta todos os elementos HTML visíveis
$(":visible").hide();

// mostra todos os elementos HTML ocultos
$(":hidden").show();
```

Podemos selecionar os elementos por sua posição relativa na estrutura DOM.

Seletor	Seleciona
:first	o primeiro elemento
:last	o último elemento
:even	os elementos pares
:odd	os elementos ímpares
:eq(index)	o elemento correspondente à posição "index"
:gt(index)	os elementos posteriores à posição "index"
:lt(index)	os elementos anteriores à posição "index"

Tabela 3: Seletores de elementos da estrutura DOM

A posição de um elemento na estrutura DOM é contada a partir de zero.

```
<!-- HTML -->
...
  <h2>Linha 0</h2>
  <h2>Linha 1</h2>
  <h2>Linha 2</h2>
  <h2>Linha 3</h2>
  <h2>Linha 4</h2>
  <h2>Linha 5</h2>
  <h2>Linha 6</h2>
...

/* jQuery */
// altera a fonte da primeira ocorrência de h2 ("Linha 0")
$("h2:first").css("font-family", "Georgia");

// altera a cor dos elementos h2 com posição superior
// a 2 ("Linha 3" a "Linha 6")
$("h2:gt(2)").css("color", "#909090")

// oculta os elementos pares ("Linha 0", "Linha 2", "Linha 4"
// e "Linha 6"
$("h2:even").hide();
```

7.4 Eventos

Os elementos de uma página HTML disparam eventos em resposta às ações do usuário, tais como, tecla pressionada, clique no mouse etc. Há também eventos gerados pela ação do navegador e da página HTML, tal como, a conclusão da carga da página.

O exemplo seguinte mostra como podemos usar um evento para manter atualizada a informação sobre as dimensões da janela do navegador. A função jQuery usa um evento associado ao redimensionamento da janela do navegador.

```
<!-- jquery-event-window/index.html -->
...
<body>
  <p id="paragrafo"></p>

  <script src="js/jquery-2.1.0.min.js"></script>
  <script src="js/scripts.js"></script>
</body>
```

Definimos a função showWindowSize() que lê a largura e a altura da janela de apresentação do navegador usando as funções da biblioteca width() e height() associadas ao objeto $(window). Recorremos à função jQuery resize(), vinculada ao evento de redimensionamento, para que a apresentação dos valores da largura e da altura sejam atualizados automaticamente sempre que as dimensões da janela se alteram. Quando o processo de carga da página HTML termina, a função deve ser executada pela primeira vez para mostrar as dimensões iniciais da janela.

```
/* jquery-event-window/js/scripts.js */
$(document).ready(function() {
  // mostra as dimensões da janela
  function showWindowSize() {
    $("#paragrafo").text("L: " + $(window).width() +
        " A: " + $(window).height());
  }

  // executado quando as dimensões da janela se alteram
  $( window ).resize(function() {
    showWindowSize();
  });
```

```
  // primeira atualização, logo após carga da página
  showWindowSize();
});
```

A jQuery trata também os eventos associados ao teclado e ao mouse. Nosso segundo exemplo monitora a atividade do teclado para atualizar o número de caracteres digitados em uma caixa de texto.

```
<!-- jquery-event-kbd/index.html -->
...
<body>
  <div>
    <label id="cx-texto-size"></label>
  </div>

  <div>
    <textarea id="cx-texto" cols="50" rows="5"
      placeholder="Digite seu texto ...">
    </textarea>
  </div>

  <script src="js/jquery-2.1.0.min.js"></script>
  <script src="js/scripts.js"></script>
</body>
```

Definimos uma função, showCxTextoSize(), para calcular o número de caracteres digitados na caixa de texto. A função da biblioteca on() monitora a atividade do teclado dentro da caixa de texto invocando a função showCxTextoSize() sempre que uma tecla que foi pressionada é solta, atualizando, assim, o número de caracteres digitados.

```
/* jquery-event-kbd/js/scripts.js */
$(document).ready(function() {
  /* calcula e mostra o número de caracteres da
     caixa de texto */
  function showCxTextoSize() {
    $("#cx-texto-size").text(
      $("#cx-texto").val().length + " caracteres"
    );
  }
```

```
  /* monitora atividade do teclado */
  $("#cx-texto").on("keyup", function() {
    showCxTextoSize();
  });

  // primeira atualização, logo após carga da página
  showCxTextoSize();
});
```

O evento associado à passagem do mouse sobre o elemento HTML é tratado pela função hover(). Na página HTML, temos três imagens; a novidade é que a imagem tem o atributo especial data-* para armazenar uma informação associada ao elemento. A sintaxe deve seguir o formato data-nome, no qual "nome" é o nome do atributo que, no nosso exemplo, é desc-img.

```
<!-- jquery-events-3/index.html -->
<body>
  <div>
    <img src="img/plasma.jpg"
      data-desc-img = "Imagem tipo plasma">
    <img src="img/mandelbrot.jpg"
      data-desc-img = "Fractal tipo Mandelbrot">
    <img src="img/leaves.jpg"
      data-desc-img = "Fractal tipo folha">
  </div>

  <div>
    <p id="legenda"></p>
  </div>

  <link rel="stylesheet" href="css/estilos.css">

  <script src="js/jquery-2.1.0.min.js"></script>
  <script src="js/scripts.js"></script>
</body>
```

Na codificação do script, a função hover() preenche o conteúdo do parágrafo "legenda" com a informação do atributo data-desc-img da imagem sobre a qual o mouse se encontra, a qual é referenciada por $(this). Note como a função, ao referenciar o atributo data-*, descarta o prefixo "data", elimina os eventuais hifens e transforma o nome em um formato *camel case*. Ou seja, data-desc-img é referenciado por jQuery como descImg.

```
/* jquery-events-3/js/scripts.js */
$(document).ready(function() {
  $("img").hover(function() {
    $("#legenda").text($(this).data().descImg);
  });
});
```

Usamos também uma folha de estilos para destacar a imagem selecionada alterando sua transparência quando o mouse passa sobre o elemento.

```
/* jquery-events-3/css/estilos.css */
img {
  opacity: 0.5;
}

img:hover {
  opacity: 1;
}
```

Visualização da página HTML.

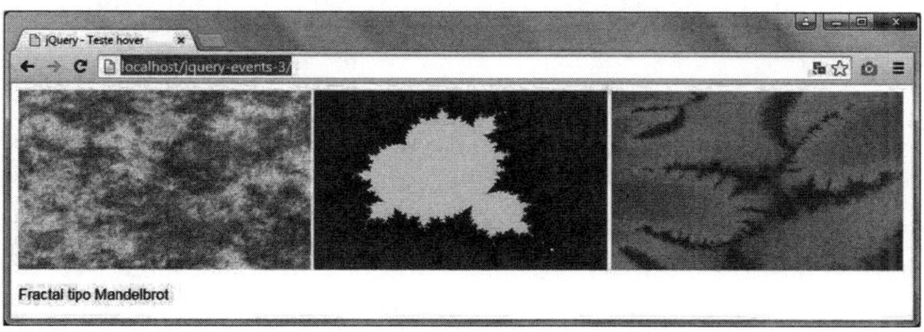

Figura 24 - Página jquery-events-3

Outro tipo de evento são os eventos de formulário. Nosso exemplo de uso é um formulário de entrada com três campos de entrada de dados. O script muda a cor de fundo do campo quando ele é selecionado.

```
<table>
  <tr>
    <td>Nome:</td>
    <td>
      <input type="text" class="input-1"
        id="nome">
      </input>
    </td>
```

```
    </tr>
    <tr>
      <td>Profissão:</td>
      <td>
        <input type="text" class="input-1"
          id="profissao">
        </input>
      </td>
    </tr>
    <tr>
      <td>Endereço:</td>
      <td>
        <input type="text" class="input-1"
          id="endereco">
        </input>
      </td>
    </tr>
</table>
```

O código necessário é uma aplicação direta das funções jQuery focus() e blur(); elas são disparadas quando o elemento HTML recebe e perde o foco, respectivamente. A função focus() é similar a click(), porém, a diferença é que um elemento pode receber o foco tanto por um clique no mouse como pela seleção, quando a tecla TAB é usada para navegar dentro da página HTML. A operação de mudança de cor, quando o campo de entrada é selecionado, é executada pela função addClass() que agrega a classe CSS "selecionada" ao elemento. $(this) é uma referência para o elemento que originou a chamada da função; quando o elemento é selecionado, a função focus() recebe uma referência que pode ser usada para manipular o elemento.

```
$(document).ready(function() {
  /* campo de entrada recebe foco */
  $(".input-1").focus(function() {
    $(this).addClass("selecionado");
  });

  /* campo de entrada perde foco */
  $(".input-1").blur(function() {
    $(this).removeClass("selecionado");
  });
});
```

A formatação CSS define a cor de fundo que será usada no elemento HTML selecionado.

```
.selecionado {
  background-color: #f5f500;
}
```

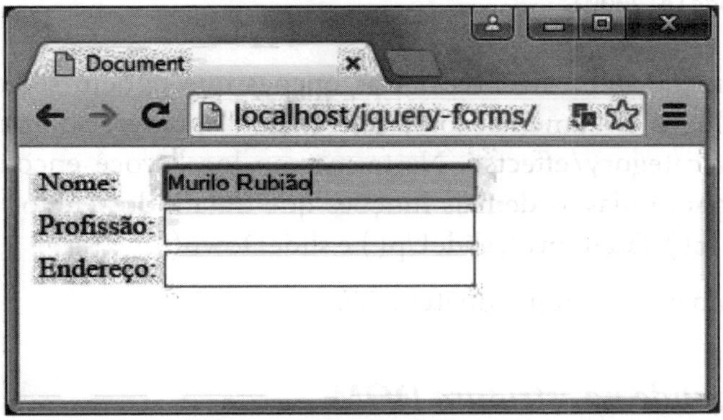

Figura 25 - Página jquery-forms

7.5 Efeitos visuais

As funções hide(), show() e toggle() permitem alterar a visibilidade de um elemento ou de um grupo deles. Como o próprio nome indica, hide() oculta um elemento, show() mostra o mesmo e a função toggle() combina ambas as funcionalidades trocando o estado de visibilidade do elemento. Ou seja, toggle() oculta um elemento visível ou mostra um elemento oculto. Todas elas têm a mesma estrutura sintática.

```
seletor.hide(T, f());
```

A função hide() oculta o elemento ou grupo de elementos com um tempo de transição entre visível e oculto de T milissegundos. A função f() será executada quando a transição estiver completa. Ambos os parâmetros são opcionais. Se omitidos, a transição durará 400 ms e nenhuma ação será tomada ao finalizar o efeito.

```
// Oculta os elementos da classe
```

```
$(".classe-1").hide();

// Mostra os elementos da classe
// Efeito de transição de 1s
$(".classe-1").show(1000);

// Intercambia a visibilidade dos elementos tipo <h2>
// Efeito de transição de 2s
$("h2").toggle(2000)
```

Estas funções têm diversas outras opções que podem ser consultadas, por exemplo, na documentação de referência disponível no link http://api.jquery.com/category/effects/. Neste mesmo local, você encontrará documentação para todas as demais funções que tratam dos efeitos visuais, tais como, fadeIn(), fadeOut(), slideUp() e slideDown().

Veja também o exemplo do item 7.7.

7.6 Navegando na estrutura DOM

Um recurso fundamental para criar uma página HTML dinâmica é a possibilidade de manipular os elementos da página. A jQuery conta com um conjunto de funcionalidades capaz de acessar a estrutura DOM para alterar os elementos HTML.

7.6.1 first() e last()

As funções first() e last() selecionam o primeiro e o último elementos de uma seleção. Considere um documento HTML com diversas ocorrências do marcador <h3>.

```
<!-- HTML -->
<body>
...
  <h3>Texto 1</h3>
...
  <h3>Texto 2</h3>
...
  <button id="btn-h3-first">Itálico</button>
</body>
```

Quando o botão btn-h3-first da página HTML é clicado, o script seleciona a primeira ocorrência de <h3> e altera seu formato para fonte tipo itálico.

```
/* JavaScript */
$(document).ready( function() {
  $("#btn-h3-first").click(function() {
    $("h3").first().css("font-style", "italic");
  });
});
```

7.6.2 each()

A função each() invoca uma função para cada um dos elementos de uma seleção. Essa função receberá como parâmetros o índice do elemento e uma referência para o conjunto de elementos.

No exemplo abaixo, usamos each() para ordenar uma lista HTML. A página HTML contém dois conjuntos de elementos sem uma ordem específica e um botão que dispara a ação de ordenação.

```
<!-- jquery-sort/index.html -->
<ul id="lista-1">
  <li>melancia</li>
  <li>abacaxi</li>
  <li>laranja</li>
  <li>banana</li>
</ul>

<ul id="lista-2">
  <li>chuchu</li>
  <li>repolho</li>
  <li>alface</li>
  <li>tomate</li>
</ul>

<button id="btnSort" class="btn-info">
  Ordenar
</button>
```

Para ordenar a lista lista-1, primeiramente armazenamos o conteúdo de seus elementos em um array. Em seguida, aplicamos a função JavaScript sort() para ordenar o array. Concluímos a operação reconstruindo lista-1 com os elementos do array ordenado. A função each() é usada, na primeira operação, para ler as ocorrências de <li> da lista-1, para, em seguida, escrever nesses mesmos elementos os valores que foram reorganizados pela função sort().

```
/* jquery-sort/js/scripts.js */
$(document).ready(function() {
  $("#btnSort").click( function() {
    var arr = [];

    $("#lista-1 > li").each( function(index, elem) {
      arr.push(elem.innerHTML);
    });

    arr.sort();

    $("#lista-1 > li").each( function(index, elem) {
      elem.innerHTML = arr[index];
    });
  });
});
```

7.6.3 children()

O exemplo mostra como usar a função children() para selecionar os elementos de um tipo específico que são filhos de um determinado elemento. A página HTML contém duas seções com elementos do tipo <h1>, <h2> e <h3>.

```
<!-- jquery-children/index.html -->
<div id="div-1">
  <h1>Linha H1</h1>
  <h2>Linha H2</h2>
  <h3>Linha H3</h3>
</div>
<div id="div-2">
  <h1>Linha H1</h1>
  <h2>Linha H2</h2>
  <h3>Linha H3</h3>
</div>
```

Na lógica JavaScript, a função children() seleciona todos os elementos do tipo <h1> que são filhos do elemento div-1. Neste exemplo, restringimos a seleção aos elementos-filhos que se enquadram em um determinado critério; se invocássemos children() sem nenhum parâmetro, todos os filhos de div-1 seriam selecionados.

```
/* jquery-children/js/scripts.js */
$(document).ready(function() {
  $("#div-1").children("h1").
    css("font-style", "italic");
});
```

Outras funções que têm uma estrutura semelhante a children():

- next() e prev(): selecionam o elemento no mesmo nível (irmão), seguinte e anterior, respectivamente;
- parent(): seleciona o elemento-pai;
- siblings(): seleciona os elementos-irmãos.

7.7 Exemplo com efeitos visuais

Mostraremos agora uma aplicação sequencial e recursiva da função toggle() para apresentar os elementos de um determinado tipo, um após o outro, intercalados por um intervalo de tempo de um segundo.

Na página HTML, temos uma lista de marcadores <h2> e dois botões, um para trocar o estado de visibilidade dos elementos <h2> e outro para ocultá-los.

```
<!-- jquery-toggle/index.html -->
...
<button id="btnToggle">Toggle H2</button>

<h2>Linha 0</h2>
<h2>Linha 1</h2>
<h2>Linha 2</h2>
<h2>Linha 3</h2>
<h2>Linha 4</h2>
<h2>Linha 5</h2>
<h2>Linha 6</h2>
...
```

A ideia básica é usar a função jQuery toggle() para mudar o estado de visibilidade dos elementos do tipo <h2>.

```
/* jquery-toggle/js/scripts.js */
/*
   Função para associar clique do botão a toggleH2()
   e à função hide() somente após a carga de todos
   os elementos HTML
 */
$(document).ready(function() {
  $("#btnToggle").click( function() {
    toggleH2();
  });
});
```

Para obter o efeito sequencial, isto é, mostrar (ou ocultar) os elementos um após o outro, tratamos apenas um elemento por vez e programamos o tratamento do elemento seguinte na função que é executada quando toggle() encerra e assim, sucessivamente, até que o último elemento seja tratado.

Na primeira chamada do script toggleH2(), quando o botão é clicado, o parâmetro de entrada arrH2 não está definido, sendo, então, preenchido com os elementos do tipo <h2>. Usamos a função each() para determinar os <h2>.

Usamos a função toggle() para mostrar o primeiro elemento do array, se ele estiver oculto, ou ocultá-lo, se ele estiver visível.

Se o número de elementos de arrH2 for maior que um, passaremos o script toggleH2(), recursivamente, para ser executado quando a operação toggle() finalizar. A cada iteração, o script recebe um subarray formado a partir do segundo elemento do array original, até restar apenas um elemento na estrutura. Consulte o item 6.7.1 para ver mais detalhes sobre a função JavaScript slice().

Se o número de elementos de arrH2 for um, significará que atingimos o último elemento do array, de forma que apenas invocamos a função toggle() e encerramos a cadeia de chamadas recursivas.

```
/* jquery-toggle/js/scripts.js */
...
/* Função que executa o efeito ocultar/mostrar */
```

```
function toggleH2(arrH2) {
  // 1a iteração: arrH2 indefinido ...
  if(arrH2 === undefined) {
    arrH2 = [];

    $("h2").each(function(index, h2) {
      arrH2.push(h2);
    });
  }

  // Se houver pelo menos 2 elementos ...
  if(arrH2.length > 1) {
    // ... mostra o primeiro e passa os
    // demais para iteração seguinte ...
    $(arrH2[0]).toggle(1000, function() {
      toggleH2(arrH2.slice(1, arrH2.length));
    });
  }
  // ... senão, última iteração: apenas
  // mostra o elemento
  else if(arrH2.length > 0) {
    $(arrH2[0]).toggle(1000);
  }
}
```

Uma solução um pouco mais complexa, porém, bem mais compacta, é apresentada na documentação da jQuery. A lógica dessa solução baseia-se na função first() para encontrar o primeiro elemento do tipo, no qual aplicamos a função toggle() para alterar seu estado de visualização. Definimos uma função, toggleNext(), baseada em next() para selecionar, recursivamente, os elementos seguintes. Note o uso do operador $(this), necessário para referenciar o elemento atual.

```
$(document).ready(
function() {
  $("#btnToggle").click( function() {
    $("h2").first().toggle(1000,
      function toggleNext() {
        $(this).next("h2").
          toggle(1000, toggleNext);
    });
  });
});
```

7.8 Exemplo com formatação CSS

O exemplo mostra como usar as funções addClass() e removeClass() para alterar o tamanho da fonte usado no texto HTML selecionando uma das três opções de formatação de fonte. Na página HTML, temos o parágrafo de texto e três botões que selecionam o tamanho da fonte.

```
<!-- jquery-font-size/index.html -->
<body>
  <button id="btnSmall">Menor</button>
  <button id="btnMedium">Médio</button>
  <button id="btnBig">Maior</button>

  <p id="paragrafo"> ... </p>
...
```

Na seção de estilos da página HTML, ou em um arquivo CSS, declaramos as três classes que configuram as opções de tamanho da fonte.

```
<style>
  .small {
    font-size: 0.75em;
  }

  .medium {
    font-size: 1em;
  }

  .big {
    font-size: 1.5em;
  }
</style>
```

No arquivo de scripts, codificamos as funções associadas aos cliques nos botões. A lógica é simples: primeiramente, eliminamos todas as formatações CSS vinculadas ao parágrafo para, em seguida, aplicarmos a formatação correspondente ao botão que foi clicado. Definimos a função que limpa as formatações, clear(), baseada na função removeClass(). A operação de aplicar a formatação ao parágrafo é uma aplicação direta da função addClass().

```
/* */
$(document).ready( function() {
  function clear() {
    $("#paragrafo").removeClass("small")
      .removeClass("medium")
      .removeClass("big");
  }

  $("#btnSmall").click(function() {
    clear();
    $("#paragrafo").addClass("small");
  });

  $("#btnMedium").click(function() {
    clear();
    $("#paragrafo").addClass("medium");
  });


  $("#btnBig").click(function() {
    clear();
    $("#paragrafo").addClass("big");
  });

  // inicia com tamanho medio
  $("#paragrafo").addClass("medium");
});
```

8. Gráficos com JavaScript

Os gráficos são uma forma compacta e atraente de visualizar um conjunto de dados. Um gráfico pode ter um impacto muito maior do que uma apresentação em forma de texto ou tabela. Bem usados, os gráficos são também uma excelente ferramenta de análise de dados.

As bibliotecas gráficas desenvolvidas no JavaScript podem ser classificadas em dois tipos básicos: aquelas que geram uma imagem do tipo bitmap e as que se baseiam em primitivas geométricas. O segundo tipo é mais conhecido como gráfico vetorial e é geralmente baseado no padrão SVG (Scalable Vector Graphics).

Há uma grande variedade de bibliotecas JavaScript especializadas na geração de gráficos. Todas elas são capazes de gerar os tipos mais comuns de gráficos, tais como, linha, área, barra, setor (pizza) etc. Neste capítulo, estudaremos as bibliotecas jqPlot, Chart.js e C3. As duas primeiras são do tipo bitmap, enquanto que C3 é baseada no padrão SVG.

8.1 Biblioteca jqPlot

jqPlot é uma biblioteca gráfica do tipo bitmap baseada na biblioteca jQuery.

O pacote de instalação está disponível no site www.jqplot.com. A biblioteca contém uma série de arquivos, dos quais são imprescindíveis a biblioteca jQuery, o arquivo principal da jqPlot, jquery.jqplot.min.js e sua folha de estilos, jquery.jqplot.min.css. Os demais arquivos do pacote jqPlot são específicos para configurar os recursos opcionais na plotagem dos gráficos.

8.1.1 Primeiro exemplo

Os gráficos jqPlot devem ser vinculados a um elemento HTML. Usaremos um marcador <div> para criar o elemento que conterá o gráfico.

```
<!-- jqplot-1/index.html -->
<body>
  <div id="grafico"></div>

  <script>...</script>
...
  <style>...</style>
</body>
```

Declaramos as referências para as bibliotecas jQuery e jqPlot, que são indispensáveis, e para o arquivo scripts.js, onde codificamos a função de geração de gráfico.

```
<script src="js/jquery-2.1.0.min.js"></script>
<script src="js/jquery.jqplot.min.js"></script>
<script src="js/scripts.js"></script>
```

Opcionalmente, podemos fixar o tamanho do gráfico com uma declaração de estilo.

```
<style>
  #grafico {
    height: 300px;
    width: 400px;
  }
</style>
```

O script preenche dois arrays, cada um com 10 números aleatórios, e chama a função jqplot() com dois parâmetros: o identificador HTML do elemento onde o gráfico será plotado e um array que conterá os arrays com os valores do gráfico.

```
/* jqplot-1/js/scripts.js */
$(document).ready(function() {
  var serie1 = [];
  var serie2 = [];
  var i = 0;
```

```
  for(i = 0; i < 10; i++) {
    serie1.push(Math.random()*100);
    serie2.push(Math.random()*100);
  }

  $.jqplot('grafico',  [serie1, serie2]);
});
```

A codificação que acabamos de ver é suficiente para gerar um gráfico de linhas, que é o padrão da biblioteca. Uma possível saída na página HTML é mostrada na Figura 26.

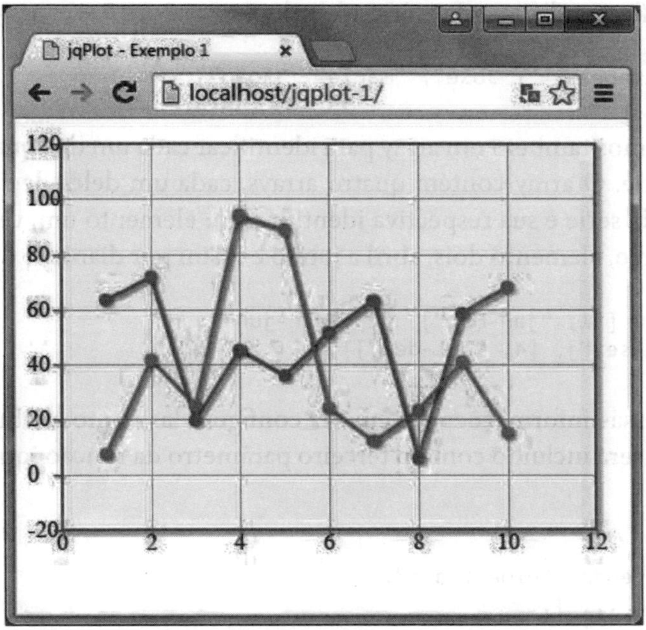

Figura 26 - Gráfico de linhas do jqPlot

8.1.2 Parâmetros de configuração do gráfico

O primeiro exemplo mostrou como é fácil gerar um gráfico jqPlot. Entretanto, necessitamos de algumas informações complementares para podermos interpretar os dados do gráfico. Um elemento essencial é a identificação dos eixos x, y e das duas séries de valores.

Um segundo exemplo mostrará como configurar estes parâmetros. O novo gráfico mostra o desempenho de vendas de três vendedores. Primeiramente, declaramos três séries de quatro valores que representam as vendas trimestrais dos três vendedores.

```
/* jqplot-2/js/scripts.js */
...
var serie1 = [100, 112, 210, 75];  // José
var serie2 = [50, 155, 250, 113];  // Maria
var serie3 = [70, 125, 215, 110];  // João
```

Em seguida, criamos um array com três valores, um para cada vendedor, para identificar cada uma das séries de valores.

```
var seriesLabels = ["José", "Maria", "João"];
```

Declaramos também um array para identificar cada um dos quatro valores de uma série. O array contém quatro arrays, cada um deles declarando um elemento da série e sua respectiva identificação: elemento um, vendas de janeiro a março, elemento dois, abril a junho e assim por diante.

```
var eixoX = [[1, "jan-mar"], [2, "abr-jun"],
  [3, "jul-set"], [4, "out-dez"]];
```

Todas essas informações devem ser configuradas como atributos de um objeto que será incluído como o terceiro parâmetro da função jqplot().

```
...
var options = {
  title: "Vendas trimestrais",
  legend: { ... },
  axes: { ... },
  seriesDefaults: { ... },
  axesDefaults: { ... },
};

$.jqplot ("grafico", [serie1, serie2, serie3], options);
```

Cada atributo do objeto options configura uma característica do gráfico.

O atributo title contém o título mostrado no topo do gráfico. No atributo legend, declaramos um objeto que conterá as informações da legenda:

- A identificação das séries de valores é declarada no atributo labels;
- O valor outsideGrid no atributo placement posiciona a legenda fora da área reservada ao gráfico;
- O atributo rowSpacing ajusta o parâmetro CSS padding-top;
- É imprescindível configurar o valor true no atributo show para que a legenda seja mostrada.

```
var options = {
...
  legend: {
    labels: seriesLabels,
    placement: "outsideGrid",
    rowSpacing: "0px",
    show: true
  }
...
}
```

Para mostrar os valores do eixo x e as identificações dos eixos x e y, declaramos o atributo axes que, por sua vez, é um objeto com dois atributos, xaxis e yaxis. No primeiro, declaramos a identificação do eixo x (Trimestre) e seus valores armazenados no array eixoX. No atributo yaxis, declaramos a identificação do eixo y.

```
var options = {
...
  axes: {
    xaxis: {
      label: "Trimestre",
      pad: 0,
      ticks: eixoX
    },
    yaxis: {
      label: "Vendas"
    }
  }
...
}
```

Usamos também um recurso que suaviza a plotagem das linhas.

```
var options = {
...
  seriesDefaults: {
    rendererOptions: {
      smooth: true
    }
  }
...
}
```

Outro recurso adicional que incluímos é o plugin para aprimorar a renderização do texto. No nosso exemplo, esse recurso permite apresentar o texto do eixo y na vertical.

```
var options = {
...
  axesDefaults: {
    labelRenderer: $.jqplot.CanvasAxisLabelRenderer
  }
...
}
```

A visualização do gráfico na página HTML é mostrada na Figura 27.

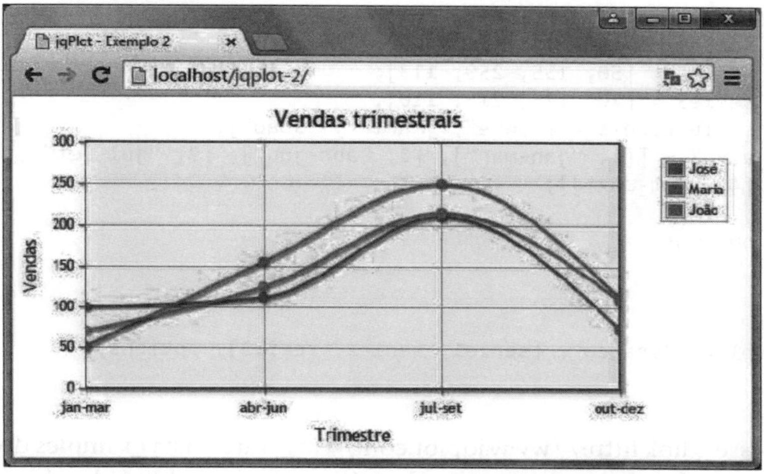

Figura 27 - Gráfico do jqPlot com legenda

Na codificação da página HTML, além das bibliotecas obrigatórias, é necessário incluir os recursos de renderização devido à configuração da opção labelRenderer.

```
<!-- jqplot-2/index.html -->
<body>
  <div id="grafico"></div>
</body>

<script src="js/jquery-2.1.0.min.js"></script>
<script src="js/jquery.jqplot.min.js"></script>
<script src="plugins/jqplot.canvasAxisLabelRenderer.min.js">
</script>
<script src="plugins/jqplot.canvasTextRenderer.min.js">
</script>
<script src="js/scripts.js"></script>

<link type="text/css" rel="stylesheet"
  href="css/jquery.jqplot.css">
```

A estrutura completa do código:

```
/* jqplot-2/js/scripts.js */
```

```
$(document).ready(function(){
  var serie1 = [100, 112, 210, 75];
  var serie2 = [50, 155, 250, 113];
  var serie3 = [70, 125, 215, 110];
  var seriesLabels = ["José", "Maria", "João"];
  var eixoX = [[1, "jan-mar"], [2, "abr-jun"], [3, "jul-set"],
      [4, "out-dez"]];

  var options = {
...
  };

  $.jqplot ("grafico", [serie1, serie2, serie3], options);
});
```

Acesse o link http://www.jqplot.com/tests/ ou a pasta examples do pacote para visualizar outros exemplos de gráficos e as possibilidades de configuração para formatar um gráfico.

8.2 Biblioteca Chart.js

A biblioteca Chart.js está disponível no site www.chartjs.org.

Os gráficos dessa biblioteca são criados dentro de um elemento canvas de HTML5. Assim, o primeiro passo é declarar um elemento do tipo na página HTML.

```
<canvas id="grafico" width="400" height="400">
</canvas>
```

No código JavaScript, recuperamos a informação sobre o canvas usando, por exemplo, uma função jQuery.

```
var ctx = $("#grafico").get(0).getContext("2d");
```

Tendo em mãos a referência para o elemento canvas, podemos criar o gráfico indicando seu tipo e o objeto que contém os dados. No exemplo abaixo, a declaração cria um gráfico de setores (torta ou pizza) baseado no canvas referenciado pela variável ctx, com os valores contidos no objeto data.

```
new Chart(ctx).Pie(data);
```

Tipos de gráficos disponíveis na biblioteca Chart.js:

- Bar: gráfico de barras;
- Line: gráfico de linhas;
- Radar: da mesma forma que um gráfico de linha, os elementos da série são interligados por segmentos de reta. A diferença é que os elementos estão dispostos em uma área circular com origem em um ponto único, o centro de um círculo. No exemplo 2, criaremos um gráfico do tipo radar;
- Pie: gráfico de setores, também conhecido por pizza ou torta;
- Doughnut: idêntico ao gráfico de setores, porém vazado no centro;
- PolarArea: semelhante a um gráfico de setores, porém a amplitude do valor é dada pelo tamanho do raio do setor, já que todos eles ocupam fatias com a mesma abertura angular.

8.2.1 Gráfico de setores

Nosso primeiro exemplo é um gráfico do tipo pizza. Na página HTML, criamos um elemento canvas para a apresentação do gráfico e um botão que controla a geração do mesmo.

```
<body>
...
  <div>
    <button id="btnGraphPie">Pizza</button>
...
  </div>
  <div>
    <canvas id="grafico" width="400" height="400">
    </canvas>
  </div>
...
  <script src="js/Chart.js"></script>
  <script src="js/jquery-2.1.0.min.js"></script>
  <script src="js/scripts.js"></script>
<body>
```

A biblioteca Chart.js não tem nenhum vínculo com a jQuery. Ela foi incluída apenas para monitorar o clique do botão.

No arquivo scripts.js, definimos a função que plotará o gráfico.

A configuração do gráfico de setores é bastante simples: basicamente um conjunto de pares de valores que indica o tamanho relativo do setor e sua cor de apresentação. Nosso exemplo contém três setores, cujos valores variam aleatoriamente a cada clique do botão sob controle da função JavaScript random().

```
/* Função padrão de jQuery */
$(document).ready( function() {
  // Obtém referência ao canvas
  var ctx = $("#grafico").get(0).getContext("2d");

  /* Função que responde ao clique do botão
     plotando o gráfico com valores aleatórios */
  $("#btnGraphPie").click( function() {
    var dados = [
      {value: Math.random(), color: "#900000"},
      {value: Math.random(), color: "#008000"},
      {value: Math.random(), color: "#000070"}
    ];

    new Chart(ctx).Pie(dados);
  });
...
});
```

No exemplo acima, diversos parâmetros de apresentação do gráfico foram ajustados para os valores padrão que a biblioteca assume, automaticamente, na ausência de uma configuração específica. Para alterar esses parâmetros, é necessário criar um objeto com os atributos que se quer alterar, configurá-los com os valores desejados e passar a estrutura como um parâmetro da função que gera o gráfico. Podemos, por exemplo, desativar o efeito de animação setando o valor false para o atributo animation.

```
var options = {animation: false};
new Chart(ctx).Pie(dados, options);
```

Consulte a documentação de referência no site http://www.chartjs.org/docs/ para verificar quais são os atributos de apresentação configuráveis para os diversos tipos de gráficos.

Um dos parâmetros de apresentação (onAnimationComplete) configura a possibilidade de executar uma função quando a plotagem do gráfico se encerra. Usaremos este recurso para criar um exemplo que utiliza chamadas recursivas para gerar três gráficos que são variações do tipo pizza: Pie, Doughnut e PolarArea.

No arquivo HTML, declaramos três elementos canvas.

```
<!-- Chart.js-pie/index.html -->
<div>
  <canvas id="grafico-1" width="300" height="300">
  </canvas>
  <canvas id="grafico-2" width="300" height="300">
  </canvas>
  <canvas id="grafico-3" width="300" height="300">
  </canvas>
</div>
```

No arquivo scripts.js, usamos a função jQuery ready() para aguardar a carga da página, assegurando que os elementos da página HTML serão referenciados somente após sua criação. Usamos três estruturas: um array para armazenar as referências para os três elementos canvas, um segundo array para os valores do gráfico e um objeto para setar a função que deverá ser executada quando a plotagem do gráfico terminar.

```
/* Chart.js-pie/js/scripts.js */
/* Função padrão jQuery para tratamento da página HTML */
$(document).ready( function() {
  // Referências aos 3 elementos canvas
  var ctx = [ $("#grafico-1").get(0).getContext("2d"),
              $("#grafico-2").get(0).getContext("2d"),
              $("#grafico-3").get(0).getContext("2d") ];

  var dados = [];  // valores do gráfico
  var options = {};  // opções do gráfico

  var index = 0;  // indica qual canvas usar

  /* Função jQuery padrão para capturar clique do botão */
```

```
  $("#btnGraph").click( function() {
  ...
  });

  /* Plotar o gráfico seguinte */
  function callPlotGraph() {
  ...
  }

  /* Função que efetivamente cria o gráfico no
     canvas apropriado */
  function plotGraph(index) {
  ...
  }
});
```

As três funções de controle codificadas no script:

- $("#btnGraph").click(): responde ao clique do botão da página HTML;
- callPlotGraph(): determina qual dos três gráficos deve ser plotado;
- plotGraph(): plota o gráfico selecionado no canvas correspondente.

A função que responde ao clique do botão gera três valores aleatórios, seta a função callPlotGraph() para ser chamada quando a plotagem do gráfico finaliza e chama a função de plotagem para apresentar o primeiro dos três gráficos.

```
/* Função jQuery padrão para capturar clique do botão */
$("#btnGraph").click( function() {
  dados = [
    {value: Math.random()*10, color: "#a00000"},
    {value: Math.random()*10, color: "#009000"},
    {value: Math.random()*10, color: "#000090"}
  ];

  // Ao final da animação chamar a função de
  // plotagem do gráfico seguinte
  options = {
    onAnimationComplete: function() {
      callPlotGraph();
    }
  };
```

```
    index = 0;
    plotGraph(index);
  });
```

A função callPlotGraph() ajusta o índice para selecionar o próximo gráfico e chama a função de plotagem.

```
  /* Plotar o gráfico seguinte */
  function callPlotGraph() {
    index++;

    if(index > 0 && index < 3) {
      plotGraph(index);
    }
  }
```

A função de plotagem baseia-se no índice setado por callPlotGraph() para plotar o gráfico apropriado no canvas correspondente.

```
  /* Função que efetivamente cria o gráfico no
     canvas apropriado */
  function plotGraph(index) {
    if(index === 0)
      new Chart(ctx[0]).Pie(dados, options);
    else if(index === 1)
      new Chart(ctx[1]).Doughnut(dados, options);
    else if(index === 2)
      new Chart(ctx[2]).PolarArea(dados, options);
  }
});
```

Uma possível saída do programa na página HTML é mostrada na Figura 28.

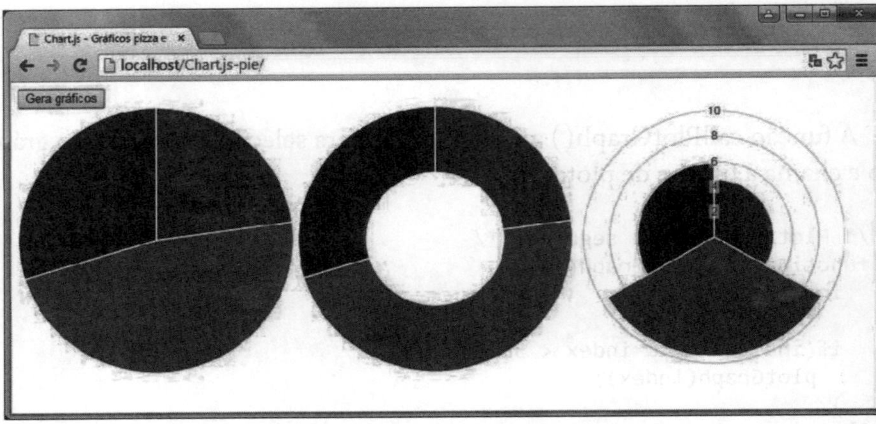

Figura 28 - Gráficos de setores do Chart.js

8.2.2 Gráfico tipo radar

Cada tipo de gráfico de Chart.js tem um conjunto específico de parâmetros de configuração. Veremos agora um exemplo de gráfico do tipo radar que tem diversos parâmetros de apresentação inexistentes em gráficos do tipo pizza.

No arquivo HTML, declaramos o canvas e o botão para disparar a função que gera o gráfico.

```
<!-- Chart.js-radar/index.html -->
<div>
  <button id="btnGraphRadar">Gerar gráfico</button>
</div>
<div>
  <canvas id="grafico" width="400" height="400">
  </canvas>
</div>
```

No arquivo de scripts, iniciamos com a declaração de três arrays para armazenar os dados de label e duas sequências de valores.

```
/* Chart.js-radar/js/scripts.js */
var serie0 = [];
var serie1 = [];
var serie2 = [];
```

```
var meses = ["jan", "fev", "mar", "abr", "mai", "jun",
  "jul", "ago", "set", "out", "nov", "dez"];
```

Em seguida, criamos um objeto com dois atributos: labels, para armazenar os identificadores dos valores, e datasets, que conterá a informação de plotagem das duas sequências de valores.

Cada sequência declarada dentro de um dataset é, por sua vez, um objeto com diversos atributos que configuram a apresentação dos dados. O único parâmetro obrigatório são os valores da sequência configurados no atributo data. Os demais atributos de dataset configuram as cores do elemento gráfico:

- strokecolor: cor da linha;
- fillColor: cor da área circunscrita pela linha;
- pointColor e pointStrokeColor: cores de preenchimento e da borda, respectivamente, do ponto ("bolinha") onde o label de valor é apresentado.

O parâmetro da cor é especificado no formato CSS. Ou seja, os valores RED, #00FF00 e rgba(255, 0, 0, 1) são equivalentes. No exemplo, optamos pelo uso da função rgba(), que é especialmente útil para controlar a transparência da cor de preenchimento, um recurso que permite suavizar as regiões de superposição entre duas áreas.

Note que se um atributo de cor for omitido, a função de plotagem assumirá a cor preta.

```
var dados = {
  labels : serie0,
  datasets : [
    {
      data : serie1,
      strokeColor : "rgba(0, 220, 0, 1)",
      fillColor : "rgba(155, 255, 155, 0.5)",
      pointColor : "rgba(0, 220, 0, 1)"
    },
    {
      data : serie2,
      strokeColor : "rgba(220, 0, 0, 1)",
      fillColor : "rgba(255, 155, 155, 0.5)",
      pointColor : "rgba(220, 0, 0, 1)"
    }
```

```
  ]
};
```

A função de geração do gráfico é um script jQuery que obtém a referência ao elemento canvas da página HTML, gera 12 valores aleatórios para as sequências do gráfico e plota o resultado usando a função da biblioteca Chart.js.

```
/* Função principal */
$(document).ready( function() {
  // Obtém referência ao canvas
  var ctx = $("#grafico").get(0).getContext("2d");

  /* */
  $("#btnGraphRadar").click( function() {
    var i = 0;

    for(i = 0; i < 12; i++) {
      serie0[i] = meses[i];
      serie1[i] = Math.round(Math.random()*100);
      serie2[i] = Math.round(Math.random()*100);
    }

    new Chart(ctx).Radar(dados);
  });
});
```

A Figura 29 mostra um possível resultado na página HTML com os valores gerados pelo programa de exemplo.

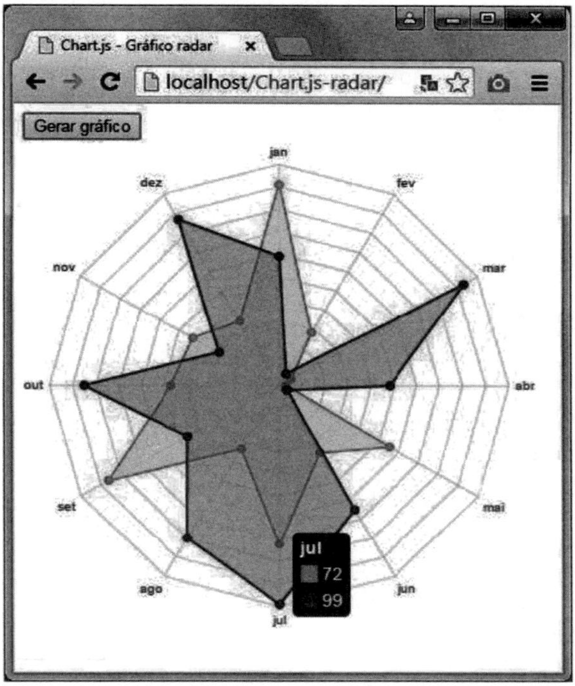

Figura 29 - Gráfico radar do Chart.js

8.3 Biblioteca C3 – Gráficos vetoriais

C3 é uma biblioteca para a geração de gráficos baseada na biblioteca SVG D3. A vantagem de um gráfico baseado em SVG é que seus elementos fazem parte da estrutura DOM da página HTML, sendo, portanto, manipuláveis como qualquer elemento HTML. Outra vantagem é que, devido à sua natureza vetorial, o gráfico pode ser livremente redimensionado.

Baixe a biblioteca C3 no site http://c3js.org e a biblioteca D3 em http://d3js.org. Alternativamente, D3 pode ser referenciada pelo link abaixo:

```
<script src="http://d3js.org/d3.v3.min.js" charset="utf-8">
</script>
```

8.3.1 Um gráfico simples

Criar gráficos vetoriais com a C3 é muito simples, bastam alguns poucos parâmetros de configuração para criar um gráfico completo.

A C3 gera o gráfico dentro de um elemento HTML como, por exemplo, uma seção <div>.

```
<!-- C3-1/index.html -->
<body>
  <div id="graph"></div>
</body>
```

Além da biblioteca específica C3, é necessário incluir a D3, da qual C3 deriva, e a folha de estilos C3. Usamos também a biblioteca jQuery como uma funcionalidade auxiliar; ela não é necessária para plotar o gráfico.

```
<script src="js/d3.min.js"></script>
<script src="js/c3.min.js"></script>
<script src="js/jquery-2.1.0.min.js"></script>
<script src="js/scripts.js"></script>

<link type="text/css" rel="stylesheet"
  href="css/c3.css">
```

A função que gera o gráfico é codificada no arquivo scripts.js. Para criar o gráfico na página HTML, basta executar a função generate(). A função tem como parâmetro um objeto com dois atributos: bindto e data.

No atributo bindto, configuramos o identificador do elemento HTML que conterá o gráfico.

O atributo data é um objeto que contém o atributo columns. Nele, declaramos um array que contém as referências para as séries de dados. Cada série de dados, por sua vez, é representada por um array cujo primeiro elemento é a identificação da série (usada na legenda) e os demais, os valores da série.

```
/* C3-1/js/scripts.js */
$().ready(function() {
  var data1 = ["PC",          50, 45, 44, 40, 30, 28, 25];
  var data2 = ["Notebook",    15, 20, 25, 30, 25, 20, 20];
  var data3 = ["Tablet",       2,  5,  5, 10, 12, 15, 20];
  var data4 = ["Smartphone",  1,  3,  5,  7, 10, 10, 13];
```

```
  c3.generate({
    bindto: "#graph",
    data: {
      columns: [labelX, data1, data2, data3, data4]
    },
  });
});
```

Este conjunto de dados, mais o elemento HTML, é suficiente para gerarmos um gráfico de linhas, que é o tipo padrão da biblioteca. A Figura 30 mostra a visualização do gráfico na página HTML.

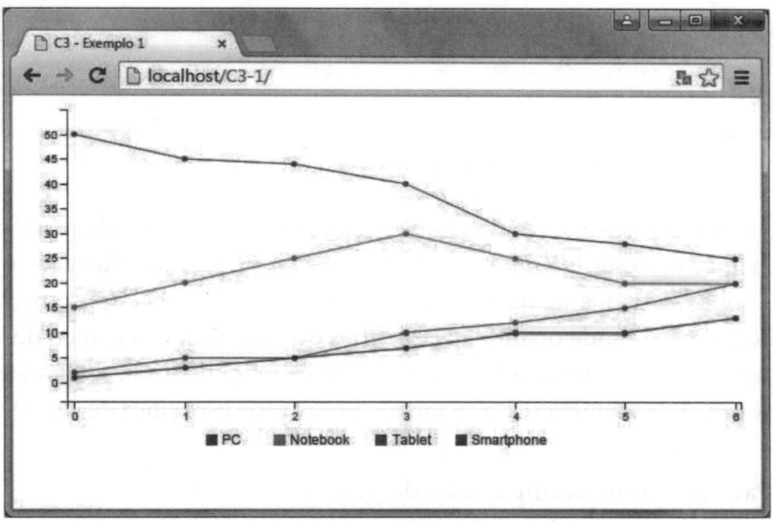

Figura 30 - Gráfico de linhas do C3

Note como podemos visualizar os valores das séries ao passarmos o mouse sobre um ponto da linha.

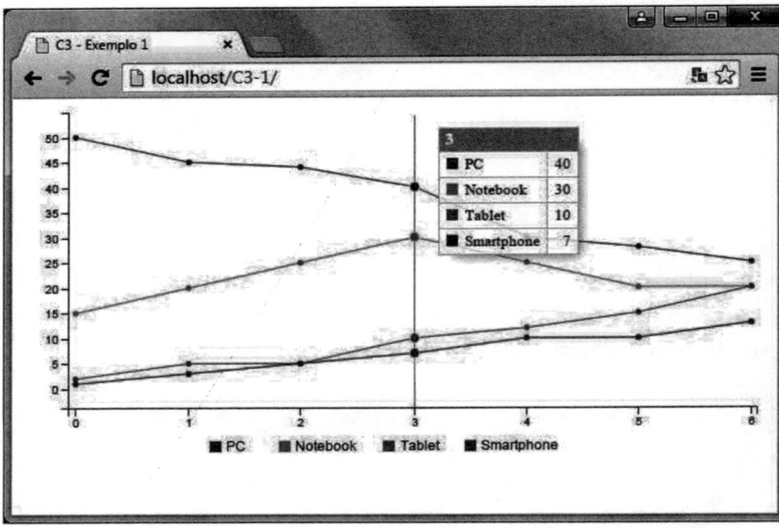

Figura 31 - Legenda para os pontos de um gráfico C3

Outra característica do gráfico é que se clicarmos em um dos elementos da legenda, a linha correspondente à série será destacada no gráfico. Este recurso resolve um problema frequente que você já deve ter visto em aplicações com gráficos. Quando há uma grande quantidade de séries de dados em um gráfico de linhas, fica muito difícil relacionar a linha à série correspondente indicada na legenda; torna-se difícil distinguir a cor relacionada a uma série específica de valores.

8.3.2 Parâmetros de configuração do gráfico

A legenda do eixo x no gráfico do exemplo anterior é um valor padrão que indica apenas a posição do elemento dentro do array. Para apresentar uma legenda personalizada, é necessário criar uma série específica que contém os labels correspondentes a cada um dos elementos das séries de dados.

Mostraremos como se configura uma legenda criando um novo gráfico que apresenta a evolução da população de algumas capitais do Brasil ao longo dos anos.

A legenda é declarada em um array similar a uma série de dados: o primeiro elemento é a identificação e os demais, os labels correspondentes aos anos em que a população foi medida.

```
var labelX = ["labelX", 1990, 2010, 2025];
```

Ao objeto que é o parâmetro da função generate(), acrescentamos as informações que configuram a legenda. Incluímos um atributo denominado axis, contendo os parâmetros conforme o exemplo abaixo, para indicar que o eixo x mostrará uma série de dados que são os labels. No objeto que é o parâmetro do atributo data, acrescentamos o atributo "x" com o nome da série de dados que contém os labels ("labelX"). Nesse mesmo objeto, na primeira posição do array do atributo columns, configuramos a série de dados que contém os labels (labelX).

O código JavaScript completo:

```
/* C3-2/js/scripts.js */
$().ready(function() {
  var labelX = ["labelX", 1990, 2010, 2025];
  var data1 = ["Belém", 1129, 2191, 2460];
  var data2 = ["Brasília", 1863, 3905, 4474];
  var data3 = ["Curitiba", 1829, 3462, 3953];
  var data4 = ["Florianópolis", 503, 1049, 1233];
  var data5 = ["Natal", 692, 1316, 1545];

  c3.generate({
    bindto: "#graph",
    data: {
      x: "labelX",
      columns: [labelX, data1, data2, data3, data4, data5]
    },
    axis: {
      x: {
        type: "categorized"
      }
    }
  });
});
```

Visualização na página HTML.

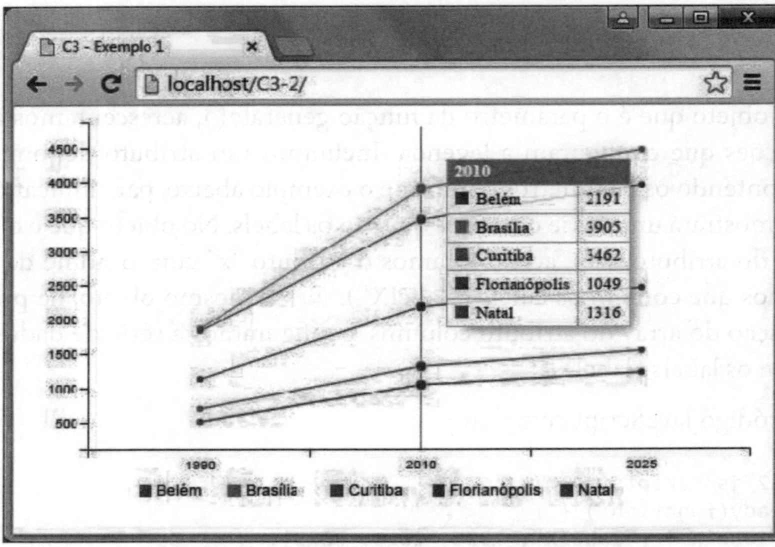

Figura 32 - Gráfico de linhas do C3 com legenda nos eixos

9. PHP – Hypertext Preprocessor

A linguagem PHP (Hypertext Preprocessor) é um dos elementos básicos na construção de conteúdo dinâmico para a Web.

Os scripts PHP são executados no servidor Web, onde um interpretador da linguagem decodifica os scripts embutidos nas páginas HTML. O interpretador avalia o código PHP da página, gera um conteúdo exclusivamente HTML e envia-o ao cliente. Ou seja, o navegador recebe apenas o conteúdo HTML. Nenhum código PHP é visível no lado cliente.

Os scripts PHP são muito usados em conjunto com um gerenciador de banco de dados para recuperar, alterar, incluir ou excluir informações. Casos de uso típicos: em resposta a uma solicitação do cliente, o script recupera a informação do banco de dados e apresenta-a na página HTML; o script processa e grava no banco de dados as informações enviadas por um cliente que preencheu um formulário HTML.

O PHP é uma linguagem criada especificamente para o desenvolvimento de aplicações Web.

Este capítulo é uma visão geral do PHP. No site http://php.net/manual/pt_BR/, você encontrará uma referência completa sobre a linguagem.

9.1 Primeiros passos

Para executar os scripts PHP em um ambiente de desenvolvimento, é necessário instalar um servidor Web que disponha de um interpretador da linguagem ou usar um ambiente virtual de desenvolvimento, como o descrito no item 2.6.

No Windows, instale o pacote WAMP (Windows Apache MySQL PHP) disponível no site www.wampserver.com/en. Esta instalação contém o servidor Web Apache com o interpretador PHP e o gerenciador de banco de dados MySQL. Inicialize o servidor MySQL e o Apache clicando com o botão direito do mouse no ícone WAMP e selecione a opção "Executar como administrador". Se o lançamento for bem-sucedido, surgirá um ícone minimizado na barra de ferramentas com a identificação "WAMPSERVER – server Online". Clique com o botão esquerdo do mouse neste ícone para acessar as configurações.

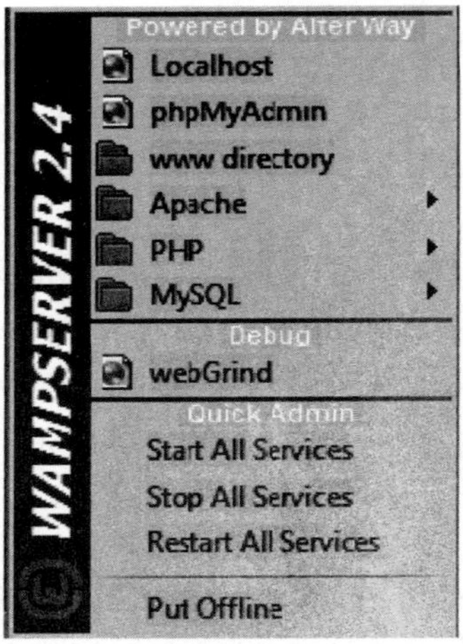

Figura 33 - Tela de opções do WAMP

A ferramenta de administração do MySQL, phpmyadmin, pode ser acessada via navegador de Internet no link localhost/phpmyadmin. Os que preferem a linha de comando, podem também usar o utilitário mysql.

No Linux, se o servidor Apache ainda não estiver instalado, siga as instruções de instalação específicas para a distribuição presente em seu computador.

Após instalar e inicializar o servidor Apache, crie um arquivo PHP denominado index.php com o conteúdo abaixo e siga as instruções do próximo parágrafo para disponibilizar o arquivo no servidor e acessá-lo usando o navegador.

```
<?php
  phpinfo();
?>
```

Seguindo a configuração padrão, o arquivo PHP deve ser colocado na pasta www do servidor Apache. No Windows, essa pasta estará localizada onde o pacote WAMP foi instalado, ou seja, se o pacote WAMP foi instalado em C:\Apl\wamp, a localização será C:\Apl\wamp\www. Para que o conjunto de páginas Web se mantenha organizado, criamos, sob a pasta www, pastas específicas para cada um dos projetos. Tomando como exemplo o arquivo index.php, copiamos o mesmo para uma pasta denominada php-info: C:\Apl\wamp\www\php-info.

```
C:
+---apl
    +---wamp
        +---www
            +---php-info
                index.php
```

No navegador, acessamos a página pelo link http://localhost/php-info/index.php. Se o servidor estiver corretamente instalado, o navegador mostrará uma página HTML com as informações de configuração do interpretador PHP instalado no sistema operacional. Veja um exemplo na Figura 34.

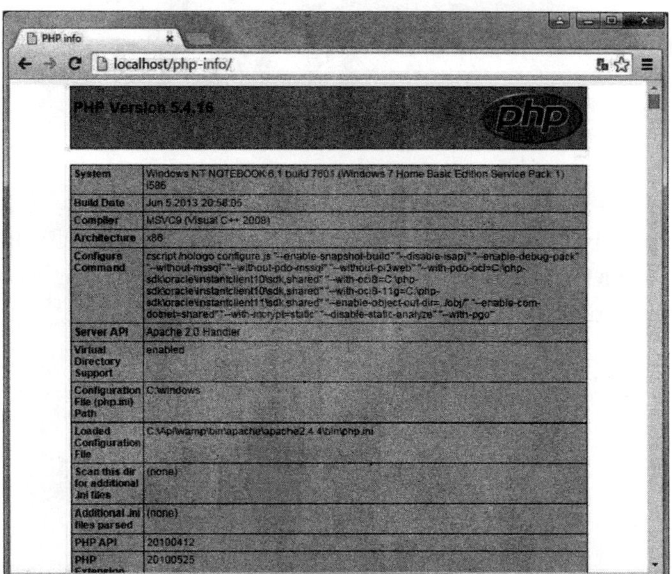

Figura 34 - Página de informações do PHP

Procure a entrada *Loaded Configuration File* e verifique a localização do arquivo de configuração básico do PHP, php.ini. Nesse arquivo é muito útil configurar a diretiva "display_errors = On" para que as mensagens de erro do PHP sejam mostradas na página do navegador. Esta opção deve ser desativada (Off) em uma instalação de produção.

Para alterar o local de hospedagem das páginas, configure o caminho completo da pasta na seção DocumentRoot do arquivo httpd.conf.

Se você estiver usando o WAMP, acesse os arquivos de configuração mencionados clicando no ícone do aplicativo e selecione a opção PHP, para o arquivo php.ini, ou Apache, para o arquivo httpd.conf.

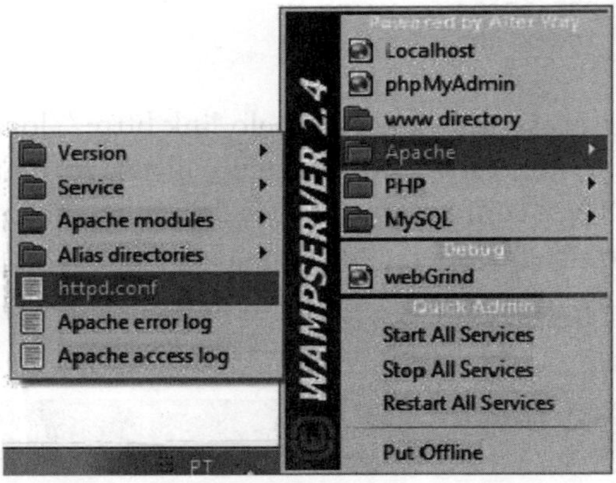

Figura 35 - Seleção do arquivo httpd.conf do WAMP

O exemplo abaixo mostra um arquivo-fonte com o código PHP e a respectiva página HTML gerada pelo interpretador PHP do servidor Web, na forma que é apresentada no navegador.

```
<!doctype html>
<html lang="en">
<head>
  <meta charset="UTF-8">
  <title>PHP - Teste loop</title>
</head>
<body>
  <?php
```

```
    echo "<h1>Olá, pessoal!<h1>";
  ?>
</body>
</html>
```

Todo código PHP deve ser declarado dentro de uma seção delimitada pelos marcadores <?php ... ?>. No exemplo, usamos o comando PHP echo que permite mostrar um valor string ou numérico na página HTML ou no console do sistema operacional.

Note como a página recebida pelo navegador contém apenas elementos HTML.

Figura 36 - Página php-hello

É possível testar as lógicas e os comandos PHP sem a presença do servidor Web, invocando o interpretador na linha de comando do sistema operacional.

```
// para arquivo no formato <?php echo "hello"; ?>
C:\Apl\wamp\bin\php\php5.4.16\php.exe hello.php

// execução direta de comando PHP
C:\Apl\wamp\bin\php\php5.4.16\php.exe -r "echo 'hello';"
```

A utilização da linha de comando tem limitações, servindo apenas para testar comandos simples. Em um script executado na linha de comando, eventuais marcadores HTML são ignorados e mostrados como texto comum.

O PHP dispõe de um servidor Web embutido que permite visualizar as páginas no navegador, dispensando um software como o Apache. Esse servidor, de nenhuma forma, substitui o Apache ou similares, sendo apenas uma ferramenta de desenvolvimento; seu objetivo é atender uma única requisição de um único usuário. Dentro da pasta onde se localizam os projetos PHP, inicialize o servidor informando o endereço e a porta da máquina.

```
# Lança o servidor Web na máquina local, porta 8000
php -S localhost:8000
```

Considerando que a pasta .../www contém as pastas com os projetos PHP, inicialize o servidor a partir daí. Tomando como exemplo a existência de um projeto php-info, que contém o arquivo index.php, acesse a página na forma localhost/php-info.

9.2 Características da linguagem

A sintaxe PHP é muito similar à da linguagem C. Um bloco de código, que pode ser uma estrutura de repetição (loop), estrutura de decisão (if), declaração de função, declaração de classe etc., deve ser codificado dentro de um escopo delimitado por chaves. No exemplo abaixo, definimos uma função que mostra a soma de dois valores recebidos como parâmetros.

```
function soma($a, $b) {
  echo $a + $b;
  echo "\n";
}
```

No PHP, é obrigatório marcar o final das linhas de código com ponto e vírgula.

O nome de uma variável PHP deve ser prefixado com $, iniciar-se com letra ou _ (underline) seguido por letras, underlines ou números. Importante: para mostrar uma sequência que inclui o próprio caractere $, é necessário precedê-lo com uma barra invertida, pois, caso contrário, o PHP interpretará a sequência como uma variável e tentará apresentar seu conteúdo.

```
// a saída resultante será "$x vale 987"
$x = 987;
echo "\$x vale $x";
```

Do exemplo anterior, note como é válido referenciar uma variável PHP dentro de uma string: o interpretador substitui a variável por seu conteúdo.

A distinção entre as definições em letras minúsculas e maiúsculas (*case sensitive*) vale somente para as variáveis. As palavras-chave da própria linguagem, funções e classes definidas pelo programador não têm essa restrição.

```
// preferimos usar minúsculas para funções e comandos PHP
echo "HTML";

// mas estas expressões também são válidas
Echo "PHP";
ECHO "SQL";

// $x e $X são variáveis diferentes
// echo produz a saída "10 aeiou"
$x = 10;
$X = " aeiou";
echo $x, $X;
```

O comando echo pode receber vários parâmetros separados por vírgulas.

Os comentários que se iniciam com duas barras (// ...) são válidos até o final da linha. Os blocos de comentários são criados dentro de /* ... */

Há duas formas para somar, ou subtrair, um valor a uma variável numérica.

```
$x = 10;

// forma convencional
$x = $x + 1;

// forma abreviada
$x += 1;
```

Para incrementar ou decrementar uma variável em uma unidade, podemos abreviar a declaração utilizando os operadores ++ e - -, respectivamente.

```
// incrementa $x em 1
$x++;

// decrementa $x em 1
$x--;
```

A posição do operador ++ influi no resultado da operação: quando o operador precede a variável, ocorre um pré-incremento; entretanto, se o operador for declarado após a variável, o valor será pós-incrementado.

```
// pos-incremento: mostra o valor 1
// mostra o valor da variável antes do incremento
$x = 1;
echo $x++;

// pos-incremento: mostra o valor 2
// mostra o valor da variável após o incremento
$x = 1;
echo ++$x;
```

A mesma lógica se aplica ao operador de decremento - -.

As formas abreviadas de atribuição são válidas para as operações de divisão, multiplicação e resto inteiro de divisão. O script abaixo gera a saída HTML com os valores 10, 20, 2.

```
<?php
  $x = 90;

  $x /= 9;
  echo $x . "<br>";

  $x *= 2;
  echo $x . "<br>";

  $x %= 3;
  echo $x . "<br>";
?>
```

9.3 Variáveis e tipos de dados

Da mesma forma que o JavaScript, toda variável PHP têm um tipo definido, porém, devido ao seu caráter dinâmico, ela não se prende a um tipo específico. Ou seja, a variável assume o tipo que lhe é atribuído, podendo, ao longo da execução do programa, armazenar valores de outros tipos.

Uma variável PHP pode ser um número inteiro, número de ponto flutuante, booleano, string, array ou objeto. Há também o tipo especial null que é atribuído a uma variável quando a criamos sem atribuir um valor. Outro uso para o tipo null é atribuí-lo a uma variável que não é mais usada para liberar a memória ocupada por ela.

O script abaixo apresenta, em uma página HTML, os conteúdos das variáveis dos tipos mencionados anteriormente. Usamos a função utilitária PHP var_dump() que mostra o valor e o tipo de uma variável.

```
<!-- php-tipos.index.php -->
...
<?php
  class Teste {
    function prt() {
      print($this->x . " " . $this->y);
    }

    private $x = 1;
    private $y = -3;
  }

  var_dump("PHP");
  var_dump(123);
  var_dump(3.1415);
  var_dump(true);
  var_dump([1, "PHP", 3.14]);
  var_dump(new Teste());
?>
...
```

A página gerada pelo interpretador PHP é mostrada na Figura 37.

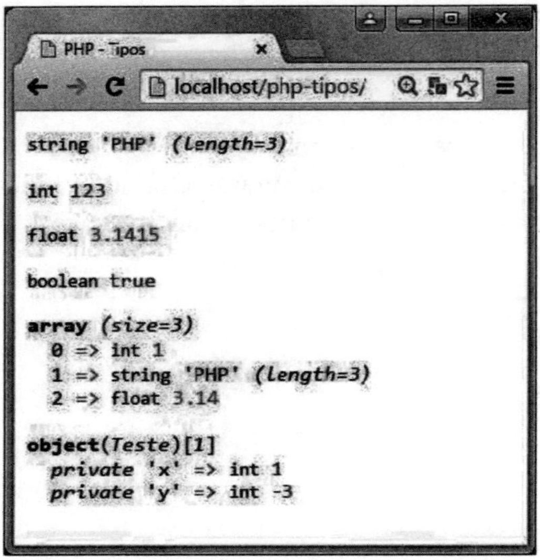

Figura 37 - Página php-tipos

No script anterior, usamos arrays e classes que serão assuntos dos itens 9.4 e 9.8, respectivamente.

O conteúdo de uma string é delimitado por aspas duplas ou simples. Quando se define uma string dentro de outra, uma das sequências deve usar aspas simples e a outra, aspas duplas.

```
echo "<img src='foto.jpg' />";
```

No PHP, as strings são concatenadas com o operador ponto (.), diferentemente de linguagens como o C++, Java, JavaScript ou Python, que usam o operador +.

A função gettype() permite determinar o tipo de uma variável. Nota: a função foreach() é assunto do item 9.4.

```
$arr = [[10, 20, 30], true, 3.14, 123, "PHP"];

foreach($arr as $val) {
   echo gettype($val) . "<br>";
}
```

Tipos de dados retornados pela função gettype() para o exemplo acima:

```
array
boolean
double
integer
string
```

Além daqueles que foram mostrados, os tipos do PHP podem ser object, resource, NULL e unknown type.

O PHP dispõe também de funções que permitem verificar o tipo específico de uma variável: is_array(), is_bool(), is_double(), is_int(), is_null(), is_object(), is_resource e is_string(). Essas funções retornam um valor true ou false e são autoexplicativas.

Notas sobre as funções de verificação dos tipos:

- As funções is_double(), is_float() e is_real() são equivalentes;
- As funções is_int, is_integer() e is_long() são equivalentes;
- A função is_scalar() retornará true se o valor for um inteiro, ponto flutuante, string ou booleano;
- A função is_numeric() retornará true se o valor representar um número inteiro ou de ponto flutuante na forma numérica (123) ou em uma representação de string ("123").

9.3.1 Escopo

No PHP, aplica-se a seguinte regra de escopo para as variáveis: toda variável declarada dentro de uma função vale somente neste escopo, isto é, a variável é local. Uma função poderá referenciar uma variável declarada fora do seu escopo se usar a diretiva global.

```
<?php
  $x = 10;

  function f() {
    global $x;

    // imprime "Função f(): 10"
```

```
    echo "Função f(): " . $x ."<br>";
    $x++;
  }

  f();

  // imprime "Fora do escopo de função: 11"
  echo "Fora do escopo de função: " . $x;
?>
```

No exemplo acima, se não usássemos a diretiva global dentro de f(), uma nova variável $x seria criada com alcance local, válida apenas no escopo da função. Ou seja, no escopo de f(), sem a declaração global, $x não é uma referência para a variável criada no início do bloco de código com valor 10.

9.4 Arrays

O PHP, assim como outras linguagens de programação, tais como, C e C++, dispõe de uma estrutura do tipo array. Entretanto, os arrays no PHP são implementados de forma diferente das linguagens citadas, onde esse tipo de estrutura é um espaço contíguo de memória no qual os elementos são armazenados e referenciados por sua posição relativa dentro desse espaço. Na verdade, os arrays PHP são estruturas similares aos mapas, também denominados dicionários, disponíveis em linguagens como o C++ e o Python.

Cada elemento de um mapa é formado por uma dupla de valores: a chave e o valor propriamente dito. A chave é o identificador do elemento dentro da estrutura, ou seja, cada elemento tem uma chave que é um valor único. A chave é o meio de referenciar um elemento dentro da estrutura do array.

Criamos um array com a declaração array() e a partir da versão 5.4 do PHP, podemos também usar a sintaxe [ ].

```
$arr1 = array(
  "HTML" => "Hypertext Markup Language",
  "CSS" => "Cascading Style Sheets",
  "PHP" => "Hypertext Preprocessor"
);

// PHP 5.4: $arr2 é equivalente a $arr1
$arr2 = [
  "HTML" => "Hypertext Markup Language",
```

```
  "CSS" => "Cascading Style Sheets",
  "PHP" => "Hypertext Preprocessor"
];

// Imprime "Hypertext Markup Language"
echo $arr1["HTML"];
```

É necessário que a opção pela sintaxe do PHP 5.4 esteja ativada no Aptana para que o IDE aceite a declaração dos arrays com [ ]. Na pasta de um projeto do workspace, clique com o botão direito, selecione a sequência de opções "Properties – PHP Development"; altere a opção se "PHP 5.4x" não estiver selecionada.

Quando omitimos o valor da chave, o PHP assume que ela é uma sequência de inteiros 0, 1, 2 etc.

```
// $arr3 e $arr4 são equivalentes
$arr3 = [0, 10, 20, 30];
$arr4 = [0 => 0, 1 => 10, 2 => 20, 3 => 30];

// Imprime o valor 20
echo $arr3[2];
```

9.4.1 Alteração, inclusão e exclusão de elementos

Para alterar o valor de um elemento, basta atribuir o novo valor na posição correspondente ao elemento.

```
$arr = [0, 10, 20, 30, 40];

// altera valor da chave (posição) 0
$arr[0] = 999;
```

Se atribuirmos um valor a uma chave (posição) inexistente, o resultado será a inclusão de um novo elemento com a chave e o valor informado.

```
$arr[10] = -1;
```

A última operação incluiu um elemento na posição 10 de um array que tinha originalmente cinco elementos nas posições de 0 a 4. Ou seja, após a operação, as posições de 5 a 9 ficaram vagas.

A forma padrão para incluir um elemento em um array com chave numérica, como é o caso de $arr, é atribuir um valor a um elemento sem especificar a chave. Esta operação inclui o valor como o último elemento do array.

```
$arr[] = -2;
var_dump($arr);
```

Que posição no array ocupará o novo elemento? A resposta é que as inclusões na forma apresentada são feitas no final do array. Ou seja, mesmo havendo vagas nas posições de 5 a 9, a inclusão será feita na posição 11 (lembrando que a inclusão anterior a esta preencheu a posição 10).

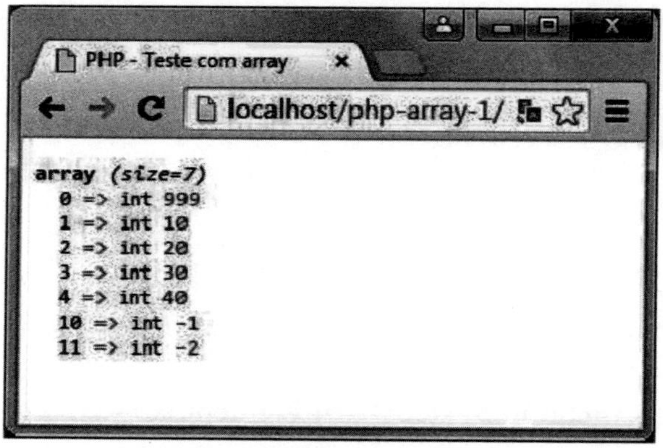

Figura 38 - Página php-array-1

O que ocorrerá se incluirmos em um array com chaves não numéricas um elemento sem especificar sua chave? No exemplo abaixo, em um array que contém elementos com as chaves HTML, CSS e PHP, incluímos um elemento com o valor "Extensible Markup Language" sem especificar uma chave:

```
$arr = [
  "HTML" => "Hypertext Markup Language",
  "CSS" => "Cascading Style Sheets",
  "PHP" => "Hypertext Preprocessor"
];

$arr[] = "Extensible Markup Language";
var_dump($arr);
```

A resposta é que o elemento será incluído com uma chave que corresponde ao valor atual do índice numérico. Ou seja, como a estrutura ainda não tem nenhum elemento com chave numérica, a chave do novo elemento será 0.

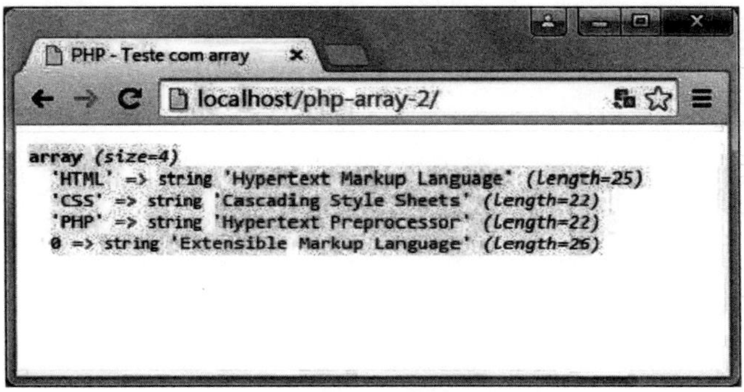

Figura 39 - Página php-array-2

O PHP dispõe também de uma função, array_push(), que permite incluir vários elementos em um array com uma única operação.

```
$arr = [0];

// inclui três elementos no array
array_push($arr, 123, "aeiou", true);
```

Para excluir os elementos de um array, use a função unset().

```
$arr = [123, "xyzw", true, -10];
var_dump($arr);

// exclui o elemento posição 1
unset($arr[1]);

// inclui um elemento
$arr[] = 987;
var_dump($arr);
```

É importante notar que a função unset() não reindexa o array, ou seja, a posição ocupada pelo elemento ficará vazia. Como pode ser visto no exemplo, o elemento que incluímos após a exclusão passa a ocupar uma posição no final da estrutura (4), sendo que a posição 1 permanece vazia.

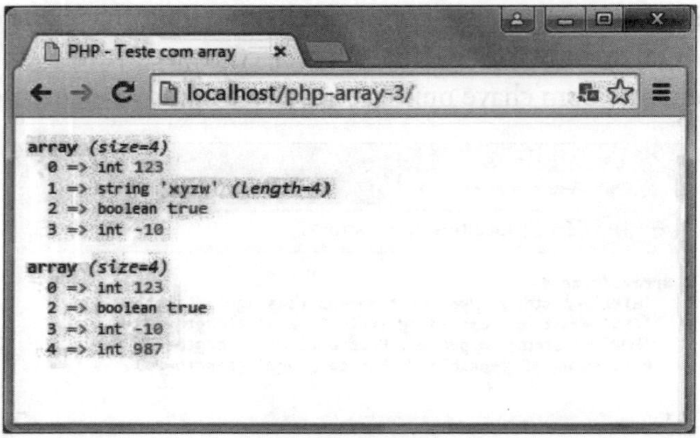

Figura 40 - Página php-array-3

Se passarmos o array, e não apenas um elemento específico, como parâmetro da função unset( ), ela eliminará todos os elementos da estrutura. Esta operação limpa o array, ajustando o valor da chave para zero.

```
// limpa array
unset($arr);

$arr[] = "ABCDEF";

// Gera a saída "0 => string 'ABCDEF' (length=6)
var_dump($arr);
```

9.4.2 Funções utilitárias

Para acessar sequencialmente todos os elementos do array, usamos a função foreach( ).

```
$arr = ["PR" => "Curitiba", "RJ" => "Rio de Janeiro",
        "AC" => "Rio Branco"];

// Imprime "Curitiba, Rio de Janeiro, Rio Branco,"
foreach($arr as $val)
  echo $val . ", ";
```

A função count( ) retorna o número de elementos em um array.

```
// Imprime "$arr tem 3 elementos"
echo "\$arr tem " . count($arr) . " elementos <br>";
```

A função implode() converte um array em uma string. Os valores dos elementos do array são concatenados em uma string, separados pelo caractere (ou caracteres) especificado no primeiro parâmetro da função.

```
// implode() retorna a string
// "Curitiba - Rio de Janeiro - Rio Branco"
$capitais = implode(" - ", $arr);
```

A função explode() converte uma string em um array. A string é dividida em segmentos formados de acordo com o caractere especificado como separador. Cada segmento é armazenado como um elemento do array. A chave dos elementos é a padrão, uma sequência numérica 0, 1, 2 etc.

```
$s1 = "domingo segunda terça quarta quinta sexta sábado";

// explode() retorna o array
// [domingo, segunda, terça, quarta, quinta, sexta, sábado]
$dias = explode(" ", $s1);
```

As funções array_keys() e array_values() retornam as chaves e os valores dos elementos de um array, respectivamente. Ambas as funções retornam a informação em forma de um array com chave numérica.

```
$arr = ["PR" => "Curitiba", "RJ" => "Rio de Janeiro",
        "AC" => "Rio Branco"];

// array_keys() retorna ["PR", "RJ", "AC"]
$estados = array_keys($arr);

// array_values() retorna
// ["Curitiba", "Rio de Janeiro", "Rio Branco"]
$capitais = array_values($arr);
```

O PHP dispõe de funções que implementam as operações típicas executadas entre dois ou mais conjuntos.

União: array_merge() retorna um array contendo todos os elementos de todos os arrays passados como parâmetros da função.

Intersecção: array_intersect() retorna um array contendo os elementos do primeiro array cujos valores também ocorrem em elementos de todos os outros arrays passados como parâmetros da função.

Diferença: array_diff() retorna um array contendo os elementos do primeiro array cujos valores não ocorrem nos elementos de nenhum dos outros arrays passados como parâmetros da função.

```
$arr1 = array(0, 10, 20, 30);
$arr2 = [10, 100, 100];

// array_merge() retorna [0, 10, 20, 30, 10, 100, 100]
var_dump(array_merge($arr1, $arr2));

// array_diff() retorna [0, 20, 30]
var_dump(array_diff($arr1, $arr2));

// array_intersect() retorna [10]
var_dump(array_intersect($arr1, $arr2));
```

É importante notar que array_intersect() e array_diff() olham apenas para o valor dos elementos. No exemplo abaixo, os arrays têm chaves diferentes, mas como os valores são iguais, o PHP considera que há interseção total entre os arrays e, consequentemente, a diferença entre eles é um array vazio.

```
$arr3 = ["Nome" => "Maria", "Idade" => 20];
$arr4 = ["Pessoa" => "Maria", "Peso" => 20];

// array_dif() retorna []
array_diff($arr3, $arr4);

// array_intersect() retorna
// ["Nome" => "Maria", "Idade" => 20]
array_intersect($arr3, $arr4);
```

A função array_unique() retorna um array contendo os elementos do array passado como parâmetro da função, desconsiderando os elementos duplicados. Essa função preserva as chaves do array original.

```
$arr = [10, 2, -1, -1, 0, 0, 100];

// array_unique retorna
// [0 => 10, 1 => 2, 2 => -1, 4 => 0, 6 => 100]
array_unique($arr);
```

A função array_slice() retorna um array contendo um número selecionado de elementos do array passado como parâmetro da função. O segundo parâmetro da função configura a posição inicial no array original a partir do qual os elementos devem ser copiados; o terceiro parâmetro configura o número de elementos que devem ser copiados, sendo que se esse parâmetro for omitido, a função copiará todos os elementos da posição inicial até o fim do array.

```
$arr = [10, 2, -1, -1, 0, 0, 100];

// array_slice() retorna [-1, -1, 0]
var_dump(array_slice($arr, 2, 3));

// array_slice() retorna [0, 0, 100]
var_dump(array_slice($arr, 4));
```

9.4.3 Comparação

No PHP, a comparação entre dois arrays depende de um conjunto de regras baseado no tamanho das estruturas, valor e posição das chaves, e valores dos elementos.

Se o número de elementos dos arrays é diferente, a comparação é determinada por este parâmetro: o array com o menor número de elementos é menor que o outro

```
/* php-arrays-comparar/index.html */
function comparar($id_x, $id_y, $x, $y) {
  echo "Comparando $id_x e $id_y<br>";

  echo "$id_x < $id_y: " . ($x < $y ? "sim" : "não")
    . "<br>";
  echo "$id_x == $id_y: " . ($x == $y ? "sim" : "não")
    . "<br>";
  echo "$id_x === $id_y: " . ($x === $y ? "sim" : "não")
    . "<br>";
```

```
  echo "$id_x > $id_y: " . ($x > $y ? "sim" : "não")
    . "<br>";
}

$arr0 = [1, 2, 3];
$arr1 = [1, 2, 3, 4, 5];
comparar("arr0", "arr1", $arr0, $arr1);
```

A saída mostra que, como arr0 tem menos elementos que arr1, arr0 é menor que arr1.

```
Comparando arr0 e arr1
arr0 < arr1: sim
arr0 === arr1: não
arr0 == arr1: não
arr0 > arr1: não
```

Quando o número de elementos dos arrays é igual, a lógica se baseia nas chaves e nos valores dos elementos, bem como, na posição ocupada por eles.

Se a chave de um elemento do primeiro array não estiver presente em nenhum dos elementos do outro array, as estruturas não poderão ser comparadas. Os arrays do exemplo abaixo contêm os mesmos valores, porém, a chave 2 do primeiro array não existe na outra estrutura.

```
$arr4 = [0 => 1, 1 => 2, 2 => 3];
$arr5 = [0 => 1, 1 => 2, 10 => 3];
comparar("arr4", "arr5", $arr4, $arr5);
```

Como os arrays não são comparáveis, todas as verificações lógicas resultam como sendo falsas.

```
arr4 < arr5: não
arr4 == arr5: não
arr4 === arr5: não
arr4 > arr5: não
```

A comparação entre os arrays é sequencial, executada elemento a elemento. O resultado será determinado pelo primeiro elemento que diferir: se o valor do elemento do primeiro array for menor que o do segundo, o primeiro será menor que o segundo; se for maior, o primeiro array será maior que o segundo.

```
$arr1 = [1, 2, 3, 4, 5];
$arr3 = [1, -2, 30, 4, 5];
comparar("arr1", "arr3", $arr1, $arr3);
```

Como o elemento 1 do primeiro array é maior que o do segundo (2 > -2), ele é maior que o segundo array.

```
arr1 < arr3: não
arr1 == arr3: não
arr1 === arr3: não
arr1 > arr3: sim
```

Quando todos os elementos de ambos os arrays são iguais e estão na mesma ordem, dizemos que eles são coincidentes.

```
$arr1 = [1, 2, 3, 4, 5];
$arr2 = [1, 2, 3, 4, 5];
comparar("arr1", "arr2", $arr1, $arr2);
```

Se os arrays são coincidentes, as comparações com ambos os operadores, == e ===, resultam como sendo verdadeiras.

```
arr1 < arr2: não
arr1 == arr2: sim
arr1 === arr2: sim
arr1 > arr2: não
```

Se os arrays têm os mesmos elementos, o operador == resulta como sendo verdadeiro. Porém, se o posicionamento dos elementos dentro da estrutura difere, a comparação === resulta como falsa, ou seja, os arrays são iguais, mas não são coincidentes.

```
$arr4 = [0 => 1, 1 => 2, 2 => 3];
$arr8 = [1 => 2, 2 => 3, 0 => 1];
comparar("arr4", "arr8", $arr4, $arr8);
```

A função de comparação mostra que os arrays são iguais sem serem coincidentes.

```
arr4 < arr8: não
arr4 == arr8: sim
arr4 === arr8: não
arr4 > arr8: não
```

9.4.4 Ordenação

O PHP conta com várias funções de ordenação de arrays que disponibilizam diversas opções para rearranjar este tipo de estrutura:

- O array pode ser ordenado pela chave ou pelo valor;
- A ordenação pode ser em ordem alfabética, numericamente crescente ou decrescente, natural, aleatória ou definida pelo usuário;
- O algoritmo pode ou não preservar a correspondência entre chave e valor.

Para ordenar um array, na maior parte dos casos, basta usar a função asort().

```
$arr = ["PR" => "Paraná", "AC" => "Acre",
        "TO" => "Tocantins"];
asort($arr);
var_dump($arr);

$arr = [-10, 20, 3.14, -20];
asort($arr);
var_dump($arr);
```

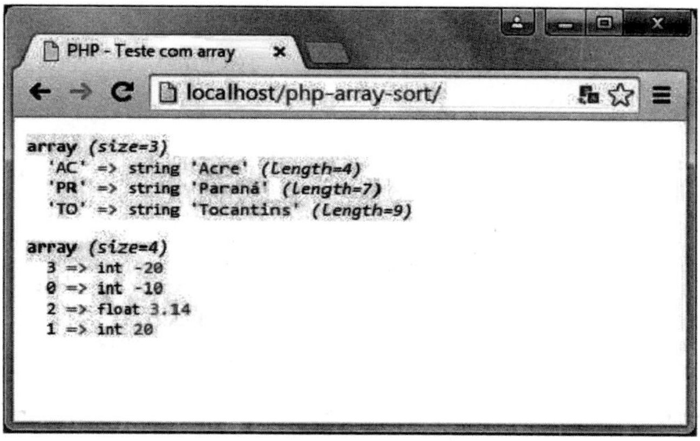

Figura 41 - Página php-array-sort-1

Do exemplo acima, podemos constatar que a aplicação direta de asort() ordena o array em ordem crescente dos valores, preservando a vinculação original das chaves aos valores.

A função ksort() ordena o array usando a chave do elemento como referência. As funções arsort() e krsort() são as contrapartes de asort() e ksort(), respectivamente, para reestruturar o array na ordem reversa.

As funções sort() e rsort() executam a ordenação do array sem preservar a correspondência entre o valor e a chave da estrutura original.

```
$arr = [12, 15, -1, 2.71, -2.5, 2];
sort($arr);
var_dump($arr);
```

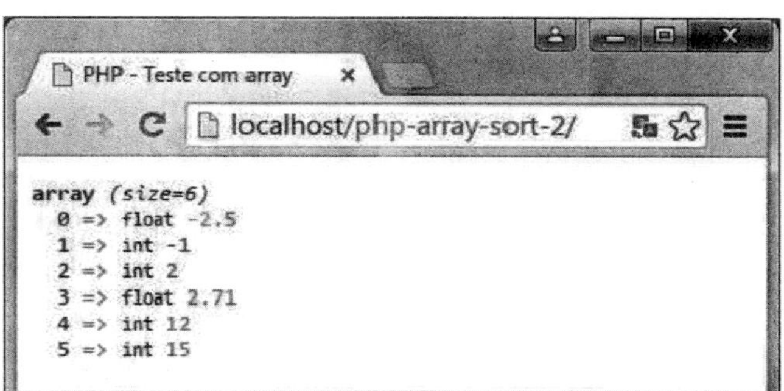

Figura 42 - Página php-sort-array-2

As funções uasort(), uksort() e usort() permitem que o próprio programador estabeleça o critério de ordenação. Tal critério deve ser codificado dentro de uma função definida pelo programador.

A função de ordenação varre o array e, a cada iteração, passa dois elementos da estrutura como parâmetros para a função definida pelo programador. Essa função deverá retornar -1 se o primeiro elemento for menor que o segundo, de acordo com o critério apropriado; 0 se os elementos forem equivalentes; ou 1 se o primeiro elemento for maior que o segundo.

No exemplo que segue, ordenamos um array que contém três elementos que também são arrays. O critério de ordenação é o valor da soma dos elementos do subarray.

```
/* Função de comparação */
function comparar($x, $y) {
  $s1 = array_sum($x);
  $s2 = array_sum($y);

  if ($s1 < $s2)
    return -1;
  else if ($s1 == $s2)
    return 0;

  return 1;
}

/* Ordenação customizada */
$arr = [[-1, 2, 5], [10, 20, 30], [-1, -2, -3]];
uasort($arr, "comparar");
var_dump($arr);
```

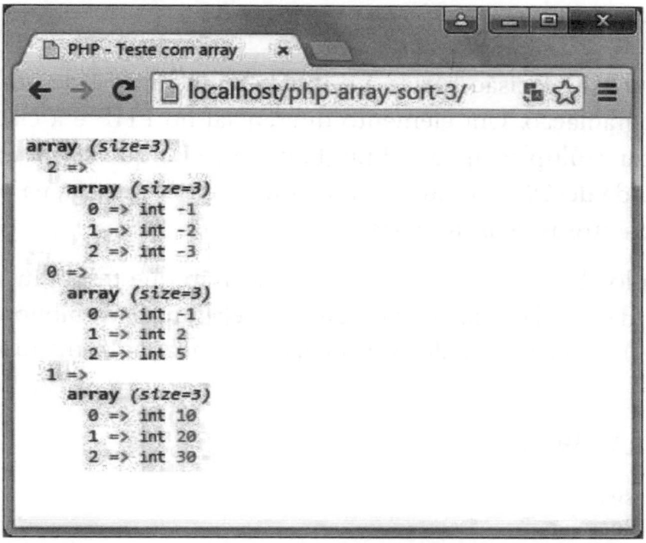

Figura 43 - Página php-array-sort-3

É importante ressaltar que as funções de ordenação reorganizam o array original (a operação não é executada em uma cópia da estrutura). Outra característica dessas funções é que os algoritmos de ordenação não garantem a preservação da ordem original dos elementos quando elas são equivalentes. Ou seja, a execução da função de ordenação pode trocar a posição de dois elementos iguais do array.

As funções de ordenação retornarão true, quando a ordenação for bem-sucedida, ou false, se ocorrer uma falha na operação.

Para conhecer mais profundamente os arrays, consulte a documentação oficial disponível em http://php.net/manual/pt_BR/language.types.array.php e http://php.net/manual/pt_BR/ref.array.php.

9.5 Estruturas de decisão

A estrutura de decisão básica é o if-else semelhante à de outras linguagens de programação. Um elemento diferencial no PHP é a cláusula elseif para encadear múltiplas opções. Entretanto, o efeito que elseif tem no fluxo da estrutura de decisão é o mesmo que um "else if". Ou seja, na prática, não há diferença entre as duas diretivas.

O exemplo abaixo é uma estrutura de decisão que testa um valor pseudoaleatório, dentro da faixa [1, 100], gerado pela função de biblioteca rand(). Nota: print() é uma função de saída de dados similar ao comando echo.

```
<?php
  $x = rand(1, 100);

  if ($x < 30) {
    print("Pequeno " . $x);
  }
  else if ($x < 60) {
    print("Médio " . $x);
  }
  else {
    print("Grande " . $x);
  }
?>
```

As estruturas de decisão baseiam-se nos operadores de comparação que avaliam as expressões lógicas construídas nas variáveis e funções.

9.5.1 Operadores de igualdade e identidade

Os operadores de igualdade (==, != e <>) comparam dois valores convertendo o tipo de um valor quando necessário. O primeiro caso é quando se compara um valor numérico com uma string. Nesta situação, a string é convertida em um número antes da comparação.

```
// resultado: boolean true
// a string "12" é convertida para o inteiro 12
var_dump(12 == "12");

// resultado: boolean true
// a string "00012" é convertida para o inteiro 12
```

```
var_dump(12 == "00012");
```

Uma string que não representa um valor numérico válido é convertida no inteiro 0.

```
// resultado: boolean true
// "aeiou" não representa um número válido -> 0
var_dump(0 == "aeiou");

// resultado: boolean true
// string nula  não representa um número válido -> 0
var_dump(0 == "");
```

Quando se comparam tipos iguais, não se executa nenhuma operação de conversão.

```
// resultado: boolean false
// comparação de duas strings
var_dump("AEIOU" == "aeiou");

// resultado: boolean true
// comparação de dois inteiros
var_dump(12 != 21);
```

O segundo caso de conversão ocorre quando se comparam duas strings que representam valores numéricos. No exemplo abaixo, a string "1.2e1", uma representação exponencial ($1{,}2 \times 10^1$) do inteiro 12, é comparada com a string "12", que também representa o inteiro 12.

```
// resultado: boolean true
var_dump("12" == "1.2e1");
```

Os operadores != e <> são equivalentes. Eles são o complemento lógico do operador ==.

Os operadores de identidade (=== e !==) executam uma comparação estrita de valores, sem a conversão dos tipos. Ou seja, uma comparação entre um número e uma string resulta como sendo falsa porque os tipos são diferentes.

```
// resultado: boolean false
// não há conversão quando se usa ===
var_dump(12 === "12");
```

O PHP dispõe também dos operadores <, <=, >= e > que verificam a desigualdade entre dois valores.

9.5.2 Dicas sobre a lógica de comparação

Ao comparar valores, atente para a regra do PHP válida para os valores booleanos. Os seguintes valores são considerados falsos: false, 0, 0.0, "0", "" (string vazia) e NULL. Os demais valores são equivalentes ao booleano true.

Ao construir verificações lógicas, evite as formas redundantes de teste.

```
$x = true;

// Redundante
if ($x == true) { ... }

// Forma recomendada
if ($x) { ... }

// Redundante
if ($x != true) { ... }

// Forma recomendada
if (!$x) { ... }
```

Os operadores && e ||, E e OU, respectivamente, permitem combinar os testes lógicos.

```
if ((id_valido && senha_valida) || convidado)) {
  ...
}
```

A concatenação de testes lógicos segue os mesmos critérios usados pelo JavaScript, conforme descrito no item 6.4.3.

9.5.3 Estrutura switch-case

O seletor switch-case implementa uma estrutura de decisão de múltiplas possibilidades presentes em muitas linguagens de programação. O PHP implementa esse tipo de estrutura de forma similar ao JavaScript; consulte o item 6.4.2.

As estruturas switch-case são úteis quando há apenas um único teste de expressão lógica com múltiplas alternativas de resultado.

```
$x = rand(1, 10);

switch ($x) {
  case 1:
    print("Um " . $x);
    break;

  case 2:
    print("Dois " . $x);
    break;

  case 3:
    print("Três " . $x);
    break;

   default:
    print("Maior que três: " . $x);
}
```

Normalmente, toda cláusula case deve finalizar com um break. Uma das exceções é quando se declara um return dentro de case, já que este comando desvia o fluxo do programa para o ponto de chamada.

```
switch($opcao) {
  case 0:
    return incluir();

  case 1:
    return excluir();

  case 3:
    return atualizar();

  default:
```

```
    return erro();
}
```

Outra exceção é em uma lógica na qual a opção selecionada é conjugada. No exemplo abaixo, se atribuirmos 0 a $x, o primeiro case será selecionado, porém, como em nenhum dos cases se declara um break, todos eles serão executados, resultando na saída "AEIOU". Se optarmos por um valor intermediário como, por exemplo, $x = 2, serão executados os seletores 2, 3 e 4, resultando na saída "IOU".

```
$x = 0;

switch ($x) {
  case 0:
    echo "A";

  case 1:
    echo "E";

  case 2:
    echo "I";

  case 3:
    echo "O";

  case 4:
    echo "U";
}
```

No PHP, é válido declarar um switch-case baseado em um teste lógico com strings, algo que não é permitido no C ou no C++.

9.6 Estruturas de repetição

A estrutura while() repetirá um bloco de comandos enquanto a expressão lógica de teste for verdadeira. Exemplo de uso típico: executar o loop, lendo uma linha do arquivo a cada iteração, até encontrar a marca do final de arquivo. Se a expressão lógica for falsa na primeira iteração, o loop não será executado nenhuma vez. Esta situação ocorrerá se o arquivo estiver vazio.

```
/* php-while.php */
<?php
  $arq = “index.php”;
  echo “<h3>Conte&uacute;do do arquivo $arq</h3>”;
  echo “<div style=’font-family:” .
       “Courier; font-size:12’>”;

  $fp = fopen($arq, “r”);

  while (!feof($fp)) {
    $s = fgets($fp);
    $s = htmlspecialchars($s);
    $s = str_replace(“ “, “ ”, $s);
    echo ($s) . “<br>”;
  }

  fclose($fp);

  echo “</div>”;
?>
```

No exemplo acima, usamos o loop para varrer o arquivo selecionado, linha a linha, e imprimi-lo no formato HTML. Comentários sobre o código:

- Criamos uma seção HTML com o marcador div para apresentar o texto com fonte Courier;
- A função htmlspecialchars() converte os caracteres especiais, como, por exemplo < (<) e > (>), que poderiam colidir com os marcadores HTML;
- Os espaços em branco têm que ser substituídos pelo marcador . A formatação HTML considera apenas o primeiro espaço em branco de uma sequência. Consulte o item 3.2.1.

A segunda estrutura de repetição, do-while(), é idêntica a while(), com exceção do teste lógico, que é executado ao final da iteração. Ou seja, em uma estrutura do-while(), no mínimo, a primeira iteração do loop é executada.

O loop for() é a estrutura de repetição mais flexível disponível no PHP. Seu funcionamento é idêntico ao do loop for() da linguagem JavaScript, conforme documentado no item 6.5.

No exemplo abaixo, usamos um loop for() para imprimir três linhas de texto nos formatos h1, h2 e h3. Nota: o propósito do exemplo é apenas mostrar o efeito do código PHP na página HTML, pois, obviamente, seria mais simples imprimir diretamente o texto com os marcadores h1, h2 e h3.

```
<!-- php-loop-for/index.php -->
<!doctype html>
<html lang=”en”>
<head>
  <meta charset=”UTF-8”>
  <title>PHP - Teste loop for</title>
</head>
<body>
  <?php
    for($i = 1; $i < 4; $i++) {
      echo “<h$i>Teste</h$i>”;
    }
  ?>
</body>
</html>
```

Visualização da página HTML.

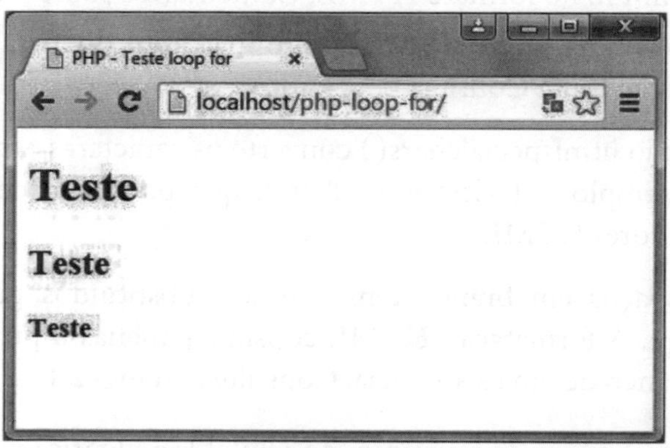

Figura 44 - Página php-loop-for

Os arrays e os objetos têm uma estrutura de repetição específica implementada pela função foreach(). Veja mais detalhes no item 9.4.2.

9.7 Dados do formulário HTML

A capacidade de recuperar os dados submetidos pelo cliente na forma de requisições do tipo GET ou POST é um dos elementos básicos de um aplicativo Web. Executar esse tipo de operação em um script PHP é uma simples questão de ler as variáveis globais $_GET, $_POST e $_REQUEST.

No lado cliente, temos um arquivo HTML com um formulário de entrada de dados que deve ter as seguintes características:

- Atributo action contendo o link para a página PHP que receberá os dados;
- Atributo method indicando o método de envio de dados (GET ou POST);
- Marcadores <input> contendo os campos para a entrada dos dados do formulário. Cada campo deve ter um nome específico identificado pelo atributo name. O nome individualiza o campo, permitindo que, no lado servidor, a função PHP associe os dados recebidos com os campos apropriados;
- Botão de envio de dados (submit).

```
<!-- php-get/index.html -->
<form action="print.php" method="get">
  <table>
    <tr>
      <td>Nome</td>
      <td><input type="text" name="nome"
        autofocus></td>
    </tr>
    <tr>
      <td>Idade</td>
      <td><input type="number" name="idade"></td>
    </tr>
    <tr>
      <td>Email</td>
      <td><input type="email" name="email"></td>
    </tr>
  </table>

  <input type="submit">
</form>
```

No lado servidor, um script PHP (cujo nome foi declarado no atributo action do formulário HTML, no lado cliente) recupera os dados enviados pelo cliente lendo a variável PHP $_GET ou $_POST, de acordo com o modo de envio do formulário HTML. O valor de um determinado campo pode ser recuperado por seu nome, conforme declarado no atributo name do respectivo marcador <input> do formulário HTML. O nome do campo é usado como o índice da variável $_GET ou $_POST.

```
/* php-get/print.php */
<?php
header('Content-Type: text/html; charset=utf-8');

if (isset($_GET["nome"])) {
  echo "Seu nome é ". $_GET['nome'];
  echo "<br>";
}

if (isset($_GET["idade"])) {
  echo "Sua idade  é ". $_GET['idade'];
  echo "<br>";
}

if (isset($_GET["email"])) {
  echo "Seu email é ". $_GET['email'];
  echo "<br>";
}
?>
```

Apesar de sua simplicidade, o script print.php merece alguns comentários.

Antes de usar uma das variáveis globais do PHP, tal como, $_GET, use a função isset() para verificar se o elemento foi definido.

A função header() permite enviar informações sobre a resposta que o servidor remeterá ao cliente. Esses dados devem ser a primeira informação transmitida, ou seja, header() deve ser usada antes de qualquer operação PHP remeter dados ao cliente. No exemplo, a função é usada para estabelecer que a codificação usada é UTF-8, necessária para apresentar os caracteres especiais, como a acentuação.

9.8 Classes e programação OO

Diferentemente do JavaScript, o PHP tem uma abordagem clássica da programação OO, similar às implementações desta técnica no C++ ou no Java. Neste item, descreveremos algumas peculiaridades na implementação da programação OO no PHP.

Basearemos nossa explicação em um exemplo. A classe Artista é uma estrutura para armazenar informações sobre artistas. Ela é apenas um exemplo didático, portanto, muito restrita quanto a suas capacidades: apenas o nome e o país de origem do artista são considerados.

```
/* php-classes/index.php */
<?php

// Ajuste para apresentar caracteres especiais
header('Content-Type: text/html; charset=utf-8');

/* */
class Artista {
  public function __construct($nome_, $origem_) {
    $this->nome = $nome_;
    $this->origem = $origem_;
  }

  public function getInfo() {
    return [$this->nome, $this->origem];
  }

  private $nome;
  private $origem;
}

$artista = new Artista("Leonardo da Vinci",
  "Itália");
var_dump($artista);

?>
```

Examinando o exemplo, podemos notar algumas características de uma classe PHP.

A visibilidade dos membros da classe tem que ser declarada: public para um membro visível ao mundo externo ou private, em caso contrário. Há também o qualificador protected, que só faz sentido em uma hierarquia de classes. A declaração de uma variável deve, obrigatoriamente, conter um dos qualificadores de visibilidade. Já, uma função sem um qualificador de visibilidade é considerada pública.

O operador $this é uma autorreferência para o objeto. Dentro do escopo da classe, toda referência para um membro da estrutura tem que ser prefixada com o operador.

Os membros da classe são referenciados com o operador "->" tanto dentro do seu escopo, quanto em um objeto instanciado.

O construtor da classe é codificado em uma função especial denominada __construct(). Como qualquer função, o construtor pode ter parâmetros de entrada que são setados durante a criação do objeto.

Uma classe PHP dispõe também do destrutor, o qual deve ser denominado __destruct().

Uma característica interessante da sintaxe PHP é que ela permite referenciar uma classe por meio de uma string contendo o seu nome.

```
// Válido em PHP
$nome_classe = "Artista";
$artista = new $nome_classe();
```

9.8.1 Herança

O PHP implementa a herança OO, na qual uma classe pode derivar de outra. Um novo exemplo, em que derivamos a classe Ator da classe base Artista, mostra como criar e configurar uma classe que é filha de uma classe base.

```
/* php-classes-heranca/classes.php */
<?php

/* */
class Artista { ... }

/* */
class Ator extends Artista {
```

```
  public function __construct($nome_, $origem_, $genero_)
  {
    parent::__construct($nome_, $origem_);
    $this->genero = $genero_;
  }

  public function getInfo() {
    $info = parent::getInfo();
    return [$info[0], $info[1], $this->genero];
  }

  private $genero;
}

?>
```

O operador extends indica que a classe Ator é uma derivação de Artista.

A classe-filha herda todos os membros da mãe. Note, porém, que ela tem acesso somente aos membros public e protected da classe base. Ou seja, da forma que Artista foi definida, com $nome e $origem privados, a classe Ator não pode acessar essas variáveis. Elas só podem ser lidas por meio da função pública getInfo().

Outro ponto importante é que a classe-filha pode redefinir uma função declarada na mãe. No nosso exemplo, Ator redefine a função getInfo() de Artista. Surge, então, o seguinte problema: no escopo da classe Ator, necessitamos invocar a função getInfo() de Artista para ler as variáveis privadas dessa classe. Como estamos dentro da função getInfo(), não podemos simplesmente invocar getInfo(), pois estaríamos fazendo uma autorreferência à função de Ator, sendo que nossa intenção é chamar a função da classe-mãe. Por esta razão é que necessitamos invocar a função na forma parent::getInfo(), explicitando a referência para a função da classe-mãe.

Note que a solução apresentada tem um propósito didático, com a finalidade de ilustrar o papel e o uso do operador parent::. Uma solução mais simples e elegante consiste em editar a classe base alterando a visibilidade das variáveis $nome e $origem de private para protected. Lembrando que, fora do escopo da classe onde são definidos, os membros protected são visíveis apenas pelas classes derivadas.

Uma característica do construtor de uma classe derivada é que ela não invoca automaticamente o construtor da classe-mãe como ocorre nas outras linguagens. Note como na classe Ator invocamos explicitamente o construtor da classe-mãe por meio do operador parent::.

As derivações de uma classe e a redefinição dos métodos podem ser inibidas com a declaração do operador final.

```
/* Esta classe não pode ser base de nenhuma classe */
final class NaoDerivavel { ... }

class Teste {
...
  // Esta função não pode ser redefinida pelo filho
  final function f() { ... }
...
}
```

9.8.2 Classe abstrata

Iremos esboçar o projeto de uma classe capaz de ler e extrair o conteúdo de arquivos de diversos tipos. É fácil perceber que alguns atributos e operações são comuns independentemente do tipo de arquivo. Por exemplo, todos os arquivos têm um nome; da mesma forma, uma lógica que verifica a existência de um arquivo independe de seu tipo.

Levando isto em conta, criaremos uma classe, Arquivo, que será a base da qual derivam as classes especializadas para leitura dos arquivos XML, CSV etc. Os objetos serão criados a partir das classes especializadas; de Arquivo, não instanciaremos nenhum objeto. O PHP dispõe de uma declaração específica, o operador abstract, para criar uma classe que não pode ser instanciada.

Passando à prática, em Arquivo, definimos duas funções que são comuns a todos os tipos de arquivos: uma para setar o nome e a outra para verificar sua existência. Já, a função que executa a leitura do arquivo só pode ser definida em uma classe especializada, pois, só ela conhece os detalhes do tipo específico de arquivo. Em Arquivo, declaramos apenas uma função abstrata como uma forma de indicar que a classe especializada tem que definir a lógica apropriada para ler o tipo de arquivo que ela representa.

```
/* php-classes-heranca-2/classes.php */
<?php

abstract class Arquivo {
  public function __construct($nome_) {
    $this->nome = $nome_;
  }

  public function setNome($nome_) {
    $this->nome = $nome_;
  }

  public function existe() {
    echo "Verifica se o arquivo
      $this->nome existe<br>";
  }

  abstract public function ler();

  private $nome = "";
}

...
?>
```

A classe especializada para ler os arquivos XML tem que definir a função ler() com as lógicas adequadas para ler as estruturas XML.

```
/* php-classes-heranca-2/classes.php */
<?php

abstract class Arquivo { ... }

/* */
class ArquivoXML extends Arquivo {
  public function __construct($nome_) {
    parent::__construct($nome_);
  }

  public function ler() {
    echo "Esta função lê um arquivo XML<br>";
  }
}

...
?>
```

Uma função abstrata é apenas a declaração do seu protótipo na classe base. A codificação da função é definida nas classes derivadas. Uma classe que contém uma função abstrata é uma classe abstrata, pois, um de seus membros só é definido em uma classe derivada.

9.9 Outros recursos

9.9.1 Funções de data e hora

A função strtotime() converte uma descrição textual de data/hora (em inglês) em uma estampa de tempo Unix, ou seja, um número inteiro correspondente ao tempo transcorrido, em segundos, desde as 00:00:00 de 1-jan-1970.

Nos exemplos que seguem, usamos também a função date() para converter a estampa de tempo Unix em um valor de data/hora com o formato configurado na máscara.

O instante zero da estampa de tempo.

```
// retorna "01-01-1970 00:00:00"
date('d-m-Y H:i:s', strtotime("0"));
```

A data e hora do instante atual são dadas pela string now.

```
// retorna, por exemplo, "05-04-2015 21:56:39"
date('d-m-Y H:i:s', strtotime("now"));
```

Uma data específica também pode ser o parâmetro da função.

```
// retorna "31-01-1975"
date('d-m-Y', strtotime("31-1-1975"));
```

É possível até mesmo adicionar ou subtrair um intervalo de tempo da data fornecida.

```
// retorna "05-12-1999"
date('d-m-Y', strtotime("15-11-1999 +20 days"))

// retorna "26-10-1999"
date('d-m-Y', strtotime("15-11-1999 -20 days"))
```

Se não fornecermos uma data na operação de adição/subtração, a função assumirá a data do instante atual.

```
// retorna, por exemplo, "05-05-2015"
date('d-m-Y', strtotime("+30 days"));
```

Uma função importante é date_default_timezone_set(), que permite configurar o horário local.

```
date_default_timezone_set("America/Sao_Paulo");
```

A biblioteca PHP dispõe também de uma função para calcular a diferença entre duas datas. O cálculo é executado pelo método diff() da classe DateTime.

```
$d1 = new DateTime("19-11-2000");
$d2 = new DateTime("27-12-2014 12:35:20");
$dd = $d1->diff($d2);
var_dump($dd);
```

A diferença é expressa na forma de uma estrutura DateInterval. No exemplo, a diferença entre as datas é de 14 anos, 1 mês, 8 dias, 12 horas, 35 minutos e 20 segundos. A estrutura contém também a diferença de datas em número de dias (5151).

```
object(DateInterval)[4]
  public 'y' => int 14
  public 'm' => int 1
  public 'd' => int 8
  public 'h' => int 12
  public 'i' => int 35
  public 's' => int 20
  public 'invert' => int 0
  public 'days' => int 5151
```

Outro recurso da classe DateTime é o método add(), que permite somar intervalos de tempo a uma data. O valor adicionado deve ser um objeto DateInterval configurado com o intervalo de tempo desejado. Esse valor é formatado como uma string que deve seguir as seguintes regras:

- P precede um valor que corresponde ao ano, mês, dia ou semana, identificado por Y, M, D ou W, respectivamente;.
- PT precede um valor que corresponde à hora, minuto ou segundo, identificado por H, M ou S, respectivamente.

```
$d1 = new DateTime("27-10-2014 12:35:20");

// adiciona 20 minutos à data original
$d2 = $d1->add(new DateInterval("PT20M"));

// retorna "27-10-2014 12:55:20"
echo $d2->format("d-m-Y h:i:s");

// adiciona mais uma semana
$d2->add(new DateInterval("P1W"));

// retorna "03-11-2014 12:55:20"
echo $d2->format("d-m-Y h:i:s");
```

A máscara de valores de DateInterval() permite combinar os intervalos de data e hora mencionados anteriormente.

```
// adiciona mais um mês e três dias
$d2->add(new DateInterval("P1M3D"));

// retorna "06-12-2014 12:55:20"
$d2->format("d-m-Y h:i:s")
```

9.9.2 Incluindo arquivos PHP

Codificar todas as lógicas em um único arquivo não é problema nos scripts triviais. Esta prática, porém, não é viável nos aplicativos que têm um mínimo de complexidade. À parte a caracterização do mau estilo quando se juntam elementos sem correlação em um mesmo local, há a questão prática do aumento no tamanho do arquivo que se torna um obstáculo à nossa capacidade de entender e manipular o código. Nos projetos que envolvem várias classes ou funcionalidades, costuma-se dividir o código em vários arquivos. É uma prática comum codificar uma classe por arquivo.

A questão é como juntar as funcionalidades espalhadas em diversos arquivos em um único aplicativo. As funções include() e require() importam o código contido em um arquivo externo para o local onde uma dessas funções foi declarada. É como se o interpretador executasse uma operação de copiar e colar, transpondo o conteúdo do arquivo indicado para o local onde include() ou require() foi declarada.

```
/* funcoes-db.php */
<?php
  function abrir_conexao(...) { ... }
  function criar_tabela(...) { ... }
...
?>

/* main.php */
<?php
  require("funcoes-db .php");

  if (abrir_conexao(...)) {
    criar_tabela(...);
  }
?>
```

A diferença entre require() e include() é que a primeira encerrará a execução do script se ocorrer uma falha na inclusão do arquivo. As variantes require_once() e include_once() evitam que o conteúdo do arquivo seja incluído no código mais de uma vez, caso haja declarações repetidas de inclusão.

Os projetos de maior porte podem conter uma quantidade considerável de classes. Seguindo as melhores práticas, cada classe será definida em um arquivo específico, de forma que, cada classe instanciada implicará na declaração de inclusão do arquivo correspondente. Há um recurso no PHP que simplifica este procedimento, carregando automaticamente os arquivos que definem as classes instanciadas no código.

A função __autoload() é invocada automaticamente quando se cria uma instância de uma classe para o qual não há uma definição carregada na memória do programa. Ela recebe como parâmetro de entrada o nome da classe que está sendo instanciada.

Um exemplo ajudará a entender o funcionamento deste mecanismo. No arquivo principal, criamos objetos das classes Teste1 e Teste2. O interpretador PHP, ao não encontrar a definição da classe, chama a função __autoload() informando a ela o nome da mesma. Como o nome do arquivo onde definimos a classe é o próprio nome da classe acrescido da extensão ".php", basta incluir uma declaração require_once() com o nome recebido por __autoload() acrescido da string ".php".

Note como substituímos as duas declarações de inclusão de arquivo, que seriam necessárias para as duas classes, por uma única chamada para require_once(). Além disso, não mais necessitamos declarar explicitamente o nome do arquivo onde se define a classe.

```
<!-- php-autoload/index.html -->
...
<body
  <?php

  function __autoload($classe) {
    require_once($classe . ".php");
  }

  function main() {
    $t1 = new Teste1();
    $t2 = new Teste2();
  }

  main();
  ?>
</body>
```

Os arquivos Teste1.php e Teste2.php contêm as classes Teste1 e Teste2, respectivamente.

```
/* php-autoload/Teste1.php */
<?php
class Teste1 {
  function __construct() {
    echo "Classe Teste1<br>";
  }
}
?>
```

```
/* php-autoload/Teste2.php */
<?php
class Teste2 {
  function __construct() {
    echo "Classe Teste2<br>";
  }
}
?>
```

9.9.3 Ambiente de nomes

A criação de ambientes de nomes (namespaces) é outro recurso disponível no PHP para organizar a codificação. As informações do item 6.3.5 sobre os namespaces JavaScript valem também para o PHP.

O principal objetivo de um namespace é impedir conflitos entre os nomes de classes, funções, variáveis ou constantes. O escopo de um ambiente de nomes vale a partir de uma declaração namespace até encontrar outra ocorrência da palavra-chave ou o final do arquivo. Um namespace pode ser dividido em vários arquivos, ou seja, podemos declarar elementos PHP em vários arquivos diferentes, todos pertencentes ao mesmo namespace.

O exemplo mostra duas classes, declaradas em dois arquivos diferentes, que pertencem ao namespace Classes. Para referenciar um elemento declarado em um namespace, prefixe-o com o nome deste seguido de uma barra invertida.

```
/* php-namespace/index.php */
...
<?php
  require_once("arquivo.php");
  require_once("conexao.php");

  $arquivo = new Classes\Arquivo();
  $arquivo->abrir();

  $conexao = new Classes\Conexao();
  $conexao->abrir();
?>
```

As classes Arquivo e Conexao são declaradas em dois arquivos diferentes, porém pertencentes ao mesmo namespace Classes.

```
/* php-namespace/arquivo.php */
<?php
namespace Classes;

class Arquivo {
  public function abrir() {
    echo "Abrir arquivo<br>";
  }
}
?>

/* php-namespace/conexao.php */
<?php
namespace Classes;

class Conexao {
  public function abrir() {
    echo "Abrir conexao<br>";
  }
}
?>
```

Um novo exemplo mostra como referenciar um namespace externo quando estamos dentro do escopo de um namespace. A lógica principal invoca a função prt() definida no namespace Funcoes_1.

```
/* php-namespace-2/index.php */
...
<?php
  require_once("funcoes-1.php");

  Funcoes_1\prt();
?>
```

No arquivo funcoes-1.php, definimos o namespace Funcoes_1 e declaramos a função. Dentro dessa função, invocamos uma função de mesmo nome definida no namespace Funcoes_2. Note como é necessária a barra invertida inicial para indicar uma referência absoluta para Funcoes_2. O que ocorre é que, como estamos dentro do escopo de Funcoes_1, sem a barra invertida inicial, Funcoes_2 seria uma referência para um namespace sob Funcoes_1. Ou seja, Funcoes_2 seria um sub-namespace de Funcoes_1. Recorrendo novamente a uma analogia com as pastas do sistema operacional usada no item

6.3.5, quando estamos dentro da pasta A, uma referência direta para uma pasta B refere-se à pasta A\B, ou seja, à pasta B que está contida em A.

```
/* php-namespace-2/funcoes-1.php */
<?php
  namespace Funcoes_1;

  require_once("funcoes-2.php");

  function prt() {
    echo "Funcoes_1<br>";
    \Funcoes_2\prt();
  }
?>

/* php-namespace-2/funcoes-2.php */
<?php
  namespace Funcoes_2;

  function prt() {
    echo "Funcoes_2<br>";
  }
?>
```

Apelido é um nome alternativo para referenciar o namespace, especialmente útil quando o nome completo é longo.

```
// Define Util como um apelido para o namespace
use WebDev\Classes\Utilitarios as Util;
```

Em uma declaração de apelido, se o nome alternativo não for explicitado, valerá o último nome do último sub-namespace.

```
// Define Utilitarios como um apelido para o namespace
use WebDev\Classes\Utilitarios;
```

As boas práticas de programação recomendam que em um arquivo PHP se declare apenas um namespace.

10. PHP – Acesso a banco de dados

A capacidade de armazenar informações que podem ser recuperadas e alteradas em resposta a uma ação do cliente é um dos requisitos fundamentais no projeto de um aplicativo Web. O gerenciador do banco de dados é o componente da estrutura Web responsável por desempenhar este papel.

Assumimos que o leitor já domina os conceitos básicos sobre os bancos de dados, tais como, tabela, linha, coluna etc.

10.1 Gerenciadores de banco de dados

Os scripts PHP podem interagir com uma grande variedade de gerenciadores de banco de dados. Selecionamos três softwares livres, MySQL, PostgreSQL e SQLite, para exemplificar o uso desse tipo de ferramenta nos nossos aplicativos Web.

O gerenciador de banco de dados mais popular nas aplicações Web é o MySQL. Este produto tem capacidades comparáveis a de softwares comerciais, tais como, o banco de dados Oracle ou o DB2 da IBM.

PostgreSQL é uma opção ao MySQL, muito conceituado entre aqueles que prezam um produto sem restrição de uso. A política de licenciamento desse software é muito liberal, sendo possível, até mesmo, alterar seu código-fonte, aplicá-lo a um software e distribuí-lo comercialmente.

Além dos três produtos mencionados, a linguagem PHP, por meio de sua interface PDO, suporta diversos outros gerenciadores, tais como, DB2, Firebird, Oracle etc. Consulte a documentação oficial da linguagem.

Para verificar quais são os gerenciadores de banco de dados suportados por sua instalação do PHP, execute o seguinte script no servidor Web.

```
<?php var_dump(PDO::getAvailableDriver()); ?>
```

Uma possível saída quando o MySQL, PostgreSQL e SQLite estão configurados:

```
Array ( [0] => mysql [1] => pgsql [2] => sqlite )
```

Outra forma de obter essa informação é executar no servidor Web a função phpinfo() e examinar a configuração do interpretador PHP.

```
<?php phpinfo(); ?>
```

10.2 Ferramentas de administração

O responsável pela manutenção de uma base de dados necessitará executar operações, tais como, criar, excluir e renomear bancos de dados e tabelas; atribuir e revogar privilégios de acessos a usuários. O administrador deve procurar manter a integridade e garantir o melhor desempenho da base de dados.

Ainda que um script PHP possa executar a maioria das operações mencionadas, esse tipo de tarefa é geralmente executado pelas ferramentas de administração do gerenciador do banco de dados.

As ferramentas gráficas (GUI) são a opção mais conveniente para administrar um banco de dados. O MySQL pode ser gerenciado pelo navegador de Internet: acesse o link localhost/phpmyadmin. Quanto ao PostgreSQL, seu gerenciamento pode ser feito com a interface gráfica pgAdmin III ou por meio da ferramenta da linha de comando psql.

10.3 Criando um banco de dados

No PHP, o método genérico para conectar um banco de dados e acessar a informação armazenada é disponibilizado pela interface PDO (PHP Data Objects). Há funções específicas para acessar o MySQL, PostgreSQL e SQLite, porém, enfatizamos a utilização de métodos genéricos desvinculados de produtos.

Um objeto PDO válido deve conter informações sobre o driver, endereço do servidor e nome do banco de dados, além do nome e senha de um usuário.

```
$db = new PDO("driver: host=endereço; dbname=nome",
    usuário, senha);
```

O driver deve ser específico para o tipo de banco de dados que se pretende usar (mysql, pgsql etc.) e tem que estar disponível na interface PDO. A localização do banco de dados é no *localhost*, se o armazenamento é no computador local, ou em um endereço Web, se os dados estão armazenados em um servidor remoto.

Diferentemente do SQLite, os bancos de dados de gerenciadores "reais", como é o caso do MySQL e do PostgreSQL, devem ser previamente criados antes de serem acessados pelos aplicativos. Ou seja, não é possível criar uma base de dados via script PHP.

```
$db = new PDO("mysql: host=localhost; dbname=livros",
    "wilson", "123456");

$db = new PDO("pgsql: host=localhost; dbname=livros",
    "wilson",123456");
```

Se seu ambiente de desenvolvimento é o WAMP e você optar pelo PostgreSQL, instale o gerenciador do produto e habilite o driver clicando no ícone WAMP. Selecione a sequência de opções "PHP – PHP extensions" e ative a opção php_pdo_pgsql.

10.4 Tipos de dados

Ao criar uma tabela, a primeira decisão a se tomar é definir quais colunas são necessárias para armazenar o conjunto de informações desejado e, de acordo com a natureza dos dados, determinar o tipo de valor armazenado em cada uma dessas colunas. Os gerenciadores de bancos de dados suportam uma grande variedade de tipos de dados visando representar da forma mais adequada a informação que será armazenada. Os tipos fundamentais são texto com tamanho fixo, texto com tamanho variável, número inteiro, número de ponto flutuante, número codificado em decimal, data/hora, valor monetário e outros, tal como, BLOB (Binary Large Object), usado para armazenar imagens e vídeos.

Algumas regras informais para definir o tipo da coluna.

Caractere ou número? Regra simples: se o valor não for usado em cálculos, use o tipo caractere. Por exemplo, um número de telefone é mais bem representado como caractere. Entretanto, a vantagem de se usar o número inteiro para representar um campo numérico é que impedimos a entrada de caracteres não numéricos e também usamos menos espaço: um inteiro de 32 bits ocupa quatro bytes e pode representar valores de 0 a 4294967296, valor que ocuparia 10 bytes se usássemos um tipo caractere.

O texto deve ter um tamanho fixo (char) ou variável (varchar)?

- char é apropriado quando se sabe previamente a largura da coluna. Exemplos: sexo (M ou F), sigla do Estado da federação (dois caracteres) etc.
- varchar é usado quando se sabe, ou é possível estimar, o tamanho máximo da coluna, mas a largura é variável: nomes de pessoas, de cidades etc.
- char, por ter um tamanho pré-fixado, tem um desempenho superior, mas poderá desperdiçar espaço se a largura for superdimensionada.
- Para representar valores do tipo verdadeiro/falso, use char(1) ou um inteiro pequeno (smallint).

Os tipos para representar os valores numéricos são divididos basicamente em valores inteiros e de ponto flutuante. Os tipos inteiros representam os valores numéricos com exatidão, ou seja, sem perda de precisão. Porém, os tipos inteiros são limitados quanto à faixa de valores que podem ser representados. Os valores de ponto flutuante têm restrições quanto à precisão da representação, mas são capazes de representar uma grande faixa de valores. Além disso, há o caso dos valores que são naturalmente números de ponto flutuante, tal como, PI (3.1415).

O armazenamento de valores monetários deve ser feito com o tipo decimal para preservar a precisão dos valores fracionários (exemplo: 0,1). Estas grandezas não devem ser representadas por tipos binários, como é o caso de float, real, double etc. Consulte o item 6.3.3.

A maioria dos bancos de dados suporta colunas de autoincremento. O valor da coluna é um tipo inteiro. A cada inclusão, o gerenciador armazena na coluna do novo registro um valor que é o valor armazenado no registro da inclusão anterior incrementado em um. Consequentemente, a coluna armazenará um valor único, que é muito útil para estabelecer uma chave primária.

10.5 Chave primária e chave estrangeira

Chave primária é a coluna, ou o conjunto de colunas, na qual um determinado valor só pode ocorrer uma única vez dentro da tabela. A determinação da chave primária faz parte do projeto do banco de dados. Consideremos a seleção da chave primária para um cadastro de pessoas: se utilizarmos o nome completo como chave, o que faríamos com os nomes duplicados (quantos José da Silva existem no Brasil?). Alternativamente, poderíamos usar o endereço de e-mail se todas as pessoas cadastradas possuírem e-mail. Uma escolha mais conservadora seria o número do CPF, considerando que este documento é obrigatório e que a cada CPF corresponde uma única pessoa.

No caso de uma tabela contendo as cidades do Brasil, enfrentaremos o mesmo problema de duplicidade se utilizarmos o nome como a chave primária. Há, por exemplo, duas cidades denominadas Toledo, uma no Paraná e outra em Minas Gerais. A solução para este caso é usar o código IBGE do município, que é único: Toledo, PR: 4127700; Toledo, MG: 3169109

O conceito de chave estrangeira é uma forma de vincular a coluna de uma tabela de tal forma que ela só pode assumir valores que constam na coluna de uma segunda tabela. Exemplo: imagine que para cadastrar as cidades do Brasil, criamos uma tabela com as colunas nome da cidade e a sigla do Estado ao qual ela pertence. Nada impede que cadastremos um valor como XY, um Estado inexistente, na coluna sigla do Estado. Uma forma de prevenir essa inconsistência seria cadastrar os Estados e suas siglas em uma segunda tabela e por meio de uma rotina de consulta, garantirmos que apenas os Estados válidos possam ser cadastrados na tabela de cidades. Todo gerenciador de banco de dados tem, entretanto, um recurso que permite vincular a coluna sigla de Estado da tabela de cidades à sigla cadastrada na tabela de Estados. A coluna de uma tabela, que é vinculada ao valor de uma segunda tabela, é denominada chave estrangeira.

10.6 Operações usando SQL

Nos itens que seguem, usaremos como exemplo um cadastro das cidades do Brasil: as tabelas T_ESTADOS com as colunas sigla e nome, e T_CIDADES com as colunas código IBGE, nome da cidade e sigla do Estado ao qual ela pertence. As duas tabelas estão relacionadas pela sigla do Estado.

Na tabela de Estados, estabelecemos a coluna sigla como a chave primária. Comando para criar a tabela, válido no MySQL e no PostgreSQL:

```
// MySQL
$db = new PDO("mysql: host=localhost; dbname=teste",
    "wilson", "123456");

// PostgreSQL
$db = new PDO("pgsql: host=localhost; dbname=teste",
    "wilson", "123456");

$res = $db->query("create table t_estados(
  sigla char(2) primary key not null,
  nome varchar(30) not null)");
```

Usamos o retorno da função query() para verificar se a solicitação ao gerenciador do banco de dados foi aceita. A execução do comando SQL retorna o valor booleano true se o comando foi executado corretamente ou false, se ocorreu um erro.

```
if ($res)
  echo "Criação tabela t_estados: OK<br />";
else
  echo "Criação tabela t_estados: falha<br />";
```

Ou a forma abreviada para testar variável booleana:

```
echo "Criação tabela t_estados: " .
  ($res ? "OK" : "falha") . "<br />";
```

Na tabela T_CIDADES, cada cidade é diferenciada pelo seu código IBGE, de forma que esta coluna será a chave primária. A coluna sigla do Estado está vinculada à tabela T_ESTADOS por meio de uma relação de chave estrangeira. Sintaxe válida para o MySQL e o PostgreSQL:

```
$res = $db->query("create table t_cidades(
  codigo int primary key not null,
  nome varchar(80) not null,
  sigla_estado char(2) not null,
  foreign key(sigla_estado) references t_estados(sigla))");

echo "Criação tabela t_cidades: " .
  ($res ? "OK" : "falha") . "<br />";
```

> *A sintaxe SQL não distingue maiúsculas de minúsculas.*

Um comando SQL pode ser usado para verificar as tabelas disponíveis no banco de dados. Sintaxe válida para o MySQL:

```
$db = new PDO("mysql: host=localhost; dbname=teste",
    "wilson", "wilson");
$tabelas = $db->query("show tables;");
$tabelas->setFetchMode(PDO::FETCH_COLUMN, 0);
$arr_tab = $tabelas->fetchAll();

foreach ($arr_tab as $tab) {
  echo $tab . "<br />";
}
```

Sintaxe para recuperar as tabelas de um banco de dados PostgreSQL:

```
$db = new PDO("pgsql: host=localhost; dbname=teste",
    "wilsonk", "wilsonk");
$tabelas = $db->query("select table_name from
     information_schema.tables where table_schema='public'");
$tabelas->setFetchMode(PDO::FETCH_OBJ);

while ($row = $tabelas->fetch()) {
  echo $row->table_name . "<br>";
}
```

Também é possível usar um comando SQL para listar as colunas de uma tabela. Sintaxe válida para o MySQL:

```
$db = new PDO("mysql: host=localhost; dbname=teste",
    "wilson", "wilson");
$colunas = $db->query("show columns from t_cidades");
$colunas->setFetchMode(PDO::FETCH_NUM);
$arr_col = $colunas->fetchAll();
var_dump($arr_col);
```

O resultado da consulta traz os nomes, tipos de dados e outras informações das colunas da tabela. Os elementos do array que representa uma coluna contêm as seguintes informações:

- 0: nome da coluna;
- 1: tipo do dado armazenado;
- 2: se o valor NULL pode ser armazenado na coluna;
- 3: PRI se a coluna é a chave primária, UNI se o valor da coluna é único (restrição UNIQUE) ou MUL, se o valor da coluna pode ter múltiplas ocorrências;
- 4: valor padrão para a coluna;
- 5: outras informações.

```
array (size=3)
  0 =>
    array (size=6)
      0 => string 'codigo' (length=6)
      1 => string 'int(11)' (length=7)
      2 => string 'NO' (length=2)
      3 => string 'PRI' (length=3)
      4 => null
      5 => string '' (length=0)
  1 =>
    array (size=6)
      0 => string 'nome' (length=4)
      1 => string 'varchar(80)' (length=11)
      2 => string 'NO' (length=2)
      3 => string '' (length=0)
      4 => null
      5 => string '' (length=0)
  2 =>
    array (size=6)
      0 => string 'sigla_estado' (length=12)
      1 => string 'char(2)' (length=7)
```

```
      2 => string 'NO' (length=2)
      3 => string 'MUL' (length=3)
      4 => null
      5 => string '' (length=0)
```

Sintaxe para ler as informações sobre as colunas de uma tabela PostgreSQL:

```
$colunas = $db->query("select * from information_schema.columns
    where table_name = 't_estados'");
$colunas->setFetchMode(PDO::FETCH_NUM);
$arr_col = $colunas->fetchAll();
var_dump($arr_col);
```

Cada coluna da tabela corresponde a um array de 44 elementos. Os elementos 3, 7 e 8 contêm o nome, tipo e largura da coluna.

```
array (size=2)
  0 =>
    array (size=44)
...
      3 => string 'sigla' (length=5)
...
      7 => string 'character' (length=9)
      8 => int 2
...
  1 =>
    array (size=44)
...
      3 => string 'nome' (length=4)
...
      7 => string 'character varying' (length=17)
      8 => int 30
...
```

10.6.1 Recuperação de dados

Comando SQL para recuperar todos os elementos de uma tabela e o código PHP para listar a informação:

```
$tabela = $db->query("SELECT * FROM t_estados;");
$tabela->setFetchMode(PDO::FETCH_OBJ);

while ($linha = $tabela->fetch()) {
```

```
  foreach ($linha as $coluna) {
    echo $coluna . ', ';
  }

  echo "<br />";
}
```

Examinando a lógica do código , a variável $tabela armazena os valores devolvidos pelo gerenciador do banco de dados em resposta ao comando SQL solicitando todas as colunas de todas as linhas da tabela.

Cada iteração do loop while() recupera uma linha de informação. A linha de informação, por sua vez, é varrida pelo loop foreach() que recupera cada uma das colunas da tabela.

Comando SQL para limitar a informação retornada às colunas código e nome da tabela cidades:

```
SELECT codigo, nome FROM t_cidades;
```

A cláusula WHERE permite restringir ainda mais a pesquisa. No exemplo, a consulta retorna apenas as linhas da tabela cuja coluna sigla de Estado correspondem a "PR".

```
SELECT codigo, nome FROM t_cidades WHERE
  sigla_estado = 'PR';
```

A cláusula ORDER BY ordena o resultado pelo valor de uma coluna.

```
SELECT codigo, nome FROM t_cidades WHERE
  sigla_estado = 'PR' ORDER BY nome
```

As consultas podem recuperar os dados de várias tabelas para as quais há um vínculo de relacionamento. No exemplo, o comando SQL recupera as informações da tabela de cidades e da tabela de Estados usando como vínculo a sigla do Estado. Como a tabela de cidades contém apenas a sigla do Estado, para listar o nome completo do Estado, necessitamos vincular a sigla contida nessa tabela à tabela de Estados, a qual armazena a informação desejada.

```
SELECT t_cidades.nome, t_estados.nome
  FROM t_estados, t_cidades
```

```
  WHERE t_cidades.sigla_estado=t_estados.sigla;
```

Uma visão (view) é uma tabela virtual criada com base em um comando SELECT.

```
CREATE VIEW nome_view(nome_col-1, nome_col-2 ...)
  AS comando_select;
```

As colunas da visão assumem, por padrão, os nomes das colunas das tabelas de origem dos dados. Opcionalmente, podemos fornecer uma lista com os nomes desejados para as colunas da visão. Essa lista será obrigatória se a visão selecionar colunas de tabelas distintas com o mesmo nome.

Os elementos da visão podem ser lidos da mesma forma que uma tabela, ou seja, com um comando SELECT. Exemplo simples de uma visão que seleciona todos os valores de uma tabela:

```
$res = $db->query("CREATE VIEW v_teste AS
  select * FROM t_cidades;");
echo "Criação view v_teste: " .
  ($res ? "OK" : "falha") . "<br />";
```

Uma visão pode combinar colunas de várias tabelas. No exemplo seguinte, selecionamos duas colunas de duas tabelas diferentes: o nome da cidade da tabela T_CIDADES e o nome do Estado da tabela T_ESTADOS. Como ambas as colunas têm o mesmo nome, torna-se necessário informar o nome que elas assumirão dentro da visão.

```
$res = $db->query("CREATE VIEW v_cidades(cidade, estado)
  AS SELECT t_cidades.nome, t_estados.nome
  FROM t_estados, t_cidades
  WHERE t_cidades.sigla_estado = t_estados.sigla;");

echo "Criação view v_cidades: " .
  ($res ? "OK" : "falha") . "<br />";
```

10.6.2 Inclusão de dados

O comando INSERT inclui linhas em uma tabela. Uma das opções de uso do comando permite especificar as colunas e os valores que desejamos preencher.

```
/*
  Tabela pessoas
  nome: varchar(255)
  email: varchar(255)
  created_at: timestamp
  updated_at: timestamp
 */
$res = $db->query( "insert into pessoas(nome, email)
  values('Emma Bovary', 'emmab@flaubert.org')");
```

Se os valores para todas as colunas forem preenchidos na ordem em que as colunas estão declaradas na tabela, não haverá necessidade de especificar os nomes delas.

```
$res = $db->query( "insert into pessoas
  values('Anna Karenina', 'annak@tolstoi.org',
    '2015-04-21 21:50:00', '2015-04-21 21:50:00')" );
```

10.6.3 Alteração de dados

Para alterar os dados em uma tabela, usamos o comando UPDATE. Normalmente, restringimos a atualização a uma linha ou linhas específicas usando a cláusula WHERE.

```
$res = $db->query("update pessoas set
  email = 'annakarenina@tolstoi.org',
  updated_at = '2015-04-21 22:15'
  where nome = 'Anna Karenina'");
```

10.6.4 Exclusão de dados

O comando DELETE exclui as linhas de uma tabela. Se não especificarmos uma condição restritiva, DELETE excluirá todas as linhas da tabela.

```
$res = $db->query("delete from pessoas");
```

Uma restrição é especificada pela cláusula WHERE.

```
$res = $db->query("delete from pessoas where
    nome = 'Machado de Assis'");
```

10.6.5 Comando SQL parametrizado

Quando um comando SQL é executado repetidas vezes com valores diferentes é útil criar uma declaração parametrizada do mesmo. Denominada *prepared statement*, esta técnica consiste em preparar previamente o comando antes de executá-lo. A principal vantagem desse recurso é sua maior eficiência quando comparado com a execução de uma sequência de comandos SQL.

Na primeira forma de criar um comando SQL parametrizado, configuramos com "?" os valores das colunas que serão substituídos quando o comando for usado. Ao invocarmos o comando parametrizado, fornecemos um array com os valores que desejamos para essas colunas.

```
$sql = $db->prepare("insert into pessoas(nome, email)
  values(?, ?)");
$sql->execute(array("Robin Hood","hood@sherwood.com"));
```

Em uma sintaxe alternativa, prefixamos os parâmetros com ":" e, na execução do comando, usamos a função bindParam() para preencher os valores com o conteúdo desejado.

```
$sql = $db->prepare("insert into pessoas(nome, email)
    values(:nome, :email)");

$nome = "Vampiro de Curitiba";
$email = "vampiro@dtrevisan.com";
$sql->bindParam(":nome", $nome);
$sql->bindParam(":email", $email);

$sql->execute();
```

10.6.6 Indexação

O desempenho de uma operação para recuperar as linhas que obedecem a um determinado critério é diretamente proporcional ao tamanho da tabela. No exemplo, a tabela de cadastro de pessoas pode conter um “Silva” tanto na primeira, quanto na última linha, de forma que a operação select necessita executar uma pesquisa sequencial do início até o final da tabela.

```
SELECT nome, sobrenome FROM t_cadastro
  WHERE sobrenome = 'Silva';
```

A abrangência desse tipo de pesquisa seria drasticamente reduzida se soubéssemos quais linhas da tabela contêm pessoas com o sobrenome “Silva”. Os gerenciadores de bancos de dados solucionam este problema criando um índice para agrupar as ocorrências das linhas pelo critério estabelecido, ou seja, pela coluna sobrenome, no exemplo dado.

```
CREATE INDEX t_cadastro_index ON t_cadastro(sobrenome);
```

O índice é basicamente uma tabela auxiliar que contém as entradas da tabela principal, ou seja, os números das linhas, agrupados de acordo com o critério configurado. A atualização do índice será automaticamente executada pelo gerenciador sempre que uma alteração afetar a indexação ou quando ocorrer uma exclusão ou inclusão de linhas.

10.7 SQLite

O SQLite é a solução de gerenciamento de dados mais simples e mais leve dentre as opções apresentadas neste capítulo. Na verdade, um banco de dados SQLite é um arquivo em formato binário que pode ser manipulado com os comandos SQL. No SQLite, não há um servidor de banco de dados com controle sobre as contas de usuário. Ou seja, os dados não podem ser protegidos por um esquema de senhas e controle de acesso (privilégios) nas tabelas. Esse tipo de banco de dados é indicado para as aplicações de menor porte, quando o hardware é limitado, ou para o treinamento e estudo do SQL etc. Não é necessário instalar o SQLite, o software que manipula os dados é que tem que incorporar as funcionalidades de acesso no padrão do SQLite.

Para conectar um banco de dados SQLite, basta criar um objeto PDO informando o nome do arquivo. Se o arquivo não existir, ele será criado com uma base de dados vazia, sem tabelas e dados.

```
$db = new PDO("sqlite:teste.db");
```

10.7.1 Tipos de dados

O SQLite adota uma abordagem diferente no tratamento de dados. O tipo de dado armazenado em uma coluna da tabela é determinado pelo próprio valor. Ou seja, o tipo não é fixo, determinado pelo tipo da coluna, como é o caso dos gerenciadores de banco de dados tradicionais.

Os tipos válidos no SQLite são NULL, INTEGER, REAL, TEXT e BLOB. INTEGER representa os números inteiros de 1, 2, 3, 4, 6 ou 8 bytes e REAL, os números de ponto flutuante de 8 bytes no padrão IEEE.

Uma característica singular do SQLite é que podemos declarar colunas de tipos diferentes dos tipos válidos sem causar um erro na criação da tabela. Isto é possível devido às regras de conversão baseadas no nome do tipo declarado, conforme mostrado na Tabela 4. O resultado final deste esquema de conversões é a compatibilidade de configuração, já que é válido criar uma tabela SQLite configurando suas colunas com os mesmos tipos usados pelos bancos de dados tradicionais.

Outro ponto importante é que, apesar da coluna de uma tabela não ter um tipo fixo predeterminado, ela tem uma "afinidade" para um determinado tipo. Afinidade é o termo usado pelo SQLite para indicar que a coluna tem um tipo preferencial para o valor armazenado, pois toda coluna, independentemente do seu tipo, pode armazenar qualquer valor.

Regra	Nome do tipo declarado contém	Afinidade
1	INT	INTEGER
2	CHAR, CLOB, TEXT	TEXT
3	BLOB ou sem tipo especificado	BLOB
4	REA, FLOA ou DOUB	REAL
5	Demais casos	NUMERIC

Tabela 4: Tipos e afinidades do SQLite

Alguns exemplos de conversão entre os tipos usados pelos bancos de dados tradicionais para o esquema de afinidades de SQLite:

- VARCHAR: vale a regra 2 porque o nome do tipo contém CHAR;
- SMALLINT: vale a regra 1 porque o nome do tipo contém INT;
- BOOLEAN, DATE, DECIMAL, STRING: vale a regra 5 porque não se enquadra em nenhuma das quatro regras anteriores.

A Tabela 5 mostra a relação entre as afinidades e os tipos armazenados. O tipo NUMERIC armazena o valor convertendo o dado em um número; se a conversão não for possível, o dado será considerado TEXT.

Afinidade	Armazena tipos
TEXT	NULL, TEXT ou BLOB
NUMERIC	Qualquer um dos cinco tipos
INTEGER	Igual a NUMERIC
REAL	Igual a NUMERIC, converte em ponto flutuante
BLOB	Não converte

Tabela 5: Afinidades e tipo armazenado do SQLite

10.7.2 Exemplo

Um pequeno exemplo ilustrará o uso do SQLite. Na página HTML, a diretiva de carga do arquivo de scripts PHP:

```
<!-- php-db-sqlite/index.html -->
...
<body>
  <?php
    require("db_sqlite.php");
  ?>
</body>
```

No arquivo PHP, codificamos duas funções auxiliares: a que executa uma consulta no banco de dados e a que mostra as linhas da tabela. A função principal usa essas funções para incluir, excluir, alterar e mostrar os dados da tabela.

```
/* php-db-sqlite/db_sqlite.php */
<?php
/* */
function executeSql($db, $sql) {
...
}

/* */
function imprimir($db) {
...
}

/* */
function main() {
  // Cria BD e tabela
...

  // Limpa a tabela eliminando registros existentes
...

  // Inclui linhas na tabela
...

  // Tentativa de incluir chave primária duplicada
...

  // Inclusão de valor de tipo diferente do configurado
  // para a coluna
...

  // Atualiza dado de uma linha
...

  // Mostra conteúdo da tabela
...
}

/*** ***/
main();
?>
```

A função principal executa algumas operações para exemplificar o uso do SQLite. A primeira operação abre o banco de dados ou, se o arquivo correspondente ainda não existir, cria esse banco. Basta informar o driver SQLite e o nome desejado para que a interface PDO abra ou crie o banco de dados.

A criação da tabela, por seguir a sintaxe padrão PDO, não apresenta nenhuma diferença em relação à operação executada em um banco de dados tradicional.

As operações no banco de dados também não apresentam novidades: são comandos SQL comuns.

Nossa primeira operação é eliminar todas as linhas da tabela, caso ela já exista, para, em seguida, incluir três linhas de dados. Executamos também um comando SQL que não será efetivado: tentativa de incluir uma linha com a mesma chave primária de uma linha já existente na tabela. Outra operação interessante que podemos executar no SQLite, e que não seria aceita por um banco de dados tradicional, é incluir com sucesso uma linha contendo uma coluna com um tipo de dado diferente daquele configurado na tabela.

Finalizamos o exemplo com um comando SQL para atualizar uma linha de dados e invocamos a função que lista o conteúdo da tabela.

```
/* */
function main() {
  // Cria o banco de dados
  $db = new PDO("sqlite:teste.db");

  // Cria a tabela
  executeSql($db, "create table cadastro(
    nome varchar(80) not null primary key,
    nascimento text not null)");

  // Limpa a tabela eliminando registros existentes
  executeSql($db, "delete from cadastro");

  // Inclui linhas na tabela
  executeSql($db, "insert into cadastro values('Maria',
    '2010-01-21')");
  executeSql($db, "insert into cadastro values('José',
    '1995-10-09')");
  executeSql($db, "insert into cadastro values('Ada',
    '2011-07-15')");

  // Tentativa de incluir chave primária duplicada
```

```
  executeSql($db, “insert into cadastro values(‘Ada’,
    ‘2011-11-12’)”);

  // Inclusão de valor de tipo diferente do configurado
  // para a coluna
  executeSql($db, “insert into cadastro values(‘Eliseu’,
    3.1415)”);

  // Atualiza dado de uma linha
  executeSql($db, “update cadastro set nome=’Maria José’
    where nome=’Maria’”);

  // Mostra conteúdo da tabela
  imprimir($db);
}
```

A Figura 45 mostra a saída HTML quando se executa o script PHP.

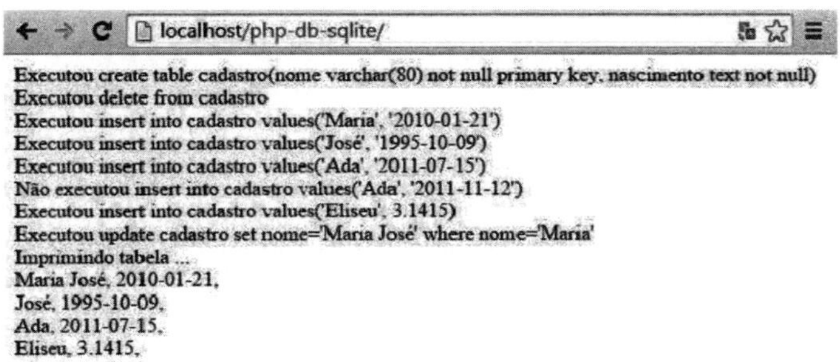

Figura 45 - Página php-db-sqlite

A função que executa a consulta no banco de dados é uma aplicação direta da função PDO exec() e das lógicas de tratamento de erros.

```
/* */
function executeSql($db, $sql) {
  try {
    if ($db->exec($sql) === false)
      echo “Não executou “ . $sql . “<br>”;
    else
      echo “Executou “ . $sql . “<br>”;
  }
  catch(PDOException $e) {
    echo “ERRO: “ . $e->getMessage();
  }
}
```

A função imprimir() também é uma aplicação direta da funcionalidade PDO query() que recupera os dados de uma tabela e da função fecth() para criar um loop que percorre esses dados para apresentá-los na página HTML.

```
/* */
function imprimir($db) {
  echo "Imprimindo tabela ...<br>";

  // Executa a consulta e lê os dados
  try {
    $rows = $db->query("select * from cadastro");
    $rows->setFetchMode(PDO::FETCH_ASSOC);
  }
  catch (PDOException $e) {
    echo "ERRO: " . $e->getMessage();
  }

  // Loop nas linhas da tabela
  while ($row = $rows->fetch()) {

    // Loop nas colunas da linha
    foreach ($row as $col) {
      echo $col . ", ";
    }

    echo "<br />";
  }
}
```

10.7.3 Outras características

Para que a restrição definida pela chave estrangeira seja respeitada em um banco de dados SQLite, antes de qualquer operação de inclusão ou alteração, é necessário executar o seguinte comando SQL:

```
$db->query("PRAGMA foreign_keys = ON;");
```

Comando SQL para listar todas as tabelas de um banco de dados SQLite:

```
select name from sqlite_master where type='table';
```

11. Aplicativo Ajax com PHP e JavaScript

Este capítulo mostra como importar dados de planilhas e arquivos XML para uma tabela de banco de dados usando as funcionalidades PHP. Baseado nesta tabela criaremos um aplicativo para pesquisar e listar as cidades do Brasil. No desenvolvimento deste aplicativo mostraremos o uso da técnica Ajax, Asynchronous JavaScript and XML, para criar uma página Web dinâmica

11.1 Importando dados da planilha

Imaginemos um aplicativo que apresentasse os nomes das cidades do Brasil e que permitisse filtrar a informação de acordo com um critério de pesquisa estabelecido pelo usuário.

A informação será armazenada nas tabelas T_CIDADES e T_ESTADOS modeladas no item 10.6. Nosso primeiro problema é como preencher essas tabelas. Uma solução óbvia, porém, muito trabalhosa, seria digitar a informação. Felizmente, o IBGE disponibiliza em seu site uma planilha no formato MS Excel com os dados que desejamos; acesse www.sidra.ibge.gov.br/bda/territorio/download/munic.xls. Nosso trabalho será criar uma solução capaz de preencher a tabela com os dados extraídos da planilha.

O formato de dados CSV (Comma Separated Values) é compatível com o MS Excel e pode ser lido pelas funções do PHP. Os arquivos CSV são muito usados para armazenar dados no formato de texto: as colunas são separadas por ponto e vírgula (comma) ou por algum outro caractere selecionado como separador de valores.

O procedimento de preenchimento da tabela consiste em gravar a planilha MS Excel no formato CSV e recuperar a informação utilizando as funções de tratamento de arquivos do PHP.

A planilha contém três colunas: sigla do Estado, código do IBGE e nome da cidade.

```
RO,1100015,Alta Floresta D'Oeste
RO,1100379,Alto Alegre dos Parecis
...
```

A tabela T_CIDADES é vinculada à tabela T_ESTADOS pela sigla do Estado ao qual uma cidade pertence. A primeira alternativa para criar T_ESTADOS é simplesmente preencher manualmente a tabela, o que será factível se considerarmos que a quantidade de Estados brasileiros não é grande. Entretanto, a informação desejada já existe na forma de arquivo-texto, disponível no site da Receita Federal (SPED – Sistema Público de Escrituração Digital), que contém as siglas dos Estados e seus respectivos nomes. O arquivo está disponível no link

http://www.sped.fazenda.gov.br/spedtabelas/appconsulta/ obterTabelaExterna.aspx?idPacote=1&idTabela=10

Nossa primeira tarefa será transferir os dados desse arquivo para a tabela T_ESTADOS. O arquivo disponibilizado pelo site usa o caractere | (pipe) como separador de colunas. Temos interesse apenas nas duas primeiras colunas da tabela, correspondentes à sigla e ao nome do Estado, respectivamente.

```
AC|Acre|01012009|
AL|Alagoas|01012009|
...
```

Estrutura do script PHP que inclui os dados dos Estados e das cidades na tabela do banco de dados:

```
/* php-cadastrar-cidades/index.php */
<?php

/* */
function incluir_dados_tabela($fname,
  $separador, $delimitador, $sql, $ind_colunas, $colunas) {
...
}

function main() {
```

```
  // Abre conexão com banco de dados
  ...

  // Prepara comando para inserir dados na tabela estados
  ...

  // Chama a função de inclusão de dados
  ...

  // Prepara comando para inserir dados na tabela cidades
  ...

  // Chama a função de inclusão de dado
  ...
}

main();

?>
```

A parte principal do script, codificada na função main(), abre uma conexão com o banco de dados, prepara o comando SQL para a inclusão dos dados na tabela e chama a função que executa a operação. O estabelecimento da conexão com o banco de dados não apresenta novidades, é uma aplicação direta das funções padrão do PHP.

```
/* php-cadastrar-cidades/index.php */
function main() {
  $banco_dados = "db_cidades";

  // Abre conexão com banco de dados
  try {
    $db = new PDO("pgsql: host=localhost; dbname=$banco_dados",
        "wilsonk", "wilsonk");
  }
  catch(PDOException $e) {
    echo $e->getMessage() . "<br />";
    exit;
  }
...
}
```

Se você usar o MySQL, será necessário emitir os comandos SQL conforme mostrado abaixo para que os dados sejam corretamente gravados na formatação UTF-8.

```
$db = new PDO("mysql: host=localhost; dbname=$banco_dados",
   "wilson", "wilson");
$db->query("SET CHARACTER SET utf8");
$db->query("SET NAMES utf8");
```

Criamos um comando SQL parametrizado de inclusão com as colunas que desejamos preencher. A função que executa a inclusão de dados, incluir_dados_tabela(), substituirá esses parâmetros pelos valores lidos no arquivo CSV.

```
function main() {
...
  // Prepara comando para inserir dados na tabela estados
  $tbl_name = "T_ESTADOS";
  $sql = $db->prepare("INSERT INTO $tbl_name(SIGLA, NOME)
      VALUES(?,?)");
...
```

A função de inclusão de dados tem os seguintes parâmetros: nome do arquivo CSV, separador de colunas, caractere delimitador de string, string contendo o comando SQL, um array contendo o número das colunas do arquivo que devem ser incluídas na tabela e um segundo array, com o mesmo número de elementos do anterior, para armazenar os valores das colunas.

```
function main() {
...
  // Chama a função de inclusão de dados
  incluir_dados_tabela("ibge_estados_nome.csv", "|", '"', $sql,
      array(0, 1), array("",""));
...
```

A função incluir_dados_tabela() é executada duas vezes. Na primeira vez, ela é invocada para preencher a tabela de Estados, conforme pode ser visto no trecho do código anterior, a segunda execução destina-se a preencher a tabela de cidades. É necessário seguir esta ordem de preenchimento devido à dependência que a tabela de cidades tem da tabela de Estados.

```
function main() {
...
  // Prepara comando para inserir dados na tabela cidades
  $tbl_name = "T_CIDADES";
  $sql = $db->prepare("INSERT INTO $tbl_name(SIGLA_ESTADO,
      CODIGO, NOME) VALUES(?,?,?)");

  // Chama a função de inclusão de dados
  incluir_dados_tabela("ibge_cidades.csv", ",", '"', $sql,
      array(0, 1, 2), array("","",""));
...
```

Na função incluir_dados_tabela(), implementamos a rotina que executa a leitura do arquivo-texto e o preenchimento da tabela do banco de dados.

```
/* php-cadastrar-cidades/index.php */
...
function incluir_dados_tabela($fname, $separador,
    $delimitador, $sql, $ind_colunas, $colunas) {
...
}
```

A função fopen() abre o arquivo cujo nome é dado pela variável $fname e retorna um manipulador, na variável $fp, que permite acessar o arquivo; o parâmetro "r" indica que o arquivo será aberto no modo de leitura (read only).

```
function incluir_dados_tabela( ... ) {
  $fp = fopen($fname, 'r');
...
```

Um teste booleano no manipulador $fp verifica se o arquivo foi aberto com sucesso.

```
function incluir_dados_tabela( ... ) {
...
  if (!$fp) {
    echo "Erro ao abrir arquivo $fname<br />";
    return;
  }

  echo "Abriu $fname<br />";
  $incluiu = 0;
```

```
  $erro = 0;
...
```

O bloco de código principal da função é abrigado dentro de um loop while() que lê as linhas do arquivo sequencialmente, encerrando quando a função feof() determina que o final do arquivo foi atingido.

A leitura do arquivo CSV baseia-se na função fgetcsv(). Ela é configurada com os seguintes parâmetros:

- A referência (manipulador) para o arquivo CSV, $fp;
- A largura máxima de uma linha. Se configurarmos 0 no parâmetro, não haverá limite de largura;
- O separador de colunas. Usamos pipe (|) para a tabela de Estado e vírgula para a tabela de cidades;
- O caractere delimitador de string. É útil quando o separador de campos é um espaço em branco e há um campo que é uma string que contém espaços em branco. Exemplo: "HTML" "Hypertext Markup Language".

```
function incluir_dados_tabela( ... ) {
...
  while (!feof($fp)) {
    // Ler uma linha do arquivo
    $linha = fgetcsv($fp, 0, $separador, $delimitador);
  ...
  }
...
```

Se, eventualmente, uma linha sem conteúdo for lida, o comando continue retornará a sequência de execução para o início do loop while() e uma nova linha será lida.

```
function incluir_dados_tabela( ... ) {
...
  while (...) {
  ...
    if (!$linha) {
      continue;
    }
...
```

A função fgetcsv() armazena a informação obtida na leitura de uma linha do arquivo em um array que, no nosso exemplo, é a variável $linha. Cada coluna da linha corresponderá a um elemento do array. Ou seja, acessar as colunas da linha se resume a acessar os elementos de um array usando, por exemplo, um loop for(). O limite do array é dado pelo número de elementos retornados pela função count().

```
function incluir_dados_tabela( ... ) {
...
  while (...) {
  ...
    for ($i = 0; $i < count($linha); $i++) {
    // Elementos da linha $linha[$i]
    ...
    }
...
```

Usamos um segundo loop for() para selecionar as colunas que efetivamente queremos incluir na tabela. Por exemplo, apenas a primeira e a segunda colunas da planilha de Estados, correspondentes à sigla e ao nome do Estado, respectivamente, serão incluídas na tabela (a terceira coluna da planilha será ignorada). A função chamadora tem que passar um array com as colunas selecionadas para a inclusão. Os conteúdos das colunas, cujas posições coincidem com as colunas selecionadas de acordo com a configuração do array $ind_colunas, são armazenados no array $colunas. Nota: é necessário codificar a string lida com o padrão UTF-8 usado pelo banco de dados.

```
function incluir_dados_tabela( ... ) {
...
  while (...) {
  ...
    for ($i = 0; $i < count($linha); $i++) {
      for ($j = 0; $j < count($ind_colunas); $j++) {
        if ($i == $ind_colunas[$j]) {
          $colunas[$i] = utf8_encode($linha[$i]);
          break;
        }
      }
    }
...
```

Após esses passos, temos como resultado um array que armazena uma linha de texto do arquivo que é a origem dos dados. Esse array será o parâmetro de um comando SQL de inserção que foi passado pela função chamadora. A linha de texto será incluída na tabela apropriada no momento em que executarmos o comando.

```
function incluir_dados_tabela( ... ) {
...
  while (...) {
  ...
    if ($sql->execute($colunas))
      $incluiu++;
    else
      $erro++;
...
```

O último passo é fechar o arquivo-texto usando a função fclose().

```
function incluir_dados_tabela( ... ) {
...
  while (...) {
  ...
  }

  fclose($fp);
  echo "Incluiu $incluiu registros com sucesso e
    $erro falhas</br>";
}
```

11.2 Importando dados XML

O IBGE, Instituto Brasileiro de Geografia e Estatística, disponibiliza um cadastro de localidades do Brasil que, além das informações já mostradas no item 11.1, contém também a posição geográfica dessas áreas populacionais, uma informação que será usada no aplicativo do Capítulo 13. O arquivo está disponível no link

ftp://geoftp.ibge. gov.br/organizacao_territorial/localidades/Google_KML/

Esse arquivo está estruturado no formato XML, Extensible Markup Language. Um arquivo XML tem uma estrutura e sintaxe similar à de um arquivo HTML. O XML, porém, é um formato voltado para o armazenamento e a transmissão de informação, em contraste com o HTML que é mais apropriado para a apresentação do conteúdo. Diferentemente do HTML, cujos marcadores são fixos, definidos pela especificação da linguagem, a sintaxe XML nos permite criar e acrescentar marcadores personalizados à estrutura do arquivo.

O arquivo disponibilizado pelo IBGE está estruturado em um cabeçalho de informações gerais, oito seções criadas com o marcador Schema, contendo informações sobre os tipos de dados presentes nos registros, e oito seções criadas com o marcador Style, contendo informações sobre a formatação da apresentação. Após essas informações que explicitam a estrutura do arquivo é que se declaram as seções que contêm os dados sobre as localidades.

Os dados propriamente ditos são divididos em oito seções, cada uma delas delimitada pelo marcador Folder, contendo informações sobre os oito tipos de localidades. Pela ordem de declaração: cidade, vila, povoado, lugarejo, núcleo, projeto de assentamento, aldeia indígena e áreas urbanas isoladas.

```
<!-- php-xml-parser/BR Localidades 2010 v1.kml -->
<?xml version="1.0" encoding="UTF-8"?>
...
<Document>
  <name>BR Localidades 2010 v1</name>
  <open>1</open>
  <Schema id="Schema1">
...
  <Style id="Style4">
...
  <Folder>
    <name>CIDADE (5565 Registros)</name>
    <Placemark>
      <name>BARRA DO QUARAÍ</name>
...
  <Folder>
    <name>VILA (4507 Registros)</name>
...
```

Nosso objetivo se restringe a ler a lista de localidades do tipo cidades e gravar as informações em uma tabela do banco de dados. Os dados sobre as cidades são declarados em uma seção delimitada pelo marcador Folder denominado CIDADE (informação armazenada em um marcador name). Esta seção, por sua vez, é subdividida em seções demarcadas pelo identificador Placemark. Dentro dos limites de um marcador desse tipo é que estão declarados os dados de uma cidade. Das várias informações disponíveis sobre a cidade, usaremos apenas o nome, código, Estado da federação, longitude, latitude e altitude.

```
<!-- php-xml-parser/BR Localidades 2010 v1.kml -->
...
<Placemark>
  <name>BARRA DO QUARAÍ</name>
  <styleUrl>#Style8</styleUrl>
  <ExtendedData>
    <SchemaData schemaUrl="#Schema8">
  ...
      <SimpleData name="CD_GEOCODMU">4301875</SimpleData>
  ...
      <SimpleData name="NM_UF">RIO GRANDE DO SUL</SimpleData>
  ...
      <SimpleData name="LONG">-57.5570603248122</SimpleData>
      <SimpleData name="LAT">-30.2110754079217</SimpleData>
      <SimpleData name="ALT">42.0408</SimpleData>
    </SchemaData>
  </ExtendedData>
  ...
</Placemark>
<Placemark>
  <name>URUGUAIANA</name>
...
</Placemark>
...
```

A rotina básica para transportar as informações do arquivo XML para a tabela do banco de dados é uma aplicação padrão da biblioteca PDO. A função específica insert_data_pg() implementa a rotina de inclusão para o banco de dados PostgreSQL.

```
/* php-xml-parser/main.php */
<?php
/* PostgreSQL */
function insert_data_pg($db) {...}

/* MySQL */
function insert_data_mysql($db) {...}

/* */
function insert_dados_cidades_into_db() {
```

```
    try {
      $banco_dados = "db_laravel";
      $user = "wilson";
      $db = new PDO("mysql: host=localhost;
        dbname=" . $banco_dados, $user, $user);
      echo "Abriu BD " . $banco_dados . "<br /><br />";

      // insert_data_pg($db);
      insert_data_mysql($db);
    }
    catch(PDOException $e) {
      echo "ERRO: " . $e->getMessage();
    }
}

insert_dados_cidades_into_db();
?>
```

O elemento fundamental da rotina de inclusão são as funções insert_data_pg() e insert_data_mysql(), que executam a operação de inclusão de dados em um banco de dados PostgreSQL ou MySQL, respectivamente.

No arquivo do IBGE, os Estados aos quais as cidades pertencem estão declarados por seu nome completo, sendo que nossa tabela de cidades armazena apenas a sigla do Estado com um vínculo com a tabela de Estados. A opção mais direta é criar um array com os nomes e as siglas dos Estados da federação. Entretanto, como já criamos a tabela de Estados no item 11.1, podemos poupar o trabalho de digitar a informação. Preencheremos o array com os dados dessa tabela; o nome do Estado será a chave do array e a sigla, o valor associado à chave. Um detalhe importante é que na tabela do item 11.1, os Estados estão grafados com a primeira letra em maiúscula e as demais em minúscula, ao passo que no arquivo XML do IBGE, os nomes são registrados totalmente em letras maiúsculas. Assim sendo, é necessário converter as strings da tabela em letras maiúsculas: mb_strtoupper() é uma função que permite tratar os caracteres UTF-8, convertendo adequadamente os caracteres especiais de acentuação de acordo com a codificação usada pelo banco de dados. Nota: para usar mb_strtoupper(), é necessário que a extensão Mbstring esteja presente na instalação PHP. O status da instalação pode ser verificado com a função phpinfo(), conforme descrito no item 9.1.

```
/* php-xml-parser/main.php */
```

```
...
/* */
function insert_data_pg($db) {
  $tbl = $db->query("select sigla,
      nome from t_estados");
  $tbl->setFetchMode(PDO::FETCH_OBJ);

  while($row = $tbl->fetch()) {
    $arr_estados[mb_strtoupper($row->nome, "UTF-8")]
        = $row->sigla;
  }

  var_dump($arr_estados);
...
```

O PHP dispõe de várias funções que executam a leitura dos arquivos XML. A classe XMLReader lê o arquivo XML linha a linha, uma característica fundamental para a aplicação que temos em vista. Devido ao tamanho do arquivo, a utilização de um manipulador que lê todos os dados antes de montar a estrutura DOM é desaconselhável sob o ponto de vista do desempenho.

Sabemos que a primeira seção de dados do arquivo, sob o marcador Folder, contém as informações sobre as cidades. Os dados de uma cidade estão declarados dentro dos limites do marcador Placemark. Assim, usamos um loop while() vazio que lê as linhas do arquivo até encontrar a primeira ocorrência de Placemark, de onde podemos ler os dados que nos interessam.

```
/* */
function insert_data_pg($db) {
...
  $xml = new XMLReader;
  $xml->open('BR Localidades 2010 v1.kml');

  // Salta as informações de cabeçalho, para o primeiro
  // "registro" de dados ("Placemark")
  while ($xml->read() && $xml->name !== "Placemark");
...
```

Em seguida, inicializamos as variáveis auxiliares e declaramos o comando SQL parametrizado para incluir os dados na tabela.

```
/* */
function insert_data_pg($db) {
```

```
...
  $contador = 0;
  $insert_ok = 0;
  $insert_erro = 0;
  $sql = $db->prepare("insert into t_cidades(codigo, nome,
      sigla_estado, longitude, latitude, altitude)
      values(?, ?, ?, ?, ?, ?)");
...
```

Loop principal que percorre o arquivo XML lendo as ocorrências das seções delimitadas pelo marcador Placemark sob o marcador Folder:

```
/* */
function insert_data_pg($db) {
...
  // Loop para varrer todas as ocorrências
  // de "Placemark"
  while ($xml->name === "Placemark") {
    // Transforma a string contendo os dados
    // sob Placemark num objeto XML
  ...

    // Lê  os dados do objeto XML e os converte
    // para inclusão na tabela do banco de dados
  ...

    // Verifica resultado do comando SQL de inclusão
  ...

    // Salta para próximo registro
  ...
  }
...
```

Usaremos outra classe PHP para tratar os dados XML. A classe XMLReader lê a informação de uma seção Placemark, que são os dados sobre uma cidade, na forma de uma string. Do conjunto de dados, selecionamos apenas as informações de código, latitude, longitude e altitude da cidade. Para facilitar o acesso aos dados, formataremos a string lida na forma de um objeto XML. A classe PHP SimpleXMLElement tem um conjunto de funcionalidades capaz de simplificar esta operação.

```
/* */
function insert_data_pg($db) {
...
  // Loop para varrer todas as ocorrências
  // de "Placemark"
  while ($xml->name === "Placemark") {
    // Transforma a string contendo os dados
    // sob Placemark num objeto XML
    $node = new SimpleXMLElement($xml->readOuterXML());
    $cidade = new SimpleXMLElement($node->asXML());
...
```

A classe SimpleXMLElement permite usar uma referência hierárquica para um elemento da estrutura. A variável $cidade representa o nó Placemark; imediatamente abaixo deste nível, encontramos o nome da cidade no elemento name. Sob o nó Placemark, temos uma hierarquia de nós. Pela ordem, os níveis são ExtendedData, SchemaData e SimpleData. Usando um objeto SimpleXMLElement, o acesso aos dados do nível SimpleData se resume a especificar todos os níveis hierárquicos subordinados a Placemark, que é o nível referenciado pela variável $cidade.

```
/* */
function insert_data_pg($db) {
...
  // Loop para varrer todas as ocorrências
  // de "Placemark"
  while ($xml->name === "Placemark") {
...
    // Lê  os dados do objeto XML e os converte para
    // inclusão na tabela do banco de dados
    $nome = strval($cidade->name);
    $nome = str_replace("'", "''", $nome);

    $sdata = $cidade->ExtendedData->SchemaData->SimpleData;

    $codigo = intval($sdata[9]);
    $sigla_estado = $arr_estados[strval($sdata[13])];
    $longitude = floatval($sdata[18]);
    $latitude = floatval($sdata[19]);
    $altitude = floatval($sdata[20]);

    $res = $sql->execute(array($codigo, $nome,
      $sigla_estado, $longitude, $latitude, $altitude));
...
```

A seção delimitada por SchemaData contém uma lista de elementos SimpleData onde se declaram os dados de uma cidade. As informações desejadas, código, Estado, longitude, latitude e altitude, estão armazenadas nos elementos 9, 13, 18, 19 e 20, respectivamente.

Os dados são lidos como strings necessitando de transformações para se adequarem aos tipos usados na tabela do banco de dados:

- O código tem que ser convertido em um número inteiro;
- A longitude, latitude e altitude devem ser convertidas em números de ponto flutuante;
- Na tabela T_CIDADES, armazenamos a sigla do Estado da federação. Para obtermos essa informação, usamos o nome completo do Estado, lido no arquivo XML, como a chave do array que armazena as siglas dos Estados (a estrutura foi criada em um dos passos anteriores).

Com os dados convertidos, basta executar o comando SQL parametrizado para incluir a informação na tabela do banco de dados.

Incluímos um código opcional para verificar se a execução do comando SQL foi bem-sucedida.

```
/* php-xml-parser/main.php */
...
/* */
function insert_data_pg($db) {
...
  // Loop para varrer todas as ocorrências
  // de "Placemark"
  while ($xml->name === "Placemark") {
...
    // Verifica resultado do comando SQL de inclusão
    if($res) {
      $insert_ok++;
    }
    else {
      $insert_erro++;
      echo $nome . " " . $codigo . " " . $sigla_estado .
        " " . $longitude . " " . $latitude . " " .
        $altitude . "<br>";
    }
...
```

A última etapa do loop é avançar para o conjunto de dados seguinte, ou seja, para a próxima cidade registrada em uma nova ocorrência do marcador Placemark.

```
/* */
function insert_data_pg($db) {
...
  // Loop para varrer todas as ocorrências
  // de "Placemark"
  while ($xml->name === "Placemark") {
...
    // Salta para próximo registro
    $xml->next("Placemark");
  }
...
```

Após encerrado o loop de inclusão, incluímos mais um código opcional para mostrar o resultado dos comandos de inclusão na tabela do banco de dados.

```
echo "Incluiu $insert_ok registros com sucesso<br>";
echo "Falha na inclusão de $insert_erro registros<br>";
```

11.3 Ajax

Ajax, Asynchronous JavaScript and XML, é uma técnica que permite a criação de páginas Web dinâmicas nas quais o conteúdo é atualizado pelo cliente com os dados fornecidos pelo servidor. Neste tipo de arquitetura, o servidor torna-se um fornecedor de dados, deixando de gerar a página completa a cada atualização.

Como a geração das páginas não é mais executada pelo servidor, um aplicativo baseado no Ajax tende a ter um desempenho superior e proporcionar melhor interatividade do usuário com a interface. Outro fator que contribui para aprimorar a interação do usuário com o aplicativo é o caráter assíncrono do Ajax: a troca de dados entre o cliente e servidor ocorre em segundo plano, sem bloquear a carga da página.

Como exemplo, imaginemos uma página HTML que contém uma tabela cujos valores se alteram em resposta à opção selecionada pelo usuário. No método tradicional, o servidor determina os valores que correspondem à ação do usuário e gera uma nova página HTML para o cliente. Se, porém, a lógica de backend for baseada no Ajax, o servidor enviará ao cliente os valores atualizados da tabela, ficando a cargo do cliente atualizar apenas os dados que foram alterados, não havendo necessidade de substituir a página HTML por outra. Esta forma de atualização de dados torna a apresentação de uma página Web similar à interface de um aplicativo desktop.

A implementação de um aplicativo baseado no Ajax pressupõe um cliente que solicita informações seguindo este padrão e um servidor capaz de interpretar este tipo de requisição e enviar uma resposta formatada de acordo.

No lado cliente, as requisições do Ajax são geralmente implementadas por funções JavaScript ou pelas bibliotecas dessa linguagem. Nossa implementação baseia-se na biblioteca jQuery. Assim, se você ainda não estudou o JavaScript ou o jQuery, sugerimos a leitura dos Capítulos 6 e 7.

Quanto ao lado servidor, como em toda requisição vinda de um cliente, o script deve tratar o pedido de acordo com o tipo (GET, POST etc.). A diferença, quando se usa o Ajax, é que o script deve enviar como resposta apenas os dados dinâmicos para o cliente, sem recriar toda a página, como normalmente ocorre no atendimento de uma requisição tradicional. A lógica da atualização dos dados na página HTML fica a cargo do cliente.

Para entender como funciona uma página Web baseada no Ajax, criaremos um aplicativo que permitirá que o usuário execute pesquisas na tabela do banco de dados do item 11.2. O aplicativo mostrará todas as cidades cujos nomes coincidem com uma sequência de pesquisa digitada pelo usuário na interface.

11.3.1 Formato de dados JSON

A troca de informações entre o cliente e servidor também tem que seguir um padrão. Apesar do XML na sua abreviatura, o Ajax não é necessariamente vinculado a esse formato de dados. Na prática, o JSON é o padrão de fato para a troca de informações em um aplicativo Ajax.

O JSON, JavaScript Object Notation, define um tipo de estrutura que, como o próprio nome indica, baseia-se na sintaxe usada para declarar objetos no JavaScript (consulte o item 6.8.1). Esta forma de estruturar os dados ultrapassou os limites do JavaScript, sendo atualmente um formato de intercâmbio de dados genérico que se tornou muito popular. Uma de suas vantagens, quando comparado com o formato XML, é a concisão: a notação consiste de um conjunto de pares nome e valor de campo. O tipo do valor pode ser string, número, boolean, array, objeto etc. O exemplo mostra as informações de um registro cadastrado na tabela de cidades.

```
{codigo: 4106902, nome: "Curitiba", sigla_estado: "PR"}
```

11.3.2 Lado cliente

O cliente do aplicativo é uma página HTML na qual o usuário digita o nome de uma cidade, ou apenas uma parte deste, e submete a consulta ao servidor. No servidor, um script executa a consulta no banco de dados e devolve ao cliente um conjunto de informações sobre cada uma das cidades cujos nomes contêm a sequência digitada pelo usuário. Quando o cliente recebe os dados do servidor, um script atualiza a página HTML mostrando as informações sobre as cidades pesquisadas.

O conteúdo da página HTML é bastante simples. O usuário digita o nome ou parte do nome da cidade desejada em um formulário de entrada de dados e clica em um botão para submeter a pesquisa ao servidor. A resposta do servidor é convertida pelo script em um formato tabular e inserida na seção "resultado" da página HTML. Usamos a biblioteca Bootstrap para formatar o layout da página.

```
<!-- php-ajax-jquery/index.html -->
<body>
  <div class="container">
    <!-- Formulário de entrada de dados -->
    <div class="navbar navbar-inverse">
      <div class="navbar-inner">
        <div class="navbar-header">
          <a class="navbar-brand">
            Cidades
          </a>
        </div>
        <ul class="nav navbar-form pull-right">
          <input type="text"
            placeholder="Pesquisar ..." id="cidade">
```

```
          <button class="btn-default" id="btn-submit">
            <span class="glyphicon glyphicon-search">
            </span>
          </button>
        </ul>
      </div>
    </div>

    <!-- Seção que conterá uma tabela, gerada pelo
         script, com as cidades pesquisadas -->
    <div id="resultado"></div>
  </div>

  <!-- Bibliotecas -->
...
  <!-- Scripts -->
...
</body>
```

O aplicativo depende das bibliotecas jQuery, que contém as funções Ajax, e Bootstrap para formatar o layout da página. O ícone lupa no botão de pesquisa depende da biblioteca Glyphicon, que deve estar presente na pasta fonts. Consulte o item 5.4.2.

```
<!-- Bibliotecas -->
<link rel="stylesheet"
   href="//maxcdn.bootstrapcdn.com/bootstrap/3.3.4/css/bootstrap.min.
css">
<link rel="stylesheet"
          href="https://maxcdn.bootstrapcdn.com/bootstrap/3.3.4/css/
bootstrap-theme.min.css">
<script src="https://code.jquery.com/jquery-2.1.3.min.js">
</script>
```

O script é codificado em um arquivo próprio.

```
<!-- Scripts -->
<script src="js/scripts.js"></script>
```

Visualização da página HTML.

Figura 46 - Página php-ajax-jquery

O vínculo entre a interface e as lógicas do lado cliente é uma solução clássica da jQuery que monitora um clique no botão de submissão da pesquisa. Este evento é associado à função sendForm(), que executará a solicitação ao servidor.

```
/* php-ajax-jquery/scripts.js */
$(document).ready(function() {
  $("#btn-submit").click(function(event) {
    sendForm();
  });
});
```

A função sendForm() é uma aplicação direta da função ajax() da biblioteca jQuery. Consultando a documentação oficial, pode-se verificar que essa função conta com inúmeros parâmetros de configuração. Nosso exemplo se limita a configurar o essencial.

No link da página que tratará os dados, informamos o script PHP do lado servidor. O dado que será enviado é um array que contém a string digitada no campo de entrada da página HTML. Essa informação é encaminhada em uma requisição GET, pois estamos executando uma consulta que não altera os dados no lado servidor.

Outro conjunto de parâmetros configura o tratamento da resposta. É necessário informar o formato no qual os dados são enviados pelo servidor.

Nosso exemplo usa JSON, mas poderia ser também HTML, XML ou texto. Configuramos também duas funções, aquela que será invocada se a requisição for bem-sucedida e a que será usada se o servidor retornar um erro.

```
/* php-ajax-jquery/scripts.js */
/* */
function sendForm() {
  // O campo de entrada de dados da página HTML
  // armazenado num array
  var dados = {cidade: $("#cidade").val()};

  // Esta função será executada se o servidor
  // retornar OK
  var successFunc = function(dados) {
    jsonToTable(dados);
  };

  // Esta função será executada se o servidor
  // retornar erro
  var errorFunc = function(jqXHR,
      textStatus, errorThrown) {
    console.log("NOK: (" + textStatus + ") (" +
        errorThrown + ")");
  };

  // Solicitação assíncrona
  $.ajax({
    url: "search_cidades.php",
    type: "get",
    dataType: "json",
    data: dados,
    success: successFunc,
    error: errorFunc
  });
}
```

A natureza assíncrona do Ajax pode ser notada na forma como tratamos a requisição para o servidor e sua respectiva resposta. Como o tempo de resposta do servidor não é previsível, a função ajax() não espera este evento. Procedendo assim, ela não bloqueia o fluxo do programa. Esse é o motivo para configurarmos as funções nos atributos success e error; caberá a elas executar uma ação quando o cliente receber a resposta do servidor, assincronamente, sem bloquear o programa.

Se a requisição for bem-sucedida, ou seja, se a resposta do servidor for válida, a função jsonToTable() converterá os dados recebidos do formato JSON em uma tabela HTML.

```
/* php-ajax-jquery/scripts.js */
/* */
function jsonToTable(response) {
  var text = "<table class='table table-striped'>";

  for (var lin = 0; lin < response.length; lin++) {
    // Cabeçalho
    if (lin == 0) {
      text += "<tr>";

      for (col in response[lin]) {
        text += "<th>" + col + "</th>";
      }

      text += "</tr>";
    }

    // Cidade corresponde a uma linha da tabela
    text += "<tr>";

    // Cada propriedade da cidade corresponde a
    // uma coluna da tabela
    for (col in response[lin]) {
      text += "<td>" + response[lin][col] + "</td>";
    }

    text += "</tr>";
  }

  text += "</table>";

  $("#resultado").replaceWith('<div id="resultado">' +
    text + '</div>');
}
```

Na resposta recebida pelo cliente, para cada cidade que corresponde ao critério de pesquisa, há uma estrutura JSON correspondente. Esse tipo de estrutura contém os nomes e os valores dos campos.

```
{codigo: 4106902, nome: "Curitiba", sigla_estado: "PR"}
```

A lógica principal da função é um loop que lê as estruturas JSON uma a uma. Na primeira iteração, lemos os nomes dos campos (código, nome e sigla do Estado) para criar o cabeçalho da tabela HTML.

```
if (lin == 0) {
  text += "<tr>";

  for (col in response[lin]) {
    text += "<th>" + col + "</th>";
  }

  text += "</tr>";
}
```

Em todas as demais iterações do loop, lemos os valores dos campos das estruturas JSON e os armazenamos nas colunas da tabela HTML.

```
// Cada propriedade da cidade corresponde a
// uma coluna da tabela
for (col in response[lin]) {
  text += "<td>" + response[lin][col] + "</td>";
}
```

A biblioteca jQuery dispõe também das funções get() e post(), que são especializações da função ajax() para as requisições do tipo GET e POST, respectivamente.

11.3.3 Lado servidor

O lado servidor do aplicativo é um script PHP que responde às requisições do cliente com as informações recuperadas na tabela do banco de dados criada no item 11.2. Se a requisição for do tipo GET e a chave "cidade" foi enviada pelo cliente, o script executará uma consulta na tabela com o valor recebido junto com a chave. O resultado da consulta será convertido no formato JSON e enviado para o cliente.

```
/* php-ajax-jquery/search_cidades.php */
<?php

/* */
function echoTblJson($tbl) { ... }
```

```
/* */
function searchTable() { ... }

/* */
function main() {
  if(isset($_GET["cidade"])) {
    searchTable();
  }
  else {
    echo "Cidade não definida no pedido";
  }
}

main();

?>
```

A função que pesquisa as cidades da tabela é uma aplicação direta das funções PDO e de uma consulta do tipo LIKE %...%. Em um banco de dados PostgreSQL, é necessário usar o operador não padrão ILIKE para ignorar a capitalização nas comparações (case insensitive).

```
/* */
function searchTable() {
  // Mysql
  $db = new PDO("mysql: host=localhost; dbname=db_laravel",
    "wilson", "wilson");
  $db->query("SET CHARACTER SET utf8");
  $db->query("SET NAMES utf8");

  $parametro = "%" . $_GET["cidade"] . "%";
  $tbl = $db->query("select * from cidades where nome
    like '$parametro';");

  echoTblJson($tbl);
}
```

A conversão do resultado da consulta no formato JSON é uma aplicação direta da função PHP json_encode(). Note como, antes de enviarmos as informações recuperadas do banco de dados, remetemos ao cliente um cabeçalho contendo o tipo de dados que estamos transmitindo. Como o cliente que desenvolvemos no item anterior não usa essa informação, este procedimento poderia ser ignorado. A inclusão dessa função serve apenas para enfatizar a aderência ao padrão Web que preconiza a necessidade de informar o cliente sobre o tipo de informação enviado pelo servidor.

```
/* */
function echoTblJson($tbl) {
  $tbl->setFetchMode(PDO::FETCH_ASSOC);
  header("Content-Type: application/json", true);
  echo json_encode($tbl->fetchAll());
}
```

12. Laravel – Framework PHP

Laravel é um framework PHP que contém diversos recursos comumente usados nas aplicações Web, tais como, acesso transparente ao banco de dados, paginação da apresentação dos dados, autenticação dos usuários, validação dos dados, geração de páginas HTML dinâmicas etc. A quantidade e a qualidade das funcionalidades prontas para uso oferecidas pelo framework permitem que o desenvolvedor concentre-se na implementação das lógicas específicas do seu aplicativo, eliminando a necessidade de codificar as tarefas rotineiras de programação de um aplicativo. Em resumo, o Laravel é uma ferramenta capaz de aumentar a produtividade do desenvolvedor.

O Laravel baseia-se em avançados conceitos da Engenharia de Software. Entretanto, isto não significa que você necessita dominar ou conhecer profundamente estes assuntos. O framework pode ser usado desde que o desenvolvedor entenda a estrutura, as convenções e as funcionalidades do Laravel. Mais uma vez, enfatizamos o aspecto prático por entendermos que é mais produtivo e estimulante implementar um aplicativo de exemplo, usando os recursos da ferramenta, antes de nos aprofundar nos detalhes das funcionalidades e nos conceitos teóricos que são a base do Laravel. Esperamos que a experiência adquirida com o uso do framework, as dúvidas e os questionamentos que daí surgirem levem o leitor a um estudo mais detalhado dos recursos e da arquitetura do Laravel.

A arquitetura do framework é responsável por torná-lo flexível e amplamente configurável. O Laravel segue o padrão de desenvolvimento MVC (Model View Controller) que, em termos simples, é uma forma de separar as responsabilidades: cada elemento ocupa seu lugar e desempenha um determinado papel. O modelo é uma representação de uma tabela do banco de dados; a visão corresponde à informação mostrada ao usuário, ou seja, o conjunto das páginas HTML; o controlador é o elemento que gerencia o fluxo de informação entre o modelo e a visão. Outra característica importante do framework é que ele se baseia em certas regras e convenções de desenvolvimento (*convention over configuration*).

Os exemplos deste capítulo foram desenvolvidos com a versão 5 do framework.

12.1 Instalação

Para instalar e usar o Laravel, é necessário que o interpretador da linguagem PHP versão 5.5.9, ou superior, esteja instalado em um servidor Web. Além disso, o framework depende também das seguintes extensões do PHP: Mcrypt, OpenSSL, Mbstring, Tokenizer e JSON. Use a função phpinfo() para verificar se essas extensões estão instaladas. No item 9.1, há uma descrição de como montar uma página PHP com essa função.

O Laravel necessita da ferramenta composer, um gerenciador de dependências entre os módulos do PHP, para controlar os projetos desenvolvidos com o framework. O script composer para o Windows pode ser obtido no site https://getcomposer.org/ Composer-Setup.exe.

A instalação de um gerenciador de banco de dados é opcional, porém é difícil imaginar um aplicativo que não acessa uma base de dados.

Antes de instalar o servidor Apache e o gerenciador de banco de dados, considere o uso de uma alternativa baseada em um ambiente virtual de desenvolvimento, como foi descrito no item 2.6.

Em um ambiente Windows, a solução mais simples para instalar o conjunto de softwares necessários para o funcionamento de um aplicativo Laravel é instalar o pacote WAMP, conforme descrito no item 9.1.

Depois de instalar o pacote WAMP, habilite a opção openssl editando o arquivo php.ini. A localização do arquivo depende do local onde foi instalado o software. Uma possibilidade é C:\Apl\wamp\bin\php\php5.4.16\php.ini. Habilite a seguinte linha se ela estiver comentada:

```
;;; php.ini ;;;
...
extension=php_openssl.dll
...
```

No Linux, a forma de instalar um pacote Apache, gerenciador de banco de dados e PHP depende do tipo de distribuição desse sistema operacional.

Considerando que o PHP já está instalado, baixe o script composer.phar no site https://getcomposer.org/download/ e disponibilize-o globalmente. Exemplo usando a pasta /usr/local/bin:

```
curl -sS https://getcomposer.org/installer | php
mv composer.phar /usr/local/bin/composer
```

12.1.1 Configuração do Aptana

As instruções que seguem consideram uma estrutura na qual os projetos PHP estão armazenados dentro da pasta .../laravel. Exemplo: /usr/wilson/laravel.

Se os projetos da pasta mencionada ainda não estiverem abrigados em um conjunto de projetos do Aptana, crie um workspace referente à pasta.

Baixe o arquivo de configuração da sintaxe Laravel, _ide_helper.php, no site https://gist.github.com/barryvdh/5227822 e armazene-o em uma pasta. Exemplo: em uma pasta sob as pastas de projetos, .../laravel/ide_helper.

Na opção "Project – Properties – PHP Buildpath – External Directories", adicione o arquivo ao projeto. Esta operação tem que ser feita individualmente para cada projeto.

12.2 Primeiros passos

Nosso primeiro exemplo de um aplicativo Laravel será um cadastro de pessoas com as funcionalidades típicas de um CRUD (Create Read Update Delete), ou seja, o usuário será capaz de incluir, excluir, alterar e visualizar o conteúdo da base de dados. Usando o Laravel, o volume de codificação necessário para criar um aplicativo funcional é significativamente menor quando comparado com uma aplicação desenvolvida usando apenas o PHP. Vale notar que o PHP já é uma linguagem de alto nível que contém muitas funcionalidades voltadas para esse tipo de aplicativo.

Por simplicidade, limitamos as informações tratadas pelo aplicativo ao nome e à data de nascimento das pessoas cadastradas. Deixamos a critério do leitor a inclusão de outros dados relevantes.

Os comandos mencionados nos parágrafos que seguem devem ser executados dentro da pasta-raiz do projeto, exceto se for indicado outro local. Exemplo de pasta de projeto no Windows: C:\Apl\wamp\www\pessoas.

12.3 Projeto cadastro de pessoas

O Laravel baseia-se no conceito de projetos. Para cada aplicativo, ou conteúdo Web, é necessário criar um projeto e associá-lo a uma pasta.

Crie o projeto em uma pasta local ou diretamente na pasta www do servidor Apache. Dentro da pasta selecionada, execute o seguinte comando:

```
composer create-project laravel/laravel pessoas --prefer-dist
```

A execução do composer cria a seguinte estrutura de pastas para o projeto:

```
\---pessoas
    +---app
    +---bootstrap
    +---config
    +---database
    +---public
    +---resources
    +---storage
    +---tests
    \---vendor
```

Cada uma dessas pastas é formada por várias subpastas. Atuaremos basicamente na pasta app, codificando e configurando os parâmetros do aplicativo em arquivos gerados pelo Laravel e também criando alguns arquivos específicos para nosso projeto.

Habilite as informações de debug do projeto alterando para true o valor do parâmetro debug do arquivo config/app.php:

```
'debug' => true,
```

Com este procedimento, o framework apresentará uma mensagem de erro detalhada no navegador toda vez que ocorrer um erro na execução do aplicativo, facilitando muito o trabalho de desenvolvimento. Se a informação de debug for inibida (valor false), apenas a mensagem padrão será apresentada em situações de erro.

```
Whoops, looks like something went wrong.
```

Ao colocar o aplicativo em um ambiente de produção, lembre-se de desativar a apresentação das informações de debug para evitar que detalhes do código sejam expostos durante uma eventual falha na execução do software.

12.4 Banco de dados

Edite o arquivo database.php, localizado na pasta config, preenchendo as informações referentes ao driver e nome do banco de dados, nome e senha do usuário. Os drivers disponíveis atendem os gerenciadores de bancos de dados MySQL, PostgreSQL, SQLite e SQL Server. Exemplo de configuração para usar o MySQL:

```
/* pessoas/config/database.php */
...
'default' => 'mysql',
...
'connections' => [
...
  'mysql' => [
    'driver'    => 'mysql',
    'host'      => env('DB_HOST', 'localhost'),
    'database'  => env('DB_DATABASE', 'db_laravel'),
    'username'  => env('DB_USERNAME', 'wilson'),
    'password'  => env('DB_PASSWORD', 'wilson'),
    'charset'   => 'utf8',
    'collation' => 'utf8_unicode_ci',
    'prefix'    => '',
    'strict'    => false,
  ],
...
```

No arquivo ".env", localizado na pasta-raiz do projeto, altere o nome do banco de dados, usuário e senha para os valores correspondentes ao seu banco de dados.

```
...
DB_DATABASE=db_laravel
DB_USERNAME=wilson
DB_PASSWORD=wilson
...
```

Importante: é necessário que o usuário indicado no arquivo de configuração tenha privilégios para criar tabelas, ler e alterar dados no banco de dados (consulte o item 10.2). Obviamente, a necessidade de criar tabelas não existirá em um aplicativo que apenas acessa as tabelas preexistentes.

O passo seguinte é criar o script que gera as tabelas do banco de dados. Para o nosso aplicativo, necessitamos de uma tabela que armazenará informações sobre as pessoas cadastradas. Seguindo a convenção detalhada no item 12.9, denominaremos a tabela "pessoas".

```
php artisan make:migration create_pessoas_table
```

O script artisan é uma interface de apoio ao desenvolvimento com uma série de comandos utilitários que usaremos neste e no próximo capítulo. Execute o script na forma "php artisan list" para listar todos os comandos disponíveis. Consulte também a documentação em http://laravel.com/docs/5.0/artisan.

As migrações (migrations) são a ferramenta do Laravel para gerenciar as tabelas do banco de dados usadas pelo aplicativo. Este recurso permite manter controle sobre as alterações efetuadas no conjunto de tabelas do aplicativo e na estrutura destas. A criação e a alteração das tabelas são intermediadas pelos arquivos de migração gerados pelo script na pasta database/migrations; esses arquivos e a tabela migrations formam o controle de versão sobre as tabelas do banco de dados que afetam o aplicativo.

A execução do script acima cria um arquivo PHP na pasta database/migrations. O nome do arquivo é um identificador de data concatenado ao nome escolhido. Exemplo: 2014_09_14_182916_create_pessoas_table.php. Ele contém duas funções, up() e down(). Preencha up() com uma codificação que cria uma tabela com as colunas necessárias.

```
/* pessoas/database/migrations/
   2014_09_14_182916_create_pessoas_table.php */
...
class CreatePessoasTable extends Migration {
...
  public function up()
  {
    Schema::create('pessoas', function($table)
    {
      $table->increments('id');
      $table->string('nome');
      $table->date('nascimento');
      $table->timestamps();
    });
  }
...
```

Descrição das colunas da tabela pessoas:

- ID: a função increments() especifica que a coluna é do tipo autoincremento. A convenção estabelecida pelo Laravel considera que uma coluna denominada ID, do tipo autoincremento, é a chave primária da tabela. Para definir uma chave primária diferente, consulte o item 12.8;
- NOME e NASCIMENTO são as colunas que efetivamente armazenam os dados de cadastro;
- A função timestamps() cria as colunas CREATED_AT e UPDATED_AT que conterão a data e a hora da inclusão de um registro, e sua última atualização, respectivamente. Consulte o item 12.9 para obter mais detalhes sobre as convenções do Laravel.

A função down(), de forma semelhante a uma ação undo, reverte o processo executado por up(). Ou seja, no nosso aplicativo, ela exclui a tabela do banco de dados.

```
/* pessoas/database/migrations/
   2014_09_14_182916_create_pessoas_table.php */
...
public function down()
{
  Schema::drop('pessoas');
}
...
```

Depois de configurar as informações da tabela, inicialize o servidor do banco de dados e gere a tabela executando o seguinte comando:

```
php artisan migrate
```

Além da tabela pessoas, o comando acima cria uma tabela denominada migrations, na qual se armazenam os nomes dos arquivos de migração.

Como foi visto no parágrafo anterior, é possível desfazer a criação da tabela, a última ação da migração, executando a função down(). Para executar esta ação, use a opção rollback do script.

```
php artisan migrate:rollback
```

O comando migrate:rollback reverte a última operação executada. Para reverter todas as ações anteriores com um único comando, use migrate:reset.

```
php artisan migrate:reset
```

Outro recurso do Laravel para o gerenciamento de dados é a função seeding (semeadura). Ela é uma função PHP que configura o preenchimento das tabelas com dados de teste ou valores iniciais. Usando esta técnica, podemos repetir o procedimento de preenchimento quando se recria uma tabela eliminada em uma etapa anterior, por exemplo, ao executar um rollback. Este assunto será detalhado no item 13.2.

12.5 MVC – Model View Controller

O Laravel baseia-se no padrão de arquitetura MVC, Model View Controller. MVC é um conceito genérico da Engenharia de Software usado nos mais diversos tipos de aplicação. Restringiremos nossa explicação ao significado do padrão no contexto de um aplicativo de acesso ao banco de dados. Além do MVC, o framework usa também o mecanismo de rotas.

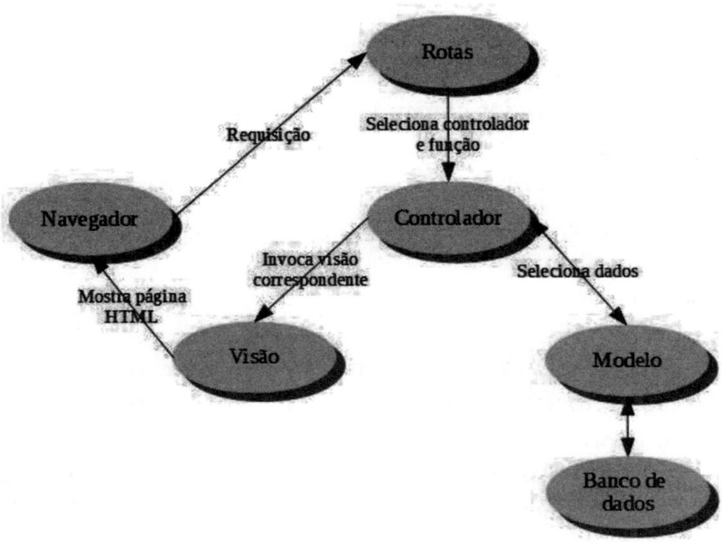

Figura 47 - MVC no Laravel

O modelo é uma representação de uma da tabela do banco de dados. Nossos aplicativos usarão a interface ORM Eloquent. ORM, Object-Relational Mapping, é uma forma de acessar um banco de dados relacional com as técnicas OO, ou seja, via objetos e métodos, em vez dos comandos SQL.

Simplificadamente, a visão é uma página HTML, a parte do aplicativo com a qual o usuário interage e visualiza as informações.

O controle, ou controlador, é a interface entre a visão e o modelo. O controlador gerencia toda solicitação de informação gerada pela interface do usuário, cabendo a ele solicitar esses dados ao controlador e retorná-los à visão.

No Laravel, as rotas vinculam os links de acesso do aplicativo, ou seja, as opções do aplicativo, às visões e às funções dos controladores que atendem esses links.

12.6 Modelo

O modelo de nossa aplicação é baseado no Eloquent, uma interface genérica que simplifica o uso dos comandos de acesso ao banco de dados. Cada modelo representa uma tabela do banco de dados e corresponde a um arquivo contendo uma classe PHP.

Para criar o modelo para a tabela pessoas, use o seguinte comando:

```
php artisan make:model Pessoa
```

O comando gera um arquivo denominado Pessoa.php dentro da pasta app contendo o esqueleto da classe Pessoa, o modelo para a tabela pessoas. É uma convenção do Laravel denominar o modelo, a classe PHP, no singular, grafada em letras maiúsculas (Pessoa). O modelo corresponde a uma tabela de mesmo nome, porém, grafada no plural e com letras minúsculas (pessoas). As convenções usadas pelo Laravel são assunto do item 12.9.

```
/* pessoas/app/Pessoa.php */
<?php namespace App;

use Illuminate\Database\Eloquent\Model;

class Pessoa extends Model {

  //

}
```

O modelo gerado no passo anterior mapeia a tabela pessoas para a classe Pessoa. Ela é a interface de acesso para as linhas da tabela, ou seja, os indivíduos cadastrados na tabela "pessoas".

12.7 Executando o aplicativo

Um recurso muito útil durante a fase de desenvolvimento é o servidor Web incorporado na linguagem PHP. Esta ferramenta não tem as capacidades de um servidor real como o Apache, sua finalidade é atender a um único cliente, como é o caso de um ambiente de desenvolvimento. Consulte também o último parágrafo do item 9.1.

Inicialize o servidor PHP executando o seguinte script na pasta-raiz do projeto:

```
php artisan serve
```

O servidor embutido usa, por padrão, a porta 8000. Use o seguinte link para acessar a página no navegador:

```
http://localhost:8000/pessoas
```

Para especificar um número de porta diferente do padrão, indique o valor desejado.

```
php artisan serve --port=8080
```

Já um servidor Web, acessa a pasta public do projeto. Se o projeto estiver abrigado na pasta C:\Apl\wamp\www\pessoas, use o seguinte link para acessar o aplicativo via Apache:

```
http://localhost/pessoas/public/pessoas
```

12.8 Controlador e rotas

Crie o controlador executando o seguinte comando:

```
php artisan make:controller PessoaController
```

A execução do script gera a classe controladora PessoaController no arquivo PessoaController.php, localizado na pasta app/Http/controllers.

```
/* pessoas/app/Http/Controllers/PessoaController.php */
<?php namespace App\Http\Controllers;

use App\Http\Requests;
use App\Http\Controllers\Controller;

use Illuminate\Http\Request;

class PessoaController extends Controller {
...
```

```
  public function index()
...
  public function create()
...
  public function store()
...
  public function show($id)
...
  public function edit($id)
...
  public function update($id)
...
  public function destroy($id)
...
}
```

O comando gera apenas um esqueleto da classe. Acrescente as referências às classes Laravel que serão necessárias na codificação das lógicas do controlador. Inclua também uma referência para o modelo do nosso aplicativo, armazenado na pasta app, para que o controlador possa enxergar essa classe. Como o controlador é responsável por carregar as visões, é necessário também declarar uma referência para o local onde armazenamos os arquivos das visões do projeto, o namespace Resources\Views correspondente à pasta resources/views.

```
/* pessoas/app/Http/Controllers/PessoaController.php */
...
// Classes Laravel
use Input;
use Redirect;
use Session;
use Validator;

// Modelo e views do projeto
use App\Pessoa;
use Resources\Views;

class PessoaController extends Controller {
...
}
```

As funções do controlador devem ser codificadas de acordo com as lógicas necessárias à implementação do aplicativo. No nosso cadastro, essas funções têm a seguinte aplicação.

A função **index()** é vinculada à página principal (raiz) do aplicativo. Ela invoca a visão que mostra a lista das pessoas cadastradas.

A função **create()** controla a inclusão de elementos no cadastro. Essa função invoca a visão que apresenta a tela para incluir uma pessoa na tabela. Para armazenar a informação digitada nessa tela, clica-se no botão para gravar, que é associado à função **store()**.

A função **edit()** está vinculada à ação de edição dos dados. Ela invoca uma tela que exibe as informações da pessoa selecionada e apresenta as opções de alterar ou excluir o elemento.

Se o usuário clicar no botão "alterar" na tela de edição, a função **update()** será invocada para atualizar o registro da tabela com as alterações efetuadas.

Se o usuário clicar no botão de confirmação de exclusão na tela de edição, a função **destroy()** eliminará a linha da tabela correspondente ao elemento em edição.

A função **show()**, associada à exibição de dados de um elemento, não é usada em nosso aplicativo.

O desenvolvimento das lógicas de todas essas funções será detalhado no item 12.11.

O conceito de rotas, apesar de não fazer parte do padrão MVC, é essencial na estrutura de um aplicativo Laravel. Elas são o mecanismo que direcionam as requisições do cliente para as lógicas apropriadas, ou seja, as rotas invocam as funções do controlador que atendem as requisições.

Na pasta app/Http, edite o arquivo routes.php para que as requisições para o link "pessoas" sejam direcionadas para o controlador PessoaController. Comente o conteúdo original desse arquivo e acrescente a seguinte linha:

```
/* pessoas/app/Http/routes.php */
...
Route::resource('pessoas', 'PessoaController');
```

Visualize o relacionamento entre as requisições do cliente e as funções do controlador executando o script.

```
php artisan route:list
```

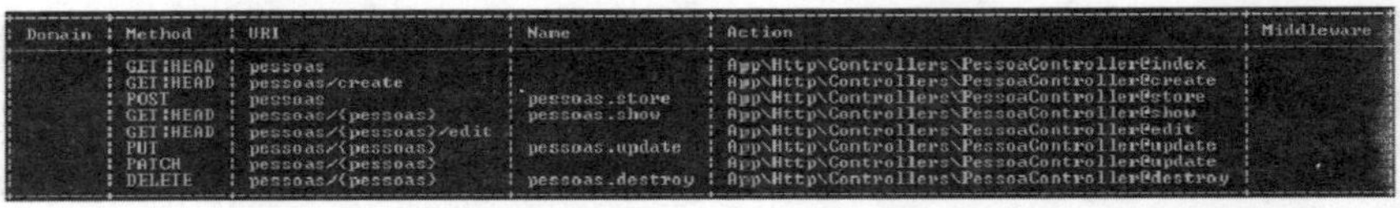

Domain	Method	URI	Name	Action	Middleware
	GET|HEAD	pessoas		App\Http\Controllers\PessoaController@index	
	GET|HEAD	pessoas/create		App\Http\Controllers\PessoaController@create	
	POST	pessoas	pessoas.store	App\Http\Controllers\PessoaController@store	
	GET|HEAD	pessoas/{pessoas}	pessoas.show	App\Http\Controllers\PessoaController@show	
	GET|HEAD	pessoas/{pessoas}/edit		App\Http\Controllers\PessoaController@edit	
	PUT	pessoas/{pessoas}	pessoas.update	App\Http\Controllers\PessoaController@update	
	PATCH	pessoas/{pessoas}		App\Http\Controllers\PessoaController@update	
	DELETE	pessoas/{pessoas}	pessoas.destroy	App\Http\Controllers\PessoaController@destroy	

Figura 48 - Rotas do aplicativo Pessoas

Na tabela gerada pelo script, a coluna Method mostra as requisições na forma de um verbo HTTP (GET, POST, PUT, PATCH e DELETE) e a coluna Action, a função do controlador correspondente à requisição.

Por exemplo, a primeira linha da tabela mostra que o link "pessoas" (GET pessoas) chama a função index() do controlador PessoaController; a quinta linha mostra o relacionamento para uma ação de edição. Tomando como exemplo uma pessoa com ID = 1, o formato do pedido é "GET pessoas/1/edit", que corresponde à invocação da função edit(1) da classe PessoaController.

A Tabela 6 mostra a relação entre o link, as funções do controlador invocadas quando acessamos o link e a visão, ou seja, a página HTML que será mostrada. As funções associadas são invocadas pelas funções principais para executar a operação solicitada.

A opção "incluir" do aplicativo é associada ao link create, que está vinculado à função create() do controlador. Essa função, por sua vez, carrega a visão create. Se o usuário confirmar a inclusão da informação digitada na visão create, a função store() será invocada.

O processo de edição inicia quando o usuário clica no nome de uma pessoa na tela principal. Esta ação abre a tela da visão show, a qual apresenta duas opções: gravar as alterações efetuadas ou eliminar o registro da tabela. A primeira opção, gravar, vincula-se à função update() do controlador, a segunda, eliminar, à função destroy().

A função save() não foi gerada pelo script artisan, ela é uma inclusão específica do nosso projeto. Sua finalidade é validar os dados editados pelo usuário na visão e executar a gravação dos dados na tabela. Ela atende as funções create() e update(), que são vinculadas às operações de inclusão de uma pessoa ou à alteração dos dados de uma pessoa já cadastrada, respectivamente.

As visões serão o assunto do item 12.10.

Link	Função do controlador PessoaController		Visão
	Principal	Associada	
/pessoas	index()		main.blade.php
/pessoas/create	create()	store()	create.blade.php
		save()	form.blade.php
/pessoas/1/edit (*)	edit(1)	update(1)	show.blade.php
		save(1)	form.blade.php
/pessoas/1/delete (*)	destroy(1)		

Tabela 6: Relacionamento entre links, funções do controlador e visões
(*) exemplo para a edição de um registro com ID = 1.

Dica para testar as funções do controlador: antes de implementar a lógica definitiva, codifique nessas funções um comando de teste, tal como "return 'xyz'". Por exemplo, para testar a função index(), inclua uma linha de código dentro dessa função apenas para que ela gere uma saída na página HTML. Este procedimento permitirá verificar o funcionamento do roteamento e seu vínculo com os componentes da estrutura MVC antes de codificar efetivamente as lógicas do controlador.

```
/* pessoas/app/Http/Controllers/PessoaController.php */
...
public function index()
{
  return "index";
}
```

Acesse o link principal da aplicação.

```
// Produz a saída "index" na página do navegador
http://localhost:8000/pessoas
```

Para testar a função edit(), inclua uma linha como sugerido abaixo:

```
/* pessoas/app/Http/Controllers/PessoaController.php */
...
public function edit($id)
{
  return "edit " . $id;
}
```

Para testar, acesse o link abaixo:

```
// Produz a saída "edit 1" na página do navegador
http://localhost:8000/pessoas/1/edit
```

Em certos aplicativos, o modelo MVC pode ser simplificado em uma estrutura VC ou MC. Em um aplicativo VC, o controlador direciona a requisição para a página HTML correspondente sem interagir com um banco de dados. Neste caso, o modelo é desnecessário, pois sua finalidade é representar uma tabela do banco de dados. As páginas HTML estáticas são um exemplo de conteúdo Web sem a interação com um banco de dados. Quando a visão é controlada no lado cliente, o aplicativo Laravel apenas estrutura o modelo e o controlador (MC) para fornecer os dados ao cliente. Caberá ao aplicativo cliente mostrar a informação recebida na interface do usuário.

12.9 Convenção de nomes

O Laravel baseia-se na filosofia *convention over configuration*, isto é, o framework minimiza a dependência em relação aos arquivos de configuração, dando preferência a uma padronização na estrutura de pastas e a uma convenção de nomes para identificar e localizar os elementos que formam a aplicação, tais como, controladores, visões e modelos, bem como recursos do tipo scripts, imagens, formatação CSS etc.

A ligação entre os elementos do aplicativo, tabelas, modelos, visões, controladores etc. é baseada na convenção de nomes. Ou seja, em um aplicativo Laravel, é necessário seguir um padrão predefinido ao nomearmos seus elementos. Note, entretanto, que não há rigidez nessa regra, pois esta convenção de nomes pode ser contornada quando necessário. Um exemplo típico é o uso de tabelas preexistentes, sobre as quais não temos controle e, portanto, não podemos simplesmente mudar os nomes para que elas se conformem à convenção do framework.

	Modelo	Tabela	Controlador
Nome	Pessoa	PESSOAS	PessoaController
Arquivo	Pessoa.php	---	PessoaController.php

Tabela 7: Relação entre os nomes do modelo, da tabela e do controlador

Para usar uma tabela com um nome diferente do padrão ou usar uma chave primária diferente de ID, edite o arquivo do modelo como no exemplo abaixo:

```
/* app/Pessoa.php */
class Pessoa extends Eloquent
{
  protected $table = 't_pessoas';
  protected $primaryKey = 'matricula';
}
```

12.10 Visões

As visões em um aplicativo Laravel são basicamente as páginas HTML que o compõem. Nosso aplicativo tem três tipos de tela:

- A página principal que exibe as pessoas cadastradas em um formato tabular;
- A tela de entrada de dados para incluir uma nova pessoa no cadastro;
- A tela de edição que permite alterar os dados ou excluir uma pessoa do cadastro.

Todas as telas apresentam uma barra horizontal com duas opções: listar os elementos da tabela (mostrar a visão principal) e incluir uma pessoa no cadastro. As páginas também apresentam um rodapé para informar o sucesso de uma operação de inclusão, exclusão ou alteração no cadastro, mensagens de erro etc.

Os arquivos que implementam as visões são armazenados na pasta resources/views.

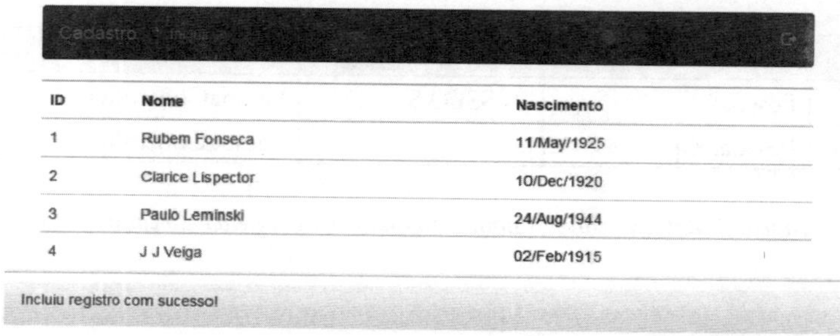

Figura 49 - Cadastro de pessoas – página principal

12.10.1 Configuração

As bibliotecas especializadas na criação de formulários HTML, necessárias para codificar as telas do aplicativo, não fazem parte do pacote Laravel, sendo necessário configurar seu uso como uma extensão do framework. Edite o arquivo composer.json, localizado na pasta-raiz, e inclua uma linha dentro da seção require, conforme mostrado abaixo:

```
/* composer.json */
...
  "require": {
...
    "laravelcollective/html": "~5.0"
  }
...
```

Em seguida, execute o comando de atualização:

```
composer update
```

Edite o arquivo config/app.php e inclua as linhas indicadas nas seções providers e aliases.

```
/* config/app.php */
...
  'providers' => [
...
    'Collective\Html\HtmlServiceProvider',
...

  ],
...
  'aliases' => [
...
    'Form' => 'Collective\Html\FormFacade',
...
    'Html' => 'Collective\Html\HtmlFacade',
...
  ],
```

12.10.2 Sintaxe Blade

Blade é uma linguagem de template usada para parametrizar o conteúdo das páginas HTML por meio de variáveis, estruturas de decisão e de repetição:

- {{ $x }}: as chaves duplas delimitam uma variável;
- {{{ $y }}}: mostra o conteúdo limpo da variável sem os caracteres especiais do HTML. Equivalente à função PHP htmlentities();
- {!! $y !!}: mostra o conteúdo bruto da variável, sem eliminar os caracteres especiais;
- {{-- Comentário --}}: comentário;
- @if() ... @elseif()... @else ... @endif: estrutura condicional;
- @foreach() ... @endforeach: equivale à função PHP foreach();
- @yield('content'): inclui na página um conteúdo definido externamente;
- @section('content') ... @stop: delimita uma seção de conteúdo.

Um dos recursos de Blade é a capacidade de derivar uma página HTML de outra, de forma similar a um mecanismo de herança da programação OO. Usaremos esse recurso para criar uma página HTML base (pai) que define o formato geral das páginas do aplicativo. A partir deste layout básico, implementaremos as páginas de nosso projeto com as informações específicas necessárias a cada página.

Sugerimos os seguintes sites se você pretende aprofundar-se no estudo dos comandos Blade:

http://laravel-recipes.com/recipes/248/knowing-all-the-blade-template-commands

http://laravel.com/docs/5.0/templates.

12.10.3 Layout básico

Todas as telas compartilham um layout básico composto de um menu de opções no topo e um rodapé para a exibição de mensagens. Baseado neste aspecto comum entre as telas, criamos uma página que será o modelo para todas as páginas HTML do nosso projeto.

No arquivo layout.blade.php, definimos a estrutura da página base, que é um conteúdo HTML contendo as diretivas Blade. Usamos também a biblioteca Bootstrap para formatar a página.

```
<-- pessoas/resources/views/layout.blade.php -->
...
<body>
  <div class="container">
    <!-- Menu no topo da página -->
    <div class="nav navbar navbar-inverse">
...
    </div>

    <!-- Conteúdo específico da página -->
    @yield('content')

    <!-- Rodapé com mensagem -->
    @if (Session::has('message'))
    <div class="nav navbar navbar-default navbar-fixed-bottom">
...
    </div>
```

```
      @endif
    </div>
</body>

<!-- Referências à biblioteca Bootstrap
     Selecione uma das opções abaixo
 -->

<!-- Arquivo remoto (CDN) -->
<link type="text/css" rel="stylesheet"
   href="//maxcdn.bootstrapcdn.com/bootstrap/3.2.0/css/bootstrap.min.
css" />
<link type="text/css" rel="stylesheet"
 href="//maxcdn.bootstrapcdn.com/bootstrap/3.2.0/css/bootstrap-theme.
min.css" />

<!-- Arquivo local armazenado em public/css -->
<link type="text/css" rel="stylesheet"
 href={{asset("css/bootstrap.min.css")}} />
<link type="text/css" rel="stylesheet"
 href={{asset("css/bootstrap-theme.min.css")}} />
```

> *A extensão blade.php é obrigatória para que o Laravel reconheça o arquivo como uma página Blade.*

A função yield() é o elemento Blade que permite criar páginas derivadas a partir de uma página base. Ela recupera e mostra o conteúdo armazenado em uma variável que deve ser definida pela página derivada com o conteúdo específico desejado. No nosso exemplo, a variável content armazenará o conteúdo específico de uma tela.

Usamos a verificação condicional, implementada em Blade por @if() .. @endif, para controlar a visibilidade do rodapé da página. No nosso aplicativo, se a página derivada atribuir um valor à variável message, significará que há uma mensagem a ser mostrada no rodapé.

A página utiliza a formatação CSS da biblioteca Bootstrap, que foi assunto do Capítulo 5. Se você quiser usar os arquivos da biblioteca armazenados localmente, instale-os na pasta public/css e configure os links com a função asset() para que o Laravel possa determinar corretamente o caminho da pasta onde se localiza o arquivo.

O Laravel traduz a sintaxe Blade para uma expressão HTML. A declaração abaixo:

```
<link type="text/css" rel="stylesheet"
 href={{asset("css/bootstrap.min.css")}} />
```

gera o seguinte código HTML:

```
<link type="text/css" rel="stylesheet"
 href=http://localhost:8000/css/bootstrap.min.css />
```

> *Recomenda-se armazenar arquivos locais para a formatação CSS, scripts, imagens etc. na pasta public. No nosso projeto, reservamos a pasta public/css para os arquivos CSS da Bootstrap. A pasta public pode também abrigar arquivos e bibliotecas do JavaScript (public/scripts).*

A utilização de arquivos auxiliares, tais como, a formatação CSS e as bibliotecas do JavaScript, armazenados localmente, pode ser conveniente na fase de desenvolvimento. Entretanto, em um ambiente de produção, recomenda-se referenciar tais recursos disponibilizados em repositórios remotos (CDN). Leia mais sobre o assunto na introdução do Capítulo 5.

```
<link rel="stylesheet"
   href="//maxcdn.bootstrapcdn.com/bootstrap/3.2.0/css/bootstrap.min.
css">
<link rel="stylesheet"
      href="//maxcdn.bootstrapcdn.com/bootstrap/3.2.0/css/bootstrap-
theme.min.css">
```

Passamos agora aos elementos visíveis do layout. O menu do topo da página é uma barra horizontal com o logotipo Cadastro e a opção Incluir, que são links, respectivamente, para a tela de visualização dos itens e a tela de inclusão de um novo elemento no cadastro. A função url() resolve o caminho completo dos links: "pessoas" corresponde à página principal do aplicativo vinculado à função index() do controlador; "pessoas/create" é o link correspondente à função create(), a qual invoca a visão create.

```
<-- pessoas/resources/views/layout.blade.php -->
```

```
<!-- Menu no topo da página -->
<div class="nav navbar navbar-inverse">
  <div class="navbar-inner">
    <div class="navbar-header">
      <a class="navbar-brand" href="{{ url('pessoas') }}">
        Cadastro
      </a>
    </div>
    <ul class="nav navbar-nav">
      <li><a href="{{ url('pessoas/create') }}">
        Incluir
      </a></li>
    </ul>
  </div>
</div>
```

O rodapé da página mostra a mensagem referente à última operação executada. É usada, por exemplo, para mostrar se o comando para incluir ou excluir foi executado com sucesso ou se ocorreu algum erro. A mensagem é armazenada na variável message pelas funções do controlador. A cláusula @ if ... @endif é a estrutura condicional de Blade, aqui usada para apresentar somente as mensagens válidas, ou seja, as mensagens não vazias. Session é uma referência para a última sessão contendo informações sobre o último acesso ao aplicativo.

```
<!-- Rodapé com mensagem -->
@if (Session::has('message'))
<div class="nav navbar navbar-default navbar-fixed-bottom">
  <ul class="nav navbar-nav">
    <li><a href="#">{{ Session::get('message') }}</a></li>
  </ul>
</div>
@endif
```

12.10.4 Tela principal

No arquivo main.blade.php, codificamos a tela principal do aplicativo, uma página HTML que apresenta as pessoas cadastradas em um formato tabular.

```
<!-- pessoas/resources/views/main.blade.php -->
<!-- Vínculo com a página base layout.blade.php -->
@extends('layout')
```

```
<!-- Conteúdo específico da página -->
@section('content')
  <table class='table'>
    <!-- Cabeçalho da tabela -->
    <tr>
      <th>ID</th>
      <th>Nome</th>
      <th>Nascimento</th>
    </tr>

    <!-- Linhas da tabela -->
    <!-- Loop no array contendo as linhas da
         tabela do banco de dados -->
    @foreach($pessoas as $pessoa)
    <tr>
...
    </tr>
    @endforeach

  </table>
@stop
```

Com a declaração @extends('layout'), explicitamos o vínculo com a página layout.blade.php, a base de todas as páginas HTML de nosso projeto.

A seção delimitada pela declaração @section('content') ... @stop define o conteúdo da variável content declarada na página base. Essa informação será inserida no espaço reservado pela declaração @yield('content') de layout.blade.php, criando o conteúdo específico da página main.blade.php.

O elemento principal dessa página HTML são as linhas da tabela que correspondem às pessoas cadastradas. O conteúdo dessa tabela é uma informação estruturada na forma de um array, que foi enviado pelo controlador para a visão. Cada iteração do loop @foreach() gera uma linha na tabela contendo o ID, nome e data de nascimento de uma pessoa.

```
<!-- pessoas/resources/views/main.blade.php -->
<!-- Linhas da tabela -->
<!-- Loop no array contendo as linhas da
     tabela do banco de dados -->
@foreach($pessoas as $pessoa)
<tr>
  <td>{{ $pessoa->id }}</td>
```

```
    <td>
      <a href="{{ url('pessoas/' . $pessoa->id . '/edit') }}">
        {{ $pessoa->nome }}
      </a>
    </td>
    <td>{{ date('d/M/Y', strtotime($pessoa->nascimento)) }}
    </td>
  </tr>
@endforeach
```

Ao clicarmos no nome da pessoa, abre-se uma página que permite editar os dados da linha correspondente ou excluí-la do cadastro. A coluna da tabela HTML, que apresenta o nome da pessoa, é um link que se vincula à função edit() do controlador (consulte o item 12.11). Essa função tem a responsabilidade de carregar a tela de edição configurada no arquivo show.blade.php (consulte o item 12.10.6). O vínculo entre as páginas é dado pela coluna ID, a chave primária da tabela "pessoas".

12.10.5 Tela de inclusão

A tela de inclusão é um formulário de entrada de dados para o nome e a data de nascimento de uma pessoa, e um botão associado à ação de gravar a informação digitada na tabela do banco de dados.

Comparando a tela de inclusão com a tela de edição de dados (assunto do próximo item), podemos notar que a apresentação dos campos de entrada de dados, nome e data de nascimento é uma característica comum a ambas as telas.

A vantagem de usarmos Blade é que podemos codificar o formulário de entrada de dados uma única vez, em um arquivo à parte, e fazermos referência a ele nas duas telas. Blade, de forma semelhante a uma linguagem de programação, permite incluir os trechos de página definidos externamente, evitando que uma mesma codificação seja repetida em vários lugares.

Figura 50 - Cadastro de pessoas – página de inclusão

No arquivo form.blade.php, codificamos o formulário de entrada de dados com o nome e a data de nascimento.

```
<!-- pessoas/resources/views/form.blade.php -->
{{-- Nome da pessoa --}}
<div class="form-group">
  {!! Form::label('nome', 'Nome') !!}
...
</div>

{{-- Data de nascimento da pessoa --}}
<div class="form-group">
  {!! Form::label('nascimento', 'Nascimento') !!}

  @if(isset($pessoa))
...
  @else
...
  @endif
</div>
```

Declaração da entrada de dados para o nome da pessoa:

```
<!-- pessoas/resources/views/form.blade.php -->
{{-- Nome da pessoa --}}
<div class="form-group">
  {!! Form::label('nome', 'Nome') !!}
  {!! Form::text('nome',
      Input::old(''),
      array('class' => 'form-control')) !!}
</div>
```

A função Form::text() recupera o conteúdo da coluna da tabela em uma operação de edição ou apresenta um campo vazio nas operações de inclusão. Form::text() tem três parâmetros.

O primeiro parâmetro é o nome do campo que deve coincidir com o nome da coluna da tabela do banco de dados correspondente ao valor apresentado: nome para o primeiro campo e nascimento para o segundo.

O segundo parâmetro é o valor padrão do campo. A função old() recupera o valor do campo de entrada referente à sessão anterior. Usamos este recurso para reapresentar a tela quando ocorre um erro de validação. No lugar de um formulário com os campos vazios, apresentamos a tela correspondente à visualização antes de ocorrer o erro. Assim, o usuário só precisa corrigir os valores incorretos sem necessidade de redigitar toda a informação.

A função pode ter, opcionalmente, um terceiro campo. No nosso exemplo, usamos esse recurso para configurar uma formatação Bootstrap.

O exemplo mostra a tela de edição quando se digita "Jorge Amado" no campo nome. O conteúdo é exclusivamente HTML, resultado do processamento executado pelo interpretador PHP.

```
<div class="form-group">
  <label for="nome">Nome</label>
  <input class="form-control" name="nome"
      type="text" value="Jorge Amado" id="nome">
</div>
```

Declaração da entrada de dados para a data de nascimento da pessoa:

```
<!-- pessoas/resources/views/form.blade.php -->
{{-- Data de nascimento da pessoa --}}
<div class="form-group">
  {!! Form::label('nascimento', 'Nascimento') !!}

  @if(isset($pessoa))
    {!! Form::text('nascimento',
        date('d-m-Y', strtotime($pessoa->nascimento)),
        array('class' => 'form-control')) !!}
  @else
    {!! Form::text('nascimento',
        Input::old(''),
        array('class' => 'form-control')) !!}
```

```
  @endif
</div>
```

A variável $pessoa estará definida somente em uma operação de edição, quando o dado cadastral já existe; em uma operação de inclusão, essa informação ainda está por ser preenchida pelo usuário. A condicional @if(isset($pessoa)) verifica o status da variável: se ela estiver definida, seu valor será a data de nascimento enviada pelo controlador, senão será uma informação que só existe na tela.

Como todos os campos são recebidos pela visão na forma de strings, as datas estarão configuradas no formato do banco de dados, ou seja, na forma ano-mês-dia (AAAAMMDD). Para apresentá-las no formato DD-MM-AAAA, usamos as funções PHP strtotime(), que converte a string em data, e date(), para obter a formatação desejada.

A tela de inclusão é codificada no arquivo create.blade.php. Ela deriva da página base, layout.blade.php, e agrega o conteúdo definido em form.blade.php. Na declaração @section ... @stop, definimos o conteúdo específico da tela de inclusão: o formulário de entrada de dados, incorporado na declaração @include('form'), e o botão associado à ação de gravar dados.

```
<!-- pessoas/resources/views/create.blade.php -->
<!-- Vínculo com a página base layout.blade.php -->
@extends('layout')

@section('content')
  {{ Form::open(array('url' => 'pessoas')) }}

    <!-- Formulário definido em form.blade.php
         (campos nome e nascimento) -->
    @include('form')

    <!-- Botão gravar -->
    {{ Form::submit('Gravar',
         array('class' => 'btn btn-primary')
       )
    }}
  {{ Form::close() }}
@stop
```

Quando a visão create é carregada pelo navegador, podemos verificar seu código HTML. Note como a diretiva {{ Form::open(...) }} traduz-se no marcador HTML <form method="POST" ...>. O método de requisição POST é o padrão da diretiva Form.

```
...
<!-- Conteúdo específico da página -->
<form method="POST"
  action="http://localhost:8000/pessoas"
  accept-charset="UTF-8">

  <!-- Código no atributo value: prevenir acesso
       indevido ('value' é gerado por Laravel) -->
  <input name="_token" type="hidden"
    value="EhnD53HpNgCmYqdhMbrcuwwD9420ctFi47r1zASn">
...
  <!-- Formulário com os campos nome e nascimento -->
...
  <!-- Botão gravar -->
...
</form>
```

Por fim, para armazenar os dados digitados, em resposta ao clique no botão para gravar, o formulário de dados é submetido com uma requisição POST, que corresponde a uma chamada da função store() do controlador. Cabe a essa função executar a operação de gravar um novo registro na tabela do banco de dados.

12.10.6 Tela de edição – alteração e exclusão

A tela de edição se abre quando clicamos no nome da pessoa apresentada na tela principal. As opções apresentadas são alterar (e gravar) os dados cadastrados ou eliminar o registro da tabela.

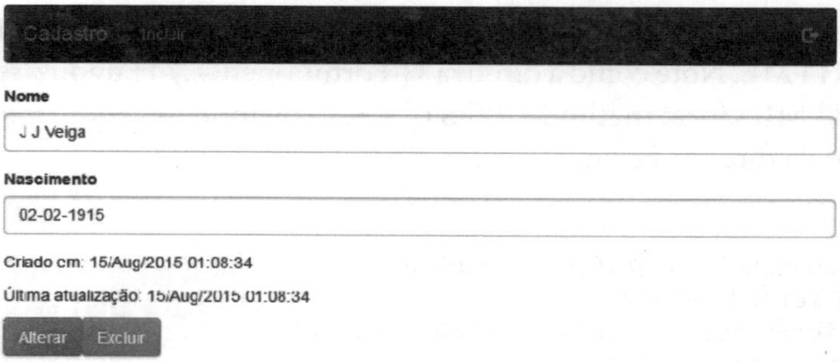

Figura 51 - Cadastro de pessoas – página de edição

A tela de edição segue o mesmo padrão visual da tela de inclusão, derivando do layout básico e incluindo o formulário com os campos nome e nascimento da pessoa. Adicionalmente, a tela contém alguns elementos exclusivos:

- Dois campos que apresentam as datas de inclusão e da última atualização do registro (linha da tabela);
- Botões para gravar os dados alterados ou excluir a linha da tabela.

Funcionalmente, entretanto, a tela tem características próprias. Ela é basicamente um formulário que submete os dados com a requisição PUT.

Considerando que em uma operação de edição, a informação tem origem em um banco de dados, é necessário usar a diretiva Form::model para vincular o formulário ao modelo Pessoa.

```
<!-- pessoas/resources/views/show.blade.php -->
<!-- Vínculo com a página base layout.blade.php -->
@extends('layout')

<!-- Conteúdo específico da página -->
@section('content')
{!! Form::model($pessoa,
      array('route' => array('pessoas.update', $pessoa->id),
            'method' => 'PUT')) !!}

  <!-- Inclui formulário com os campos nome e nascimento -->
  @include('form')

  <!-- Data de inclusão e última atualização -->
...
```

```
  <!-- Botões alterar e excluir -->
...
  <!-- Script confirmar exclusão -->
...
{!! Form::close() !!}
@stop
```

As informações sobre a data de criação e da última atualização do registro (linha) da tabela são dois parágrafos HTML contendo as datas formatadas no padrão brasileiro.

```
<!-- pessoas/resources/views/show.blade.php -->
<!-- Data de inclusão e última atualização -->
<p>
  Criado em:
  {!! date('d/M/Y h:m:s',
        strtotime($pessoa->created_at)) !!}
</p>
<p>
  Última atualização:
  {!! date('d/M/Y h:m:s',
        strtotime($pessoa->updated_at)) !!}
</p>
```

Os botões para gravar e excluir o registro são alinhados lado a lado em um layout configurado por duas colunas de uma tabela. Os botões contêm os seguintes elementos:

- O link (URL) relativo ao registro mostrado na tela, que se traduz no link para a página principal (pessoas) acrescido do identificador desse registro;
- O método, PUT ou DELETE, correspondente à ação de alterar ou excluir dados, respectivamente;
- Formatação CSS Bootstrap;
- A opção de exclusão inclui a chamada de uma função JavaScript, confirmarDel(), para que uma tela de confirmação da operação seja apresentada em resposta ao clique do botão.

```
<!-- pessoas/resources/views/show.blade.php -->
<!-- Botões alterar e excluir -->
<table>
  <tr>
    <td>
    {!! Form::open(array('url' =>
        'pessoas/' . $pessoa->id)) !!}
      {!! Form::hidden('_method', 'PUT') !!}
      {!! Form::submit('Alterar', array('class' =>
          'btn btn-info')) !!}
    {!! Form::close() !!}
    </td>

    <td>
    {!! Form::open(
      array( 'url' => 'pessoas/' . $pessoa->id,
             'onsubmit' => 'return confirmarDel()')
    ) !!}
      {!! Form::hidden('_method', 'DELETE') !!}
      {!! Form::submit('Excluir', array('class' =>
          'btn btn-warning')) !!}
    {!! Form::close() !!}
    </td>
  </tr>
</table>
```

O script para confirmar a exclusão é uma aplicação direta da função JavaScript confirm(). A ação de exclusão no formulário só prosseguirá se essa função retornar true, ou seja, se o usuário clicar no botão OK da tela de confirmação.

```
<!-- pessoas/resources/views/show.blade.php -->
<!-- Script confirmar exclusão -->
<script>
  function confirmarDel() {
    return confirm("Confirme exclusão do registro!");
  }
</script>
```

O exemplo abaixo mostra como o interpretador PHP converte a codificação Blade correspondente à ação de alterar o registro com o identificador 5 em uma marcação HTML:

```
<form method="POST" action="http://localhost:8000/pessoas/5"
  accept-charset="UTF-8">
  <input name="_token" type="hidden" value= ...>
  <input name="_method" type="hidden" value="PUT">
  <input class="btn btn-info" type="submit"
    value="Alterar">
</form>
```

O mesmo exemplo para o código que implementa a ação de excluir um registro. Note como ambas as ações usam a requisição HTML POST. Para que a lógica do controlador possa diferenciar qual das ações está sendo requisitada, o Laravel armazena o valor PUT ou DELETE no marcador <input> denominado "_method".

```
<form method="POST" action="http://localhost:8000/pessoas/5"
  accept-charset="UTF-8" onsubmit="return confirmarDel()">
  <input name="_token" type="hidden" value= ...>
  <input name="_method" type="hidden" value="DELETE">
  <input class="btn btn-warning" type="submit"
    value="Excluir">
</form>
```

As ações de alterar e excluir dados são vinculadas às funções update() e destroy() do controlador, respectivamente. O comando "php artisan route:-list" mostra o relacionamento entre as ações e as funções do controlador que executam as operações. Consulte o item 12.8 para obter mais detalhes.

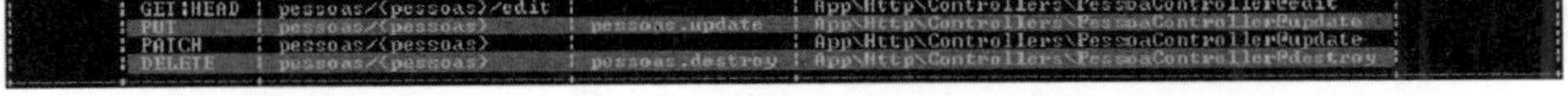

Figura 52 - Links PUT e DELETE do aplicativo Pessoas

12.11 Lógicas

A inteligência do aplicativo é implementada nas funções do controlador codificadas no arquivo PessoaController.php.

A opção "Cadastro", o elemento mais à esquerda do menu horizontal no topo da página, é um link para a página principal do aplicativo. O link principal é nomeado, por padrão, com o nome do projeto (pessoas) e associado à função index() do controlador.

```
<a class="navbar-brand" href="{{ url('pessoas') }}">
  Cadastro
</a>
```

A Figura 53 mostra as associações existentes entre os links e as funções do controlador, de acordo com o resultado do comando "php artisan route:list". Consulte também o item 12.8.

<table>
<tr><th>Method</th><th>URI</th><th>Name</th><th>Action</th></tr>
<tr><td>GET|HEAD</td><td>pessoas</td><td></td><td>App\Http\Controllers\PessoaController@index</td></tr>
<tr><td>GET|HEAD</td><td>pessoas/create</td><td></td><td>App\Http\Controllers\PessoaController@create</td></tr>
<tr><td>POST</td><td>pessoas</td><td>pessoas.store</td><td>App\Http\Controllers\PessoaController@store</td></tr>
<tr><td>GET|HEAD</td><td>pessoas/{pessoas}</td><td>pessoas.show</td><td>App\Http\Controllers\PessoaController@show</td></tr>
<tr><td>GET|HEAD</td><td>pessoas/{pessoas}/edit</td><td></td><td>App\Http\Controllers\PessoaController@edit</td></tr>
<tr><td>PUT</td><td>pessoas/{pessoas}</td><td>pessoas.update</td><td>App\Http\Controllers\PessoaController@update</td></tr>
<tr><td>DELETE</td><td>pessoas/{pessoas}</td><td>pessoas.destroy</td><td>App\Http\Controllers\PessoaController@destroy</td></tr>
</table>

Figura 53 - Links e funções do aplicativo Pessoas

A função index() seleciona todos os elementos da tabela pessoas por meio do modelo Pessoa (os modelos são assunto do item 12.6). Os elementos, que correspondem às linhas da tabela, são repassados para a visão "main" na forma de um array cuja chave é "pessoas".

```
/* pessoas/app/Http/Controllers/PessoaController.php */
...
public function index()
{
  $pessoas = Pessoa::all();
  return view('main', ['pessoas' => $pessoas]);
}
```

A visão, definida no arquivo main.blade.php, usará esta chave para acessar os elementos do array. Essa informação será apresentada na forma de linhas e colunas de uma tabela HTML

```
<!-- pessoas/resources/views/main.blade.php -->
...
@foreach($pessoas as $pessoa)
<tr>
  <td>{{ $pessoa->id }}</td>
  <td>
```

```
    <a href="{{ url('pessoas/' . $pessoa->id .
                '/edit') }}">
      {{ $pessoa->nome }}
    </a>
  </td>
...
```

A função edit() é invocada quando se clica no nome da pessoa na tela principal codificada no arquivo main.blade.php. Ela acessa a tabela, recupera a linha específica correspondente à pessoa selecionada e repassa a informação para a visão show. A visão, definida em show.blade.php, recebe a informação na forma de um array cuja chave é "pessoa".

```
/* pessoas/app/Http/Controllers/PessoaController.php */
...
public function edit($id)
{
  $pessoa = Pessoa::find($id);
  return view('show', ['pessoa' => $pessoa]);
}
```

Dentro da visão show, há duas opções de edição: alterar e gravar dados ou eliminar a linha correspondente ao elemento na tabela. As ações de alterar e excluir estão relacionadas aos verbos HTML PUT e DELETE, respectivamente. Esses verbos, de acordo com a Figura 53, estão vinculadas às funções update() e destroy(), respectivamente.

```
<!-- pessoas/resources/views/show.blade.php -->

<!-- Botão alterar -->
{!! Form::open( array('url' =>
    'pessoas/' . $pessoa->id)) !!}
  {!! Form::hidden('_method', 'PUT') !!}
  {!! Form::submit('Alterar' ... !!}
{!! Form::close() !!}

<!-- Botão excluir -->
{!! Form::open( array('url' =>
    'pessoas/' . $pessoa->id ... !!}
  {!! Form::hidden('_method', 'DELETE') !!}
  {!! Form::submit('Excluir' ... !!}
{!! Form::close() !!}
```

A função destroy(), associada ao botão "Excluir", executa a operação de eliminar o registro na tabela do banco de dados. Sua operação é similar à da função edit(). Após executar a operação, a função chama a visão principal por meio de um redirecionamento para o link "pessoas".

```
/* pessoas/app/Http/Controllers/PessoaController.php */
...
public function destroy($id)
{
  $pessoa = Pessoa::find($id);
  $pessoa->delete();

  Session::flash('message', 'Excluiu registro com sucesso!');
  return Redirect::to('pessoas');
}
```

A função para alterar os dados do registro selecionado, update(), repassa o controle para a função local save(), assunto que será detalhado mais adiante.

```
/* pessoas/app/Http/Controllers/PessoaController.php */
...
public function update($id)
{
  return $this->save(
      $id,
      'pessoas/' . $id . '/edit',
      'Atualizou registro com sucesso!',
      'Erro ao tentar atualizar registro' );
}
```

A opção "Incluir", apresentada no menu do topo da página, é um link para a função create().

```
<!-- pessoas/resources/views/layout.blade.php -->
<li><a href="{{ url('pessoas/create') }}">
  Incluir
</a>
```

A função create(), por sua vez, resume-se a carregar a visão create que é definida no arquivo create.blade.php.

```
/* pessoas/app/Http/Controllers/PessoaController.php */
public function create()
{
  return view('create');
}
```

O arquivo create.blade.php define a visão create, um formulário para registrar o nome e a data de nascimento de uma pessoa, e um botão para gravar essa informação na tabela. De acordo com a Figura 53, a requisição POST associada a esse formulário está vinculada à função store().

```
/* pessoas/app/Http/Controllers/PessoaController.php */
public function store()
{
  return $this->save(
        '',
        'pessoas/create',
        'Incluiu registro com sucesso!',
        'Erro ao tentar incluir registro' );
}
```

As funções update() e store() têm, ambas, o propósito de ler os dados fornecidos pelo usuário, validá-los e armazenar esses valores na tabela do banco de dados. Estas operações serão atendidas por uma única função. Acrescentaremos a função save() ao controlador e nela, codificaremos a lógica que efetivamente executará as operações de gravar um novo registro ou alterar um já existente.

A função save() verifica os dados fornecidos na tela de inclusão ou de alteração de dados, e só executará a operação de gravação no banco de dados se os dados forem válidos.

```
/* pessoas/app/Http/Controllers/PessoaController.php */
private function save($id, $link, $msgOk, $msgErro)
{
  // Validação: regras
...

  // Validação: processamento
...
```

```
  // Validação: tratamento de erros
...

  // Se ID não foi definido, incluir nova pessoa
...

  // Gravação dos dados
...

  // Voltar para página principal e
  // mostrar mensagem de exito
...
}
```

Para validar os campos nome e data de nascimento, primeiro estabelecemos as regras: ambos são obrigatórios e a data tem que seguir o formato dia-mês-ano (dd-mm-aaaa).

```
/* PessoaController.php - save() */
// Validação: regras
$rules = array(
  'nome'       => 'required',
  'nascimento' => array('required', 'date_format:"d-m-Y"')
);
```

Tendo estabelecido as regras, invocamos a classe de validação Validator. A diretiva Input recupera os dados de uma requisição HTTP.

```
/* PessoaController.php - save() */
// Validação: processamento
$validator = Validator::make(Input::all(), $rules);
```

Se os dados forem inválidos, retornaremos à tela de origem com uma mensagem de erro que será mostrada no rodapé da tela. Na lógica de redirecionamento, a função withInput() restaura a tela original com os valores que haviam sido digitados nos dois campos:

```
/* PessoaController.php - save() */
// Validação: tratamento de erros
if ($validator->fails()) {
  // Voltar para tela de edição e mostrar mensagem de erro
```

```
  Session::flash('message',
      $msgErro . ' (' . $validator->messages() . ')');

  return Redirect::to($link)
      ->withErrors($validator)
      ->withInput();
}
```

Se a validação for positiva, prepararemos os dados para a gravação na tabela. Se um identificador foi fornecido para a função save(), significa que estamos alterando os dados de um registro existente na tabela; senão, a operação correspondente será incluir os dados como uma nova entrada na tabela do banco de dados.

```
/* PessoaController.php - save() */
// Se ID não foi definido, incluir nova pessoa
if (empty($id))
  $pessoa = new Pessoa;
// Se ID existe, alterar dados da pessoa
else
  $pessoa = Pessoa::find($id);
```

O identificador (chave primária) não foi passado como parâmetro: a operação é de inclusão de um novo registro. Crie um objeto a partir do modelo Pessoa.

```
$pessoa = new Pessoa;
```

O identificador foi passado como parâmetro: procure o registro na tabela para alterar os dados.

```
$pessoa = Pessoa::find($id);
```

Formatamos os dados recebidos e gravamos os valores na tabela do banco de dados.

```
/* PessoaController.php - save() */
// Gravação dos dados
$pessoa->nome  = trim(Input::get('nome'));
$pessoa->nascimento = date('Y-m-d',
    strtotime(Input::get('nascimento')));
$pessoa->save();
```

O último passo é ajustar a mensagem que será mostrada no rodapé da página e retornar à tela principal.

```
/* PessoaController.php - save() */
// Voltar para página principal e
// mostrar mensagem de exito
Session::flash('message', $msgOk);
return Redirect::to('pessoas');
```

12.12 Autenticação do usuário

Nosso aplicativo de cadastro não tem nenhum tipo de controle de acesso. Qualquer pessoa pode alterar, incluir ou excluir informações do banco de dados. Neste item, implementaremos um mecanismo de autenticação com login e senha para impedir que os usuários não cadastrados (e logados) executem as operações de incluir e excluir elementos da tabela.

O Laravel disponibiliza um conjunto de funcionalidades que simplifica enormemente a implementação desse tipo de restrição de acesso. Nossa solução baseia-se nessas funcionalidades com algumas adaptações, conforme veremos nos itens que seguem.

12.12.1 Tabela de usuários

Durante o processo de criação do projeto, o Laravel inclui dois arquivos na pasta database/migrations que contêm a estrutura da tabela de usuários. Os nomes dos arquivos são prefixados com a data e a hora do momento da criação, e seguem o padrão mostrado no exemplo abaixo:

```
2014_10_12_000000_create_users_table.php

2014_10_12_100000_create_password_resets_table.php
```

Esta é a estrutura da tabela de usuários gerada durante a criação do projeto:

```
/* pessoas/database/migrations/
   2014_10_12_000000_create_users_table.php */
public function up()
```

```
{
  Schema::create('users', function(Blueprint $table)
  {
    $table->increments('id');
    $table->string('name');
    $table->string('email')->unique();
    $table->string('password', 60);
    $table->rememberToken();
    $table->timestamps();
  });
}
```

Assim sendo, basta executar o comando de migração para criar a tabela de usuários.

O passo seguinte é incluir pelo menos um usuário na tabela. Para facilitar ainda mais o processo de construção de um mecanismo de autenticação, o Laravel gera o modelo User no arquivo app/User.php e a função de preenchimento de tabela (seeding) no arquivo database/seeds/DatabaseSeeder.php. Edite o último arquivo e acrescente a seguinte linha:

```
/* pessoas/database/seeds/DatabaseSeeder.php */
...
use App\User;
...
```

Na função run() do arquivo DatabaseSeeder.php, acrescente a linha que elimina o conteúdo atual da tabela e inclui uma nova linha correspondendo a um usuário de teste. Note como usamos a função Hash::make() para criptografar a senha antes de armazená-la na tabela do banco de dados. Sem este tratamento, a senha ficará exposta, permitindo que alguém que acesse indevidamente a tabela de usuários tenha acesso a um dado sensível.

```
/* pessoas/database/seeds/DatabaseSeeder.php */
...
  public function run()
  {
  ...
    DB::table('users')->delete();

    User::create(array(
      'name'     => 'jsilva',
      'password' => Hash::make('12345'),
```

```
        'email'     => 'jsilva@xyz.com',
      ));
    ...
    }
  ...
```

Execute a operação de preenchimento da tabela usando o script artisan.

```
php artisan db:seed
```

12.12.2 Controlador

Um dos elementos fundamentais do mecanismo de autenticação é o controlador. O Laravel fornece um controlador específico para esta função: na pasta app/Http/Controllers/Auth, procure pelo arquivo AuthController.php. Editaremos esse arquivo para implementar nossas lógicas de autenticação.

Primeiramente, comente a linha onde está declarado o middleware 'guest'.

```
/* pessoas/app/Http/Controllers/Auth/AuthController.php */
...
public function __construct(...)
{
...
  // $this->middleware('guest', ['except' => 'getLogout']);
}
```

Incluiremos duas funções no controlador, denominadas doLogin() e doLogout(), para implementar as lógicas que permitirão o login e o logout do usuário, respectivamente. Acrescentaremos também showLogin(), que tem a função de mostrar a tela de login. Essa tela é codificada no arquivo login.blade.php (consulte o item 12.12.3).

```
/* pessoas/resources/views/login.blade.php */
...
/* */
public function showLogin()
{
  return view('login');
}
```

A função doLogin() executa os seguintes passos:

- Verifica se os dados fornecidos pelo usuário são válidos, ou seja, se o nome e a senha foram preenchidos, e se a senha tem no mínimo cinco caracteres;
- Se os dados forem inválidos, retornará à tela de login apresentando uma mensagem de erro. A diretiva Redirect devolve os dados sobre o erro, gerados pela classe de validação, para a tela de login;
- Redirect devolve também os dados digitados pelo usuário (com exceção da senha) para que a tela de login possa ser recriada com esses valores;
- Se os dados forem válidos, solicitará a autenticação do usuário com o nome e a senha fornecidos;
- Se a autenticação for bem-sucedida, apresentará a tela principal do aplicativo.

```
/* pessoas/app/Http/Controllers/Auth/AuthController.php */
...
public function doLogin()
{
  // Regras de validação para nome e senha
  // fornecidos pelo usuário
  $rules = array(
    'name' => 'required',
    'password' => 'required|min:5'
  );

  // Executa a validação nos dados recebidos
  $validator = Validator::make(Input::all(), $rules);

  // Se dados inválidos volta para tela de login
  if ($validator->fails())
  {
    Session::flash('message',
      'Falha no login: '. $validator->messages());

    return Redirect::to('login')
      ->withErrors($validator)
      ->withInput(Input::except('password'));
  }
  else
```

```
    {
      // Dados válidos: invoca serviço de autenticação
      $userdata = array(
        'name' => Input::get('name'),
        'password' => Input::get('password')
      );

      // Autenticação bem sucedida:
      // carrega tela principal
      if (Auth::attempt($userdata))
      {
        return Redirect::to('pessoas');
      }
    }

    Session::flash('message',
      'Falha no login: usuário ou senha inválida!' );

    return Redirect::to('login')
        ->withErrors($validator)
        ->withInput(Input::except('password'));
}
```

A função de logout chama a função do serviço de autenticação para encerrar a sessão e volta para a tela de login.

```
/* pessoas/app/Http/Controllers/Auth/AuthController.php */
...
public function doLogout()
{
  Auth::logout();
  return Redirect::to('login');
}
```

12.12.3 Visão

Na tela que é a base de todas as páginas HTML do aplicativo (assunto do item 12.10.3), o arquivo layout.blade.php, incluímos uma opção de logout e a associamos ao link "logout". Ela é mostrada como um ícone Bootstrap na extremidade direita da barra de menu.

```
<!-- pessoas/resources/views/layout.blade.php -->
<!-- Menu no topo da página -->
```

```
<div class=”nav navbar navbar-inverse”>
  <div class=”navbar-inner”>
...
    <ul class=”nav navbar-nav pull-right”>
      <li>
        <a href=”{{ url(‘logout’) }}” >
          <i class=”glyphicon glyphicon-log-out”></i>
        </a>
      </li>
    </ul>
  </div>
</div>
```

Figura 54 - Cadastro de pessoas – página de login

A tela de login é uma derivação do layout básico do aplicativo.

```
<!-- pessoas/resources/views/login.blade.php -->
@extends(‘layout’)

@section(‘content’)
<div class=’row’>
  {{ Form::open(array(‘url’ => ‘login’,
      ‘class’ => ‘form-horizontal’))
  }}

    <!-- Nome do usuário -->
    <div class=”form-group”>
      {{ Form::label(‘nome’, ‘Usuário’,
          array(‘class’ => ‘col-sm-2 control-label’))
      }}
      <div class=’col-sm-4’>
        {{ Form::text(‘nome’, Input::old(‘nome’)) }}
      </div>
    </div>

    <!-- Senha -->
```

```
    <div class="form-group">
      {{ Form::label('senha',
          'Senha', array('class' => 'col-sm-2 control-label'))
      }}
      <div class='col-sm-4'>
        {{ Form::password('senha', Input::get(''),
              array('class' => 'form-control'))
        }}
      </div>
    </div>

    <!-- Botão de login -->
    <div class="form-group">
      <div class='col-sm-offset-2 col-sm-4'>
        {{ Form::submit('Logar',
            array('class' => 'btn btn-default'))
        }}
      </div>
    </div>

  {{ Form::close() }}
</div>
@stop
```

O layout de apresentação dos campos de entrada e do botão de submissão de dados é uma aplicação da formatação Bootstrap.

12.12.4 Rotas e filtros

As lógicas implementadas no controlador, combinadas com as visões e com a tabela de usuários, são os elementos fundamentais do controle de acesso do nosso aplicativo. Entretanto, para que esses componentes trabalhem juntos, necessitamos estabelecer as rotas, que conectam os links às lógicas e às visões, e os filtros, que interceptam as solicitações de acesso do usuário para executar a rotina de autenticação.

No arquivo app/Http/routes.php, inclua as rotas para a autenticação que configuram a função do controlador que deve ser invocada quando se acessa um determinado link. Para o link "login", há dois tipos de requisição: GET quando se quer carregar (mostrar) a tela de login e POST quando se clica no botão de submissão dentro da tela de login.

```
/* pessoas/app/Http/routes.php */
```

```
...
/* Autenticação */
Route::get('login', array('uses'  =>
    'Auth\AuthController@showLogin'));
Route::post('login', array('uses' =>
    'Auth\AuthController@doLogin'));
Route::get('logout', array('uses' =>
    'Auth\AuthController@doLogout'));
```

A implementação de filtros no Laravel baseia-se no conceito de middleware. Este mecanismo se interpõe entre uma requisição e a ação correspondente, que será executada somente se atender os requisitos especificados. Ou seja, a requisição é filtrada pelo middleware.

Não será necessário desenvolver um mecanismo de filtragem próprio porque o framework já dispõe de um middleware adequado ao nosso aplicativo. No mesmo arquivo routes.php, altere as rotas para incluir o filtro de autenticação nos links. O filtro, na forma do middleware auth, intercepta as requisições, impedindo que um usuário não autenticado execute as funções do controlador que acessam o cadastro de pessoas. Por exemplo, se alguém tentar acessar o link "pessoas", o filtro interceptará a requisição e só invocará a função index() do controlador se ele estiver autenticado.

```
/* pessoas/app/Http/routes.php */
/* Principal */
Route::resource('pessoas', 'PessoaController');

Route::get('pessoas', ['middleware' => 'auth',
    'uses' => 'PessoaController@index']);

Route::get('pessoas/create', ['middleware' => 'auth',
    'uses' => 'PessoaController@create']);

Route::get('pessoas/{pessoas}/edit',
  ['middleware' => 'auth',
   'uses' => 'PessoaController@edit']);
```

Após essas alterações, compare as novas rotas com as rotas originais do aplicativo mostradas no item 12.8.

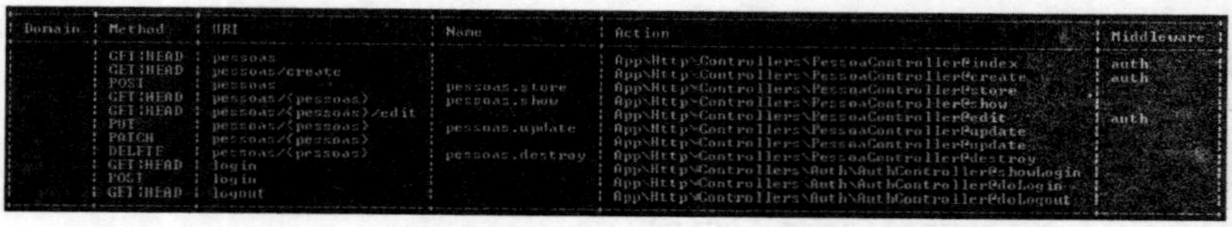

Domain	Method	URI	Name	Action	Middleware
	GET|HEAD	pessoas		App\Http\Controllers\PessoaController@index	auth
	GET|HEAD	pessoas/create		App\Http\Controllers\PessoaController@create	auth
	POST	pessoas	pessoas.store	App\Http\Controllers\PessoaController@store	
	GET|HEAD	pessoas/{pessoas}	pessoas.show	App\Http\Controllers\PessoaController@show	
	GET|HEAD	pessoas/{pessoas}/edit		App\Http\Controllers\PessoaController@edit	auth
	PUT	pessoas/{pessoas}	pessoas.update	App\Http\Controllers\PessoaController@update	
	PATCH	pessoas/{pessoas}		App\Http\Controllers\PessoaController@update	
	DELETE	pessoas/{pessoas}	pessoas.destroy	App\Http\Controllers\PessoaController@destroy	
	GET|HEAD	login		App\Http\Controllers\Auth\AuthController@showLogin	
	POST	login		App\Http\Controllers\Auth\AuthController@doLogin	
	GET|HEAD	logout		App\Http\Controllers\Auth\AuthController@doLogout	

Figura 55 - Rotas para o aplicativo pessoas com autenticação

O filtro de autenticação Laravel é implementado no arquivo Authenticate.php da pasta app/Http/Middleware. É necessário alterar uma linha nesse arquivo para que, no lugar das funções de login padrão definidas pelo framework, o aplicativo use as funções que definimos nos itens anteriores.

```
/* pessoas/app/Http/Middleware/Authenticate.php */
...
public function handle($request, Closure $next)
{
...
      // return redirect()->guest('auth/login');
      return redirect()->guest('login');
...
```

Outra alteração é necessária para que o logout do aplicativo seja tratado pela função que definimos, doLogout(), no lugar do filtro padrão RedirectIfAuthenticated. Edite o arquivo Kernel.php da pasta app/Http eliminando a linha referente a esse filtro.

```
/* pessoas/app/Http/Kernel.php */
...
protected $routeMiddleware = [
...
  // 'guest' => 'App\Http\Middleware\RedirectIfAuthenticated',
];
```

13. Laravel – Desenvolvimento de um aplicativo

Neste capítulo, criaremos um novo projeto para desenvolver um aplicativo que apresenta uma listagem de todas as cidades do Brasil.

Além da capacidade básica de listar as cidades brasileiras, o aplicativo incorporará recursos para executar pesquisas com um critério definido pelo usuário e também para apresentar a localização geográfica de uma cidade usando o Google Maps.

Limitaremos a interação do aplicativo com o banco de dados à visualização e à busca de informação. O usuário acessará o banco de dados exclusivamente para executar consultas, sem a possibilidade de incluir ou excluir registros.

No desenvolvimento do aplicativo, apresentaremos os recursos do Laravel para executar as seguintes operações:

- Preencher uma tabela do banco de dados com dados de arquivos CSV e XML usando o recurso de *seeding* do framework;
- Definir a chave primária e a chave estrangeira durante o processo de migração;
- Limitar o número de linhas de informação apresentadas em uma página;
- Criar uma janela modal para apresentar as opções de pesquisa;
- Integrar o Google Maps no aplicativo.

13.1 Configuração e preparação das tabelas

Os detalhes do processo de criação do projeto e sua configuração foram assuntos do Capítulo 12. Assim, apresentaremos estas etapas de forma sucinta. O primeiro passo é criar o projeto; selecione a pasta onde os projetos Laravel se localizam e execute o script.

```
composer create-project laravel/laravel cidades --prefer-dist
```

Se a pasta escolhida for c:\wamp\laravel, o script criará a pasta c:\wamp\laravel\cidades.

Durante a fase de desenvolvimento, é muito útil habilitar a apresentação de mensagens completas de debug. Edite o arquivo app/config/app.php e configure o parâmetro debug com o valor true.

```
/* app.php */
...
'debug' => true,
...
```

Configure o acesso ao banco de dados no arquivo config/database.php. Exemplo de configuração para usar o MySQL:

```
/* database.php */
...
'default' => 'mysql',
...
  'mysql' => [
    'driver'    => 'mysql',
    'host'      => env('DB_HOST', 'localhost'),
    'database'  => env('DB_DATABASE', 'db_laravel'),
    'username'  => env('DB_USERNAME', 'wilson'),
    'password'  => env('DB_PASSWORD', 'wilson'),
    'charset'   => 'utf8',
    'collation' => 'utf8_unicode_ci',
    'prefix'    => '',
    'strict'    => false,
  ],
...
```

Configure o arquivo ".env" na pasta-raiz com as informações sobre o banco de dados.

```
/* .env */
...
DB_DATABASE=db_laravel
DB_USERNAME=wilson
DB_PASSWORD=wilson
...
```

Os dados utilizados pelo aplicativo já foram preparados e incluídos nas tabelas do banco de dados durante o desenvolvimento dos exemplos dos itens 11.1 e 11.2. Se você optar por usar essas tabelas, será necessário apenas criar os modelos para representar os Estados e as cidades seguindo os passos detalhados mais adiante.

O objetivo aqui é apresentar o processo de criação e preenchimento das tabelas usando os recursos do framework. O primeiro passo é executar o script para gerar a classe que criará as tabelas no banco de dados.

```
php artisan make:migration create_cidades_table
```

O aplicativo usará duas tabelas: a primeira contendo as cidades do Brasil com o código IBGE, nome, sigla do Estado da federação, latitude, longitude e altitude; a segunda tabela contém os Estados do Brasil com as colunas sigla e nome da unidade. As duas tabelas estão vinculadas pela coluna sigla do Estado.

Edite o arquivo PHP gerado no passo anterior. O arquivo localiza-se na pasta database/migrations e tem um nome formado pela data de criação, nome do comando e nome da tabela. Preencha o arquivo com as informações sobre as colunas das tabelas.

```
/* database/migrations/
   2015_05_16_213136_create_cidades_table.php */
...
class CreateCidadesTable extends Migration {
...
  public function up()
  {
    Schema::create('estados', function($table)
    {
      $table->string('sigla', 2);
      $table->string('nome', 30);
```

```
      $table->primary('sigla');
    });

    Schema::create('cidades', function( $table)
    {
      $table->integer('codigo');
      $table->string('nome', 80);
      $table->string('sigla_estado', 2);
      $table->double('longitude', 15, 8);
      $table->double('latitude', 15, 8);
      $table->double('altitude', 15, 8);
      $table->primary('codigo');
      $table->foreign('sigla_estado')->
        references('sigla')->on('estados');
    });
  }
...
```

É importante lembrar que, devido à relação existente entre as duas tabelas, é necessário criar primeiramente a tabela de Estados para, em seguida, criar a tabela de cidades.

Por padrão, o Laravel assume que a chave primária de uma tabela é um campo do tipo inteiro, autoincrementado, denominado ID. Usamos a função primary(), que permite criar e definir uma chave primária diferente desse padrão. Na configuração apresentada, estabelecemos os campos sigla e código da cidade como chaves primárias das tabelas de Estados e cidades, respectivamente.

A função foreign()->references()->on() estabelece que a coluna é uma chave estrangeira vinculada à tabela referenciada. Em nosso aplicativo, a coluna SIGLA_ESTADO da tabela cidades é vinculada à coluna SIGLA da tabela Estados.

A segunda função padrão, definida em um processo de migração, é a que reverte o processo. No caso, a função eliminará as tabelas criadas pela função up(). Devido à relação existente entre as tabelas, a operação de exclusão também deve seguir uma ordem: a tabela cidades deve ser excluída antes da tabela Estados.

```
/* 2015_05_16_213136_create_cidades_table.php */
```

```
public function down()
{
  Schema::drop('cidades');
  Schema::drop('estados');
}
```

Em seguida, crie o modelo para representar os elementos da tabela cidades usando o comando.

```
php artisan make:model Cidade
```

Este script cria o arquivo Cidade.php dentro da pasta app. Edite o arquivo para adequá-lo às nossas configurações.

Informe o nome da coluna escolhida como a chave primária. Isto é necessário porque ela não mais segue o padrão Laravel (consulte os itens 12.4 e 12.9).

Atribua o valor false à flag $timestamps para eliminar as colunas de estampa de tempo, created_at e updated_at. Elas são desnecessárias, uma vez que a tabela será usada apenas para consulta.

```
/* app/Cidade.php */
<?php namespace App;
...
class Cidade extends Model
{
  public $timestamps = false;
  protected $table = 'cidades';
  protected $primaryKey = 'codigo';
}
```

Faça o mesmo para a tabela de Estados. Crie o modelo Estado.php.

```
php artisan make:model Estado
```

Configure a classe Estado seguindo os mesmos passos usados na configuração da classe Cidade.

```
/* app/Estado.php */
<?php namespace App;
...
```

```
class Estado extends Model
{
  public $timestamps = false;
  protected $table = 'estados';
  protected $primaryKey = 'sigla';
}
```

Por fim, execute o script de criação das tabelas.

```
php artisan migrate
```

13.2 Preenchimento das tabelas

Este passo será desnecessário se você optou por usar as tabelas geradas nos itens 11.1 e 11.2. O objetivo aqui é mostrar como se usa o recurso de *seeding* para preencher as tabelas do projeto.

Preencher manualmente uma tabela com todas as cidades do Brasil seria uma tarefa improdutiva e tediosa. Usaremos o arquivo disponibilizado pelo IBGE, conforme indicado nos itens mencionados anteriormente.

Os dados sobre os Estados são armazenados em um arquivo com o formato CSV. A função de *seeding* lê esses dados e armazena-os na tabela de Estados do banco de dados. Usaremos a função desenvolvida no item 11.1 adaptada ao contexto da classe Laravel de preenchimento de dados.

Na pasta database/seeds, copie o arquivo DatabaseSeeder.php e renomeie-o como EstadoTableSeeder.php. Edite o novo arquivo efetuando as seguintes alterações:

- Mude o nome da classe para EstadoTableSeeder;
- Na função run(), inclua o trecho de código do item 11.1 que abre a conexão com o banco de dados, prepara o comando SQL e chama a função incluir_dados_tabela();
- Inclua o código da função incluir_dados_tabela(), desenvolvida no item 11.1, no corpo da classe como um membro privado. Note que, no contexto da classe, a função deve ser referenciada com o prefixo $this->.

```
/* EstadoTableSeeder.php */
```

```
...
class EstadoTableSeeder extends Seeder {
  /* */
  public function run()
  {
    DB::table('estados')->delete();

    $db = new PDO("mysql: host=localhost; dbname=db_laravel",
      "wilson", "wilson");
    $db->query("SET CHARACTER SET utf8");
    $db->query("SET NAMES utf8");

    $sql = $db->prepare("INSERT INTO ESTADOS(SIGLA, NOME)
      VALUES(?,?)");

    $this->incluir_dados_tabela(
      "database/seeds/ibge_estados_nome.csv",
      "|", '"', $sql, array(0, 1), array("",""));
  }

  /* Função descrita no item 11.1 */
  private function incluir_dados_tabela(...)
  {
  ...
  }
...
}
```

Para preencher a tabela de cidades, usaremos a função definida no item 11.2 que executa a importação de dados no formato XML para o banco de dados.

Siga o mesmo procedimento usado para criar a classe de preenchimento de Estados: copie o arquivo DatabaseSeeder.php e mude seu nome para CidadeTableSeeder.php. Edite o novo arquivo com as seguintes alterações:

- Mude o nome da classe para CidadeTableSeeder;
- Na função run(), inclua o comando para limpar a tabela de cidades e invocar a função de preenchimento de dados;
- Crie a função insert_dados_cidades_into_db() para se conectar ao banco de dados e invocar a função que efetivamente executa a operação de inclusão na tabela;

- Crie a função insert_data_mysql() copiando a função insert_data_pg() do item 11.2 e adapte-a para usar o banco de dados MySQL. A diferença está basicamente na conversão de caracteres no formato UTF-8. Obviamente, a adaptação da função só será necessária se você usar o banco de dados MySQL.

```
/* CidadeTableSeeder.php */
<?php
...
class CidadeTableSeeder extends Seeder {
  /* */
  public function run()
  {
    DB::table('cidades')->delete();
    $this->insert_dados_cidades_into_db();
  }

  /* */
  private function insert_dados_cidades_into_db() {
    try {
      $db = new PDO("mysql:host=localhost; dbname=db_laravel",
        "wilson", "wilson");
      $this->insert_data_mysql($db);
    }
    catch(PDOException $e) {
      echo "ERRO: " . $e->getMessage();
    }
  }

  /* Adaptação da função descrita no item 11.2 */
  private function insert_data_mysql($db) {
...
  }

  ...
}
```

Listamos a função insert_data_mysql() destacando suas diferenças em relação a insert_data_pg().

```
/* CidadeTableSeeder.php */
private function insert_data_mysql($db) {
  $tbl = $db->query("select sigla, nome from estados");
  $db->query("SET CHARACTER SET utf8");
```

```
$db->query("SET NAMES utf8");
$tbl->setFetchMode(PDO::FETCH_OBJ);

while($row = $tbl->fetch()) {
  $arr_estados[ mb_strtoupper(
    iconv("ISO-8859-1", "UTF-8", $row->nome), "UTF-8")]
    = $row->sigla;
}

var_dump($arr_estados);

$xml = new XMLReader;
$xml->open('database/seeds/BR Localidades 2010 v1.kml');

// Salta as informações de cabeçalho, para o primeiro
// "registro" de dados ("Placemark")
while ($xml->read() && $xml->name !== "Placemark");

$contador = 0;
$insert_ok = 0;
$insert_erro = 0;
$sql = $db->prepare("insert into cidades(codigo, nome,
  sigla_estado, longitude, latitude, altitude)
  values(?, ?, ?, ?, ?, ?)");

// Loop para varrer todas as ocorrências de "Placemark"
while ($xml->name === "Placemark") {
  $node = new SimpleXMLElement($xml->readOuterXML());
  $cidade = new SimpleXMLElement($node->asXML());

  $nome = strval($cidade->name);

  $sdata = $cidade->ExtendedData->SchemaData->SimpleData;
  $codigo = intval($sdata[9]);
  $sigla_estado = $arr_estados[strval($sdata[13])];
  $longitude = floatval($sdata[18]);
  $latitude = floatval($sdata[19]);
  $altitude = floatval($sdata[20]);

  $res = $sql->execute(array($codigo, $nome, $sigla_estado,
    $longitude, $latitude, $altitude));

  if($res) {
    $insert_ok++;
  }
  else {
    $insert_erro++;
```

```
      echo $nome . " " . $codigo . " " . $sigla_estado . " " .
        $longitude . " " . $latitude . " " . $altitude . "<br>";
    }

    // Salta para próximo registro
    $xml->next("Placemark");
  }

  echo "Incluiu $insert_ok registros com sucesso<br>";
  echo "Falha na inclusão de $insert_erro registros<br>";
}
```

Depois de preparar as classes de preenchimento das tabelas de Estados e cidades, edite o arquivo DatabaseSeeder.php, localizado na pasta database/seeds, para acrescentar as chamadas dessas classes.

```
/* DatabaseSeeder.php */
...
public function run()
{
...
  // $this->call('UserTableSeeder');
  $this->call('EstadoTableSeeder');
  $this->call('CidadeTableSeeder');
}
...
```

Por fim, inclua os arquivos de origem de dados, ibge_estados_nome.csv e "BR Localidades 2010 v1.kml", na pasta database/seeds.

Para executar o preenchimento das tabelas, use o comando:

```
composer dump-autoload

php artisan db:seed
```

13.3 Página de visualização

O aplicativo tem apenas uma página HTML com uma interface similar à do aplicativo de cadastro de pessoas do Capítulo 12.

Crie o arquivo main.blade.php na pasta de visões do projeto, resources/view. A forma geral do arquivo, uma estrutura HTML, é mostrada abaixo:

```
<!-- main.blade.php -->
...
  <head>
...
    <!-- Links para bibliotecas CSS e JavaScripts
         armazenadas localmente -->
    <link rel="stylesheet"
      href={{asset("css/bootstrap.min.css")}}>
    <link rel="stylesheet"
      href={{asset("css/bootstrap-theme.min.css")}}>
    <script src={{asset("js/jquery-2.1.3.min.js")}}>
    </script>
    <script src={{asset("js/bootstrap.min.js")}}>
    </script>
  </head>
...
<body>
  <div class='container'>
    <!-- Menu no topo da página -->
    <div class="nav navbar navbar-inverse">
...
    </div>

    <!-- Conteúdo principal da página -->
    <table class='table'>
...
    </table>

    <!-- Rodapé acesso às páginas -->
    <div class="row">
...
    </div>

    <!-- Cria janela modal com opções de pesquisa -->
    <div class="modal" id="modal-search">
...
    </div>  <!-- modal -->
...
    <!-- Cria janela modal para mostrar mapa -->
    <div class="modal" id="modal-map">
...
    </div>
  </div>  <!-- container -->
</body>

<!-- JavaScript para converter a opção de pesquisa
```

```
     selecionada num link -->
<script>
...
</script>

<!-- Biblioteca para acessar o Google Maps -->
<script src="https://maps.googleapis.com/maps/api/js">
</script>

<!-- JavaScript para renderizar o mapa -->
<script>
...
</script>

<!-- Formatação CSS para o canvas onde
     se apresenta o mapa -->
<style>
...
</style>
```

O conteúdo da página se divide em sete blocos distintos.

No cabeçalho da página, declaramos as referências para as bibliotecas jQuery e Bootstrap usadas pelo aplicativo. Mostramos um exemplo de referência para os arquivos locais. Para utilizar essas bibliotecas hospedadas em repositórios da Internet, consulte o item 12.10.3.

O menu no topo da página tem duas opções: apresentar a lista completa das cidades e abrir a janela de pesquisa para estabelecer os critérios de filtragem dos dados.

A listagem das cidades cadastradas é formatada em uma tabela HTML. O conteúdo depende da opção selecionada na janela de pesquisa. Por padrão, todas as cidades são mostradas; se o usuário executar uma filtragem usando a opção de pesquisa, apenas as cidades que atendem o critério de seleção serão incluídas na tabela.

No rodapé, apresentamos os botões correspondentes aos links de paginação que permitem acessar diretamente uma determinada página ou avançar e retroceder uma página.

Duas janelas modais são codificadas dentro da página HTML: a primeira apresenta as opções de pesquisa e a outra contém o canvas onde se renderiza o elemento Google Maps com a localização geográfica da cidade. Essas janelas serão apresentadas somente se o usuário clicar na opção vinculada ao respectivo elemento. A janela de pesquisa fica visível quando se clica o link "Pesquisar" do menu no topo da página; a tela do Google Maps, quando se clica no nome de uma cidade.

No último bloco, codificamos as funções JavaScript usadas para mostrar o mapa e a declaração da formatação CSS do elemento canvas.

13.4 Menu do aplicativo

A página tem uma formatação clássica Bootstrap para uma barra horizontal, apresentada no topo, com um link principal que seleciona a operação para listar todas as cidades e uma opção para executar pesquisas na tabela. A seleção da última opção abre uma janela modal na qual o usuário pode ajustar os parâmetros da pesquisa.

```
<!-- main.blade.php -->
...
<!-- Menu no topo da página -->
<div class="nav navbar navbar-inverse">
  <div class="navbar-inner">

    <!-- Opção principal -->
    <div class="navbar-header">
      <a class="navbar-brand"
        href="{{ URL::to('cidades') }}">
        Cidades
      </a>
    </div>

    <!-- Link para a janela modal de pesquisa -->
    <ul class="nav navbar-nav">
      <li>
        <a data-toggle="modal"
          data-target="#modal-search">
          Pesquisar
        </a>
      </li>
    </ul>
  </div>
</div>
```

A opção principal do menu é um redirecionamento para o link principal do aplicativo, associada à função index() do controlador. Consulte a listagem de rotas do aplicativo no item 13.7. A outra opção é uma referência para a janela modal de pesquisa identificada pelo nome "modal-search". As configurações Bootstrap data-toggle e data-target controlam a visibilidade da janela quando se clica na opção.

Visualização da barra superior da tela do aplicativo:

Figura 56 - Cadastro de cidades - menu de topo

13.5 Conteúdo da página

O elemento principal da página, a listagem de cidades, é criado a partir de um array que é passado como parâmetro pelo controlador (assunto do item 13.6). O loop @foreach() extrai os dados da estrutura, gerando uma linha de tabela HTML para cada elemento do array. O nome da cidade é um link associado à função showMap(), que abre a janela modal onde mapa da localidade é renderizado.

```
<!-- main.blade.php -->
...
<!-- Conteúdo principal da página -->
<table class='table'>
  <!-- Cabeçalho -->
  <tr>
    <th>Código</th>
    <th>Cidade</th>
    <th>Estado</th>
  </tr>

  <!-- Loop: para cada elemento do array
       cria uma linha na tabela HTML -->
 @foreach($cidades as $cidade)
   <tr>
```

```
        <td>{{$cidade->codigo}}</td>
        <td id="link-cidade"
          onclick="showMap('{{$cidade->nome}}',
              {{$cidade->latitude}},
              {{$cidade->longitude}})" >
          <a data-toggle="modal" data-target="#modal-map">
            {{$cidade->nome}}
          </a>
        </td>
        <td id="link-estado">{{$cidade->sigla_estado}}
        </td>
      </tr>
  @endforeach
</table>
...
```

13.6 Paginação do conteúdo

A listagem completa do cadastro contém mais de 5.000 cidades. Apresentar essa quantidade de informação em uma única página, além de dificultar a navegação, afetaria negativamente o desempenho do aplicativo. Resolvemos o problema dividindo a listagem em várias páginas com um número limitado de cidades por página. Esse recurso no Laravel é implementado de forma simples e direta. A primeira parte do problema é resolvida no controlador, onde usamos a função paginate() para configurar o número de elementos apresentados em uma página.

O primeiro passo é executar o script para criar o controlador.

```
php artisan make:controller CidadeController
```

Edite o arquivo CidadeController.php gerado pelo script na pasta app/Http/Controllers. Declare a referência para o modelo que representa a tabela do banco de dados, Cidade, localizada na pasta App. Codifique a função principal do controlador, index(), incluindo a função de paginação e a chamada da visão do aplicativo.

```
/* CidadeController.php */
...
use App\Cidade;
...
```

```
class CidadeController extends Controller {

  private $max_rows = 20;

  public function index()
  {
    $cidades = Cidade::paginate($this->max_rows);
    return view('main', ['cidades' => $cidades]);
  }
...
```

A função paginate() tem seu correspondente na função render() da visão. Nosso aplicativo tem apenas uma página HTML (main.blade.php), que é a implementação da visão do projeto. A função render() associada ao objeto, no caso, o array passado como parâmetro pelo controlador, recupera a lista de páginas nas quais a listagem de cidades foi dividida na forma de links HTML. A formatação Bootstrap dá um acabamento elegante transformando esses links em botões de acesso às páginas.

```
<!-- main.blade.php -->
...
<!-- Rodapé acesso às páginas -->
<div class="row">
  <div class="col-sm-12 text-center">
    <nav>
      <?php echo $cidades->render(); ?>
    </nav>
  </div>
</div>
```

A tela gerada pela visão main. Nota: o número de elementos foi alterado para 10 por página para se adequar ao formato do livro.

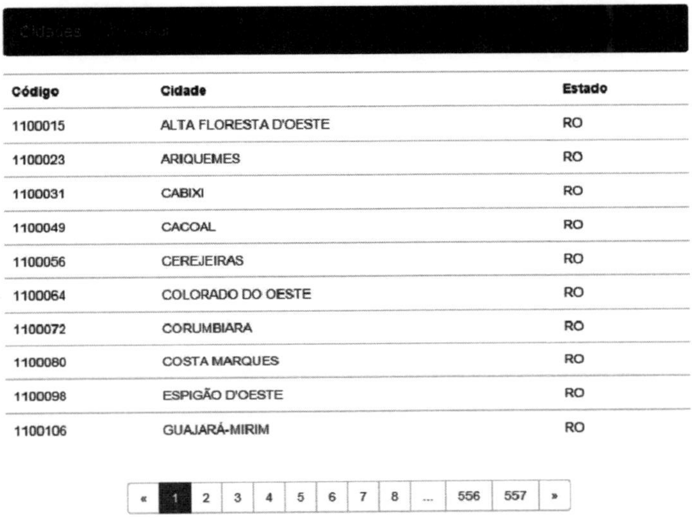

Código	Cidade	Estado
1100015	ALTA FLORESTA D'OESTE	RO
1100023	ARIQUEMES	RO
1100031	CABIXI	RO
1100049	CACOAL	RO
1100056	CEREJEIRAS	RO
1100064	COLORADO DO OESTE	RO
1100072	CORUMBIARA	RO
1100080	COSTA MARQUES	RO
1100098	ESPIGÃO D'OESTE	RO
1100106	GUAJARÁ-MIRIM	RO

Figura 57 - Cadastro de cidades – página principal

13.7 Janela modal de pesquisa

Em uma listagem tão extensa, é praticamente indispensável disponibilizar um mecanismo de pesquisa que filtra a lista de cidades apresentadas de acordo com as opções do usuário.

A interface é uma janela modal que se abre quando o usuário clica na opção "Pesquisar" do menu principal.

```
<!-- main.blade.php -->
...
<!-- Menu no topo da página -->
<div class="nav navbar navbar-inverse">
  <div class="navbar-inner">
...
    <ul class="nav navbar-nav">
      <li>
        <a data-toggle="modal"
           data-target="#modal-search">
          Pesquisar
        </a>
      </li>
    </ul>
```

```
    </div>
  </div>

...
```

A codificação da janela modal é uma aplicação direta da formatação Bootstrap, contendo um campo de entrada de dados, botões que selecionam a opção de pesquisa e um botão para executar a operação.

O elemento principal da janela é um campo de entrada de dados, identificado por search-val, onde o usuário digita o nome da cidade ou parte dele.

```
<!-- Cria janela modal com opções de pesquisa -->
<div class=”modal” id=”modal-search”>
  <div class=”modal-dialog”>
    <div class=”modal-content”>
      <div class=”modal-body”>
        <input type=”input”
            class=”form-control”
            id=”search-val”
            placeholder=”Nome da cidade ...”>

        <!-- Botões de rádio para tipo de pesquisa -->
        <div class=”radio”>
...
        </div>
      </div>

      <!-- Botão executar pesquisa -->
      <div class=”modal-footer”>
        <button class=”btn btn-primary”
            id=”btn-search”
            data-dismiss=”modal”>Pesquisar</button>
      </div>
    </div>
  </div>
</div>  <!-- modal -->
```

As opções de busca são botões do tipo rádio que selecionam o tipo de concordância que a string digitada em search-val deve ter com o nome da cidade:

- Coincidência total;
- O início do nome da cidade deve coincidir com a string;

- O nome da cidade deve conter a sequência digitada em qualquer posição.

```
<!-- main.blade.php -->
....
<!-- Botões de rádio para tipo de pesquisa -->
<div class=”radio”>
  <label>
    <input type=”radio” name=”search-type”
        id=”opt0” value=”0” checked>
    Exatamente
  </label>
</div>
<div class=”radio”>
  <label>
    <input type=”radio” name=”search-type”
        id=”opt1” value=”1”>
    Inicia com
  </label>
</div>
<div class=”radio”>
  <label>
    <input type=”radio” name=”search-type”
        id=”opt2” value=”2”>
    Contém
  </label>
</div>
```

A Figura 58 mostra a janela modal como é apresentada no navegador.

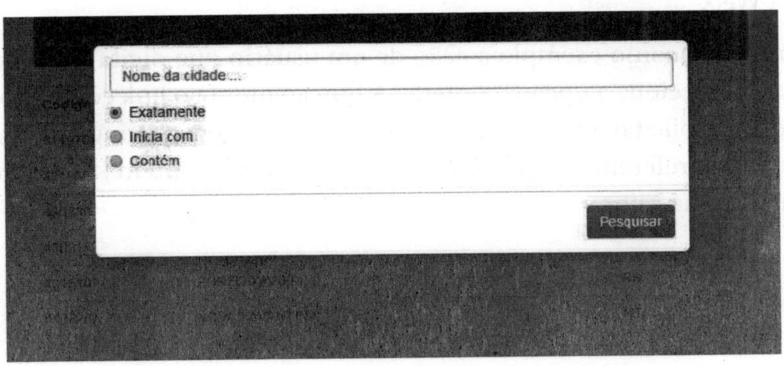

Figura 58 - Cadastro de cidades - janela de pesquisas

Um script, que usa a biblioteca jQuery (assunto do Capítulo 7), monitora o clique do botão "Pesquisar" da janela modal. Quando o botão é clicado, a função redireciona a página para o link "search" com os dados do tipo de pesquisa selecionado no botão de rádio "search-type", cujo valor pode ser 0, 1 ou 2, e o texto digitado no campo de entrada "search-val". O link está associado à função search() do controlador CidadeController, conforme pode ser verificado na listagem de rotas mostrada mais adiante.

```
<!-- main.blade.php -->
....
<!-- JavaScript para converter a opção de pesquisa
     selecionada num link -->
$(function() {
  $("#btn-search").click(function() {
    var val = $("#search-val").val();
    if (val.length == 0)
      val = "*";

    // Chamar método do controller
    window.location.assign(
       "http://localhost:8000/cidades/" +
       $("input[name=search-type]:checked").val() +
       "/" + val + "/search"
    );
  });
});
```

O redirecionamento para executar a pesquisa aponta para um link referente à máquina local. Na versão de produção, use um link para a respectiva página Web.

Tomemos como exemplo a ação de um usuário que digita "Sul" na caixa de texto e seleciona a opção "contém". A função monta o link como mostrado abaixo para solicitar a pesquisa das cidades que contêm a string "Sul". O valor "2" do link é referente à opção pelo botão de rádio "contém", o qual tem armazenado esse valor.

```
http://localhost:8000/cidades/2/Sul/search
```

Crie a rota para o aplicativo editando o arquivo routes.php localizado na pasta app/Http. Comente todo o conteúdo original e inclua a seguinte linha:

```
/* routes.php */
...
Route::resource('cidades', 'CidadeController');
```

Nesse mesmo arquivo (routes.php), configure o redirecionamento das requisições do tipo http://localhost:8000/cidades/2/Sul/search para a função search() de CidadeController. Neste controlador, os dois parâmetros dinâmicos usados para formar o link são configurados com as chaves simples da sintaxe Blade.

```
/* routes.php */
...
Route::get('cidades/{type}/{val}/search', 'CidadeController@search');
```

Verifique a listagem de rotas do aplicativo com o seguinte comando:

```
php artisan route:list
```

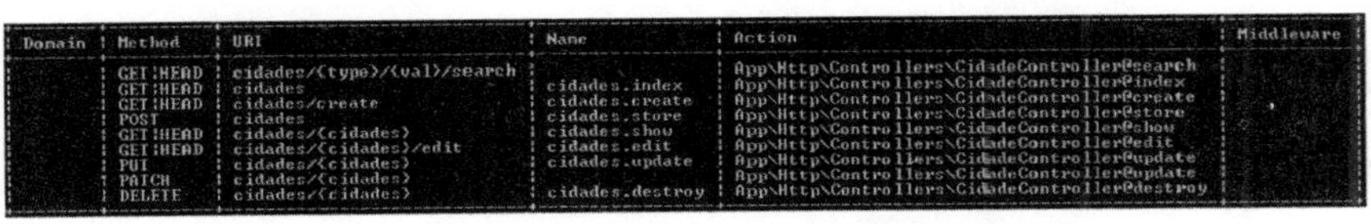

Domain	Method	URI	Name	Action	Middleware
	GET|HEAD	cidades/{type}/{val}/search		App\Http\Controllers\CidadeController@search	
	GET|HEAD	cidades	cidades.index	App\Http\Controllers\CidadeController@index	
	GET|HEAD	cidades/create	cidades.create	App\Http\Controllers\CidadeController@create	
	POST	cidades	cidades.store	App\Http\Controllers\CidadeController@store	
	GET|HEAD	cidades/{cidades}	cidades.show	App\Http\Controllers\CidadeController@show	
	GET|HEAD	cidades/{cidades}/edit	cidades.edit	App\Http\Controllers\CidadeController@edit	
	PUT	cidades/{cidades}	cidades.update	App\Http\Controllers\CidadeController@update	
	PATCH	cidades/{cidades}		App\Http\Controllers\CidadeController@update	
	DELETE	cidades/{cidades}	cidades.destroy	App\Http\Controllers\CidadeController@destroy	

Figura 59 - Rotas do aplicativo Cidades

A função search() do controlador é uma lógica simples que, baseado nos parâmetros recebidos, executa uma pesquisa SQL usando a função where() do modelo, selecionando as cidades com nomes que coincidem com o texto digitado pelo usuário no campo de entrada search-val. A opção de pesquisa, selecionada pelo usuário nos botões de rádio, define o nível de coincidência entre o nome da cidade e o texto digitado, conforme foi explicado nos parágrafos anteriores.

```
/* CidadeController.php */
/* */
public function search($type, $val)
{
  if ($type == "0")
```

```
  {
    $cidades = Cidade::where('nome', $val)
      ->paginate($this->max_rows);
  }
  elseif ($type == "1")
  {
    $cidades =
      Cidade::where('nome', 'LIKE', $val . '%')
      ->paginate($this->max_rows);
  }
  elseif ($type == "2")
  {
    $cidades =
      Cidade::where('nome', 'LIKE', '%'.$val.'%')
      ->paginate($this->max_rows);
  }
  else
  {
    $cidades =
      Cidade::where('nome', $val)
      ->paginate($this->max_rows);
  }

  return view('main', ['cidades' => $cidades]);
}
```

13.8 Localização geográfica da cidade

Mais do que simplesmente listar as cidades do Brasil, nosso aplicativo contará também com um recurso de visualização da localização geográfica da cidade usando o Google Maps.

Na tela principal do aplicativo, o nome da cidade, apresentado nas linhas da listagem de cidades, é um link associado à função JavaScript showMap(), que é invocada quando se clica no elemento. A função deve receber três parâmetros: o nome, a latitude e a longitude da cidade. O parâmetro nome, por se tratar de uma string, tem que ser declarado entre aspas.

```
<!-- main.blade.php -->
...
<!-- Conteúdo principal da página -->
...
@foreach($cidades as $cidade)
```

```
  <tr>
...
    <td id="link-cidade"
      onclick="showMap('{{$cidade->nome}}',
          {{$cidade->latitude}},
          {{$cidade->longitude}})" >
      <a data-toggle="modal" data-target="#modal-map">
        {{$cidade->nome}}
      </a>
    </td>
...
  </tr>
@endforeach
...
```

O nome da cidade é vinculado também à janela modal "modal-map". Quando se clica no nome da cidade, essa janela abre, superpondo-se à tela principal, apresentando um mapa que mostra a localização geográfica da cidade. O controle da janela modal é um recurso disponível na biblioteca Bootstrap configurado pelo atributo data-toggle="modal" do marcador <a>.

```
<!-- main.blade.php -->
...
<!-- Cria janela modal para mostrar mapa -->
<div class="modal" id="modal-map">
  <div class="modal-dialog">
    <div class="modal-content">
      <div class="modal-body">
        <div id="map-canvas"></div>
      </div>
    </div>
  </div>
</div>
```

A função showMap() é um programa JavaScript responsável pela renderização do mapa correspondente à cidade selecionada. A base do programa é a API do Google Maps, que deve ser referenciada como mostrado abaixo:

```
<!-- main.blade.php -->
<!-- Biblioteca para acessar o Google Maps -->
<script src="https://maps.googleapis.com/maps/api/js">
</script>
```

A apresentação do mapa baseia-se em uma função principal de renderização e em outra, auxiliar, para ajustar o mapa, centralizando a localização da cidade dentro do canvas HTML.

```
<!-- main.blade.php -->
<script>
  var map;
  var marker;
  var mapLatLng

  /* Renderização do mapa */
  function showMap(nome, latitude, longitude) {
...
  }

  /* Ajuste para centralizar o mapa */
  $("#modal-map").on("shown.bs.modal", function() {
...
  })
</script>
```

A função de renderização do mapa é uma adaptação do exemplo apresentado nos tutoriais da API do Google sob o título *Adding a Google Map to your Website.*

```
/* main.blade.php */
/* Renderização do mapa */
function showMap(nome, latitude, longitude) {
  var mapCanvas = document.getElementById('map-canvas');

  mapLatLng = new google.maps.LatLng(latitude, longitude)

  var mapOptions = {
    center: mapLatLng,
    zoom: 10,
    mapTypeId: google.maps.MapTypeId.ROADMAP
  }

  map = new google.maps.Map(mapCanvas, mapOptions);

  marker = new google.maps.Marker({
    position: mapLatLng,
    map: map,
```

```
    title: nome
  });
}
```

O mapa apresentado em uma janela modal necessita de alguns ajustes para que o marcador de localização da cidade apresente-se sempre centralizado nas seguidas vezes em que o mapa mudar de estado de visível para oculto e vice-versa. Usamos um recurso da jQuery para monitorar o momento em que a janela modal torna-se visível (on). Quando esse evento ocorre, usamos as funções da API do Google Maps para redimensionar e centralizar o mapa dentro do canvas HTML ao qual ele pertence.

```
/* main.blade.php */
/* Ajuste para centrar o mapa */
$("#modal-map").on("shown.bs.modal", function() {
  google.maps.event.trigger(map, 'resize');
  map.setCenter(mapLatLng);
})
```

Por último, em uma seção de estilos CSS, configuramos as dimensões e a formatação de apresentação do canvas que contém o mapa.

```
<!-- main.blade.php -->
<!-- Formatação CSS para o canvas onde
     se apresenta o mapa -->
<style>
  #map-canvas {
    background-color: #CCC;
    height: 400px;
    margin-left: auto;
    margin-right: auto;
    width: 500px;
  }
</style>
```

A janela modal apresentando a localização de Brasília.

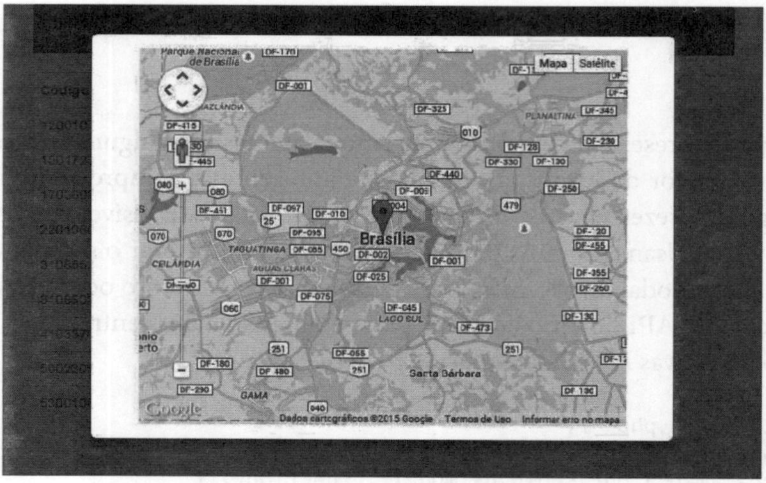

Figura 60 - Cadastro de cidades – mapa

13.9 Sites e livros

A documentação oficial do Laravel está disponível em http://laravel.com/docs/5.1. Há diversos sites com dicas sobre a programação do framework, tal como, http://laravel-recipes.com/.

O autor Chris Sevilleja apresenta dois tutoriais interessantes sobre o desenvolvimento de aplicativos com a versão 4 do Laravel:

- *Simple Laravel CRUD with Resource Controllers,* disponível no site https://scotch.io/tutorials/simple-laravel-crud-with-resource-controllers, mostra como criar um aplicativo de cadastro (CRUD);
- *Simple and Easy Laravel Login Authentication,* disponível em https://scotch.io/tutorials/simple-and-easy-laravel-login-authentication, mostra como usar as funções de autenticação do framework.

Entre os livros, podemos citar *Code Bright* de Dayle Rees, disponível no site http://daylerees.com/codebright/. O conteúdo é baseado na versão 4 do Laravel e pode ser acessado livremente, sendo a compra do livro opcional.

Outra opção, também baseada na versão 4 do framework, é o livro do criador do Laravel, Taylor Otwell, *From apprentice to artisan,* disponível em https://leanpub.com/laravel.

Para obter uma literatura baseada na versão 5 do framework, visite o site http://www.easylaravelbook.com/, onde você pode adquirir o livro *Easy Laravel 5* de W. Jason Gilmore.

14. AngularJS – Single Page Application

Um aplicativo Web tem características similares à de sua contraparte desktop, porém sua localização é remota, dentro da nuvem, podendo ser usado por qualquer dispositivo com acesso à Internet. Em um aplicativo Web, o navegador de Internet é o ponto de entrada por onde os usuários acessam os recursos do sistema.

Simplificadamente, um aplicativo Web divide-se em duas partes: um front-end, ou lado cliente, e um back-end, que é o lado servidor. O front-end é basicamente a interface apresentada no navegador e o back-end é formado por um conjunto de softwares que acessa uma base de dados e disponibiliza a informação para o cliente sob controle de um servidor Web.

Na arquitetura conhecida como *client side data binding*, o papel do servidor é fornecer os dados em forma bruta, sem formatação, contrastando com o desenvolvimento tradicional, do tipo *server side*, em que o servidor cria dinamicamente uma página formatada em HTML e envia-a para o cliente. Exemplos de aplicativos *server side* foram apresentados nos Capítulos 12 e 13.

Já em uma arquitetura *client side*, cabe ao cliente formatar os dados recebidos e apresentá-los na página HTML.

Uma das principais vantagens dessa abordagem é diminuir o tráfego de dados entre o cliente e o servidor, uma vez que apenas os dados necessários são enviados pelo servidor. Também podemos destacar a interface com interatividade superior, graças à rapidez de atualização da página, visto que ela não necessita ser reconstruída pelo servidor a cada solicitação do usuário. Esta característica contribui para tornar o aplicativo Web mais semelhante a um aplicativo desktop.

Há também, obviamente, algumas desvantagens, tal como, a exposição do código no lado cliente que torna o aplicativo mais sensível em termos de segurança. Outro problema pode ser a incompatibilidade, parcial ou total, do aplicativo com algum tipo de navegador devido às diferenças de implementação do JavaScript. Essa limitação pode ser contornada com o uso do AngularJS ou de outros frameworks similares.

Os frameworks baseados na arquitetura MVC (Model View Controller) e na linguagem JavaScript, voltados ao desenvolvimento de aplicativos para o lado cliente, simplificam a criação de interfaces pelas quais os usuários acessam os aplicativos Web. Estes frameworks permitem criar um tipo de aplicativo Web denominado SPA (Single Page Application), similar a um aplicativo desktop em que o usuário interage com uma única tela, a qual é atualizada de acordo com as ações e solicitações deste usuário.

Os principais frameworks JavaScript que implementam a arquitetura *client side data binding* são AngularJS, Backbone, Ember e Knockout.

AngularJS, ou simplesmente Angular, é um framework JavaScript voltado para o desenvolvimento de aplicações CRUD (Create Read Update Delete) de página única.

O framework é estruturado como uma extensão do HTML, usando os marcadores especiais ng-xxx e {{ }}. O Angular acrescenta ao HTML os elementos de uma linguagem de programação, tais como, variáveis, estruturas de decisão, estruturas de repetição etc., recursos ausentes em uma linguagem de marcação. O framework introduz dinamismo a uma página HTML permitindo a atualização instantânea da informação apresentada em resposta às ações do usuário na interface e às alterações nos dados externos.

O Angular foi desenvolvido pelo Google e disponibilizado para uso livre sob uma licença do tipo MIT. Este capítulo é baseado na versão 1.4.4 do framework.

14.1 Primeiros passos

Baixe o framework no site https://angularjs.org/. O pacote contém um conjunto de arquivos JavaScript. O principal módulo, que contém as funcionalidades fundamentais do framework, é o arquivo angular.js, também disponível na versão compacta, angular.min.js. Os demais arquivos contêm recursos de animação, acessibilidade, gerenciamento de cookies, testes unitários, funcionalidades para dispositivos touch-screen etc.

Conforme explicado no item 5.1, considere a opção de usar um link para um CDN, em vez de baixar e armazenar os arquivos no ambiente local. Este procedimento é especialmente recomendado quando o aplicativo é liberado para um ambiente de produção.

```
<!-- Link para AngularJS no repositório do Google -->
<script
  src="https://ajax.googleapis.com/ajax/libs/angularjs/1.4.4/angular.
min.js">
</script>
```

A base do Angular é o modelo de arquitetura MVC (Model View Controller). Entretanto, os desenvolvedores do framework não são rígidos nesta classificação, indicando que os modelos MVVM (Model View View-Model) e MVT (Model View Template) também são aplicáveis ao Angular. O MVC foi assunto do item 12.5.

Um dos mecanismos básicos do framework é a vinculação bidirecional entre o modelo e a visão: se os dados do modelo mudam, as mudanças se refletem automaticamente na visão e vice-versa, um conceito denominado *two way data binding*.

Nosso primeiro exemplo mostra como o Angular vincula um elemento HTML a um dado dinâmico. O parágrafo da página HTML se altera em sincronia com a digitação no campo de entrada, dinamicamente, ou seja, o parágrafo é atualizado automaticamente no mesmo instante em que se digita algo no campo de entrada NOME.

```
<!-- angular-01/index.html -->
...
<head>
...
  <script type="text/javascript" src="js/angular.min.js">
  </script>
</head>
<body>
  <div ng-app="">
    <p>Texto: <input type="text" ng-model="nome"/>
```

```
    </p>

    <p>{{ nome | uppercase }}</p>
  </div>
</body>
...
```

Visualização da página HTML.

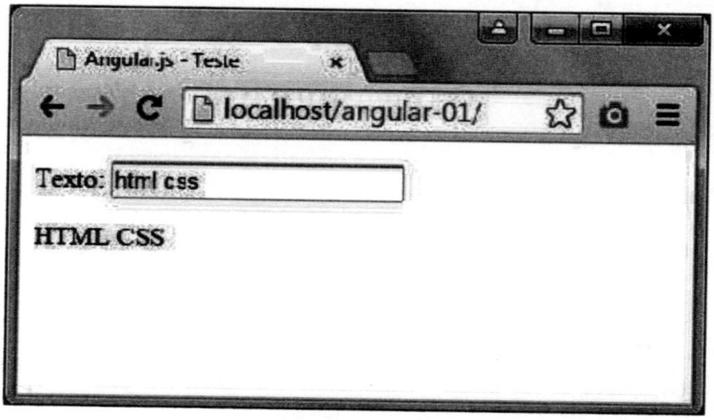

Figura 61 - Página angular-01

O exemplo apresenta alguns elementos básicos do framework. Uma variável é criada com o atributo ng-model declarado dentro de um marcador HTML e as chaves duplas permitem referenciar as variáveis que serão substituídas, dinamicamente, por seus valores antes da renderização da página HTML. Outro recurso que usamos no exemplo é um filtro que converte as strings em letras maiúsculas. Os filtros são assunto do item 14.4.1.

A diretiva ng-bind é outra forma de vincular um dado dinâmico à estrutura HTML. No exemplo, o parágrafo é atualizado com o valor digitado no campo de entrada saldo.

```
<!-- angular-ngbind/index.html -->
...
<div ng-app="">
  <p>Saldo:
    <input type="number" ng-model="saldo" />
  </p>
  <p ng-bind=" saldo | currency"></p>
```

```
</div>
...
```

Visualização da página HTML.

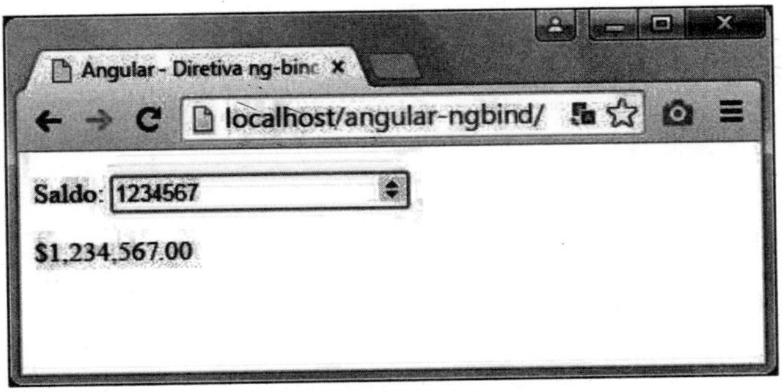

Figura 62 - Página angular-ngbind

O próximo exemplo mostra como podemos executar operações aritméticas com os valores das variáveis. Basta usar ng-model para criar duas variáveis referentes a dois campos de entrada de dados e mostrar o resultado da soma dos valores dessas variáveis com a diretiva de substituição {{ }} e o operador +.

```
<!-- angular-02/index.html -->
...
<p>Valor 1:
  <input type=”number” ng-model=”val1”/>
</p>
<p>Valor 2:
  <input type=”number” ng-model=”val2”/>
</p>

<p>Soma: {{ val1 + val2 }}</p>
...
```

Visualização da página HTML.

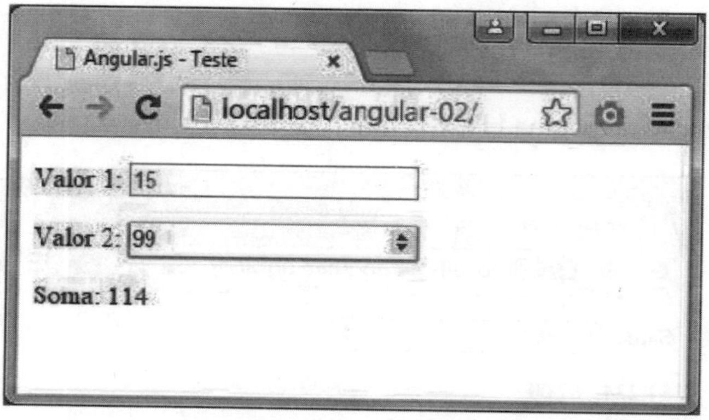

Figura 63 - Página angular-02

Note como a soma dos valores é atualizada na página HTML no mesmo instante em que se altera qualquer um dos campos de entrada.

No item 6.1, foi recomendado que os scripts e as bibliotecas JavaScript sejam referenciados na parte final da declaração do corpo da página HTML. Na maioria dos exemplos mostrados no site oficial do AngularJS, a referência para angular.js é declarada no cabeçalho do arquivo. O motivo é evitar que os elementos sintáticos do Angular, que complementam a linguagem HTML, sejam mostrados, ainda que momentaneamente, no seu estado bruto antes de ser compilados pelo framework, o que poderá ocorrer se a carga do arquivo angular.js ocorrer após a declaração das diretivas Angular.

Entretanto, se você preferir seguir a recomendação do item 6.1 e, ainda assim, evitar o problema potencial mencionado, considere o uso da diretiva ng-cloak. Consulte a documentação no link https://docs.angularjs.org/api/ng/directive/ngCloak.

14.2 Aplicativo de anotações

Nosso primeiro aplicativo Angular é um gerenciador de anotações capaz de armazenar os textos digitados pelo usuário e apresentá-los em uma página HTML. Os elementos básicos da interface são a caixa de texto, onde o usuário digita o texto, um botão para incluir o texto em um array, o botão para limpar a caixa de texto e um contador que mostra o número de caracteres digitados na caixa de texto.

A estrutura básica do arquivo HTML.

```
<!-- angular-notes/index.html -->
<html>
  <head>
...
    <script src="js/angular.min.js">
    </script>
  </head>
  <body>
    <div class="container">
...
    </div>
  </body>

  <!-- Links para estilos e JavaScript -->
...
</html>
```

Referências para as bibliotecas Bootstrap usadas para a formatação da página HTML e para o arquivo JavaScript com as lógicas do aplicativo:

```
<!-- Links para estilos e JavaScript -->
<link type="text/css" rel="stylesheet"
    href="css/bootstrap.min.css" />
<link type="text/css" rel="stylesheet"
    href="css/bootstrap-theme.min.css" />
<script src="js/scripts.js"></script>
```

O corpo da página HTML é definido em um contêiner Bootstrap, dentro do qual criamos uma seção <div> contendo o nome do aplicativo e o nome do controlador: main e mainController declarados nas diretivas ng-app e ng-controller, respectivamente.

```
<!-- angular-notes/index.html -->
...
<body>
  <div class="container">
    <div ng-app="main" ng-controller="mainController">

      <h2>Anotações</h2>

      <!-- Caixa de texto -->
...
```

```
      <!-- Botões gravar conteúdo da caixa de texto
           no array e limpar caixa de texto -->
...
      <!-- Mostar número de caracteres digitados na
           caixa de texto -->
...

      <!-- Apresenta as notas gravadas no array ... -->
...
    </div>
  </div>
</body>
...
```

Visualização da página HTML.

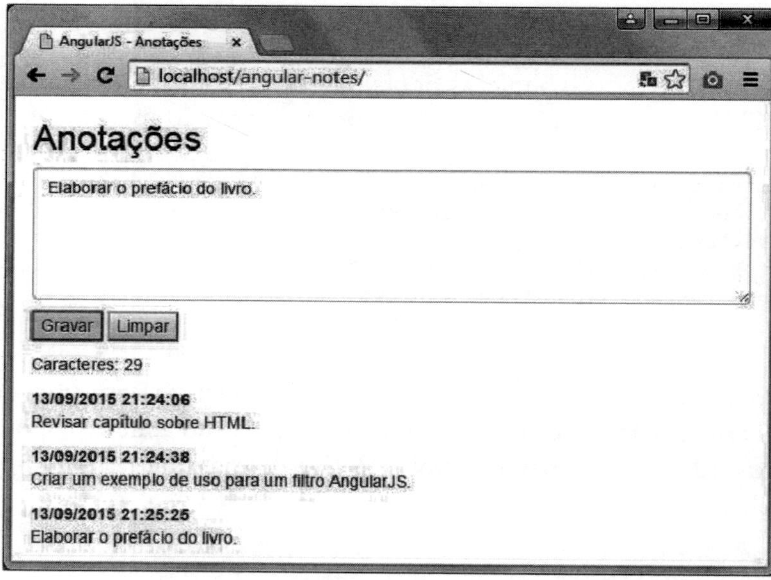

Figura 64 - Cadastro de notas – página principal

A caixa de texto HTML onde o usuário digita as notas será referenciada no aplicativo Angular pelo nome declarado na diretiva ng-model (texto).

```
<!-- Caixa de texto -->
<p>
  <textarea ng-model="texto"
     class="form-control" rows="5">
  </textarea>
</p>
```

Criamos os dois botões associados às ações que o usuário pode tomar: gravar a nota digitada e limpar o conteúdo da caixa de texto. A diretiva ng-click vincula o clique no botão a uma função JavaScript, codificada no controlador, que executará a ação correspondente.

```
<!-- Botões gravar conteúdo da caixa de texto no array
     e limpar caixa de texto -->
<p>
  <button class="btn-default" ng-click="save()">
    Gravar
  </button>
  <button class="btn-default" ng-click="clear()">
    Limpar
  </button>
</p>
```

O número de caracteres presentes na caixa de texto é mostrado na página HTML em sincronia com a digitação do usuário. A diretiva ng-bind invoca a função que calcula o número de caracteres presentes na caixa de texto, automaticamente, toda vez que o usuário digita nesse elemento da página. A função textSize() é definida no controlador.

```
<!-- Número de caracteres digitados na
     caixa de texto -->
<p>
  Caracteres:
  <span ng-bind="textSize()"></span>
</p>
```

O conteúdo da caixa de texto é armazenado em um array no momento em que o usuário clica no botão Gravar. A diretiva ng-repeat cria um loop que permite ler os elementos dessa estrutura para apresentar as notas gravadas na página HTML. Esse recurso do framework Angular atualiza a página no mesmo instante em que o usuário grava uma nova anotação.

```
<!-- Apresenta as notas gravadas no array ... -->
<div ng-repeat="nota in notas">
  <strong>{{ nota.data }}</strong>
  <br>
  <p>{{ nota.msg }}</p>
</div>
```

A sintaxe de um loop Angular é similar à estrutura de repetição JavaScript for(elemento in lista), que recupera um elemento na lista a cada iteração.

Tendo estruturado a página HTML, passamos para a codificação das lógicas do aplicativo no arquivo scripts.js. A primeira declaração do arquivo usa a função Angular module() para criar o aplicativo main. Essa referência é usada, via diretiva ng-app pela visão, ou seja, a página HTML, para vincular o controlador.

```
/* angular-notes/js/scripts.js*/
var app = angular.module('main', []);
```

É no controlador que codificamos, na forma de um objeto JavaScript, as lógicas necessárias ao funcionamento do aplicativo. Usamos o método controller() para criar o controlador mainController do aplicativo main. Na página HTML, referenciamos esse elemento por meio da diretiva ng-controller.

```
app.controller('mainController', ['$scope', mainController]);
```

O elemento $scope é uma referência para a janela principal do aplicativo. Também denominado "model-view", $scope é um serviço (ver item 14.3) que faz o papel de elo entre a visão e o controlador. $scope é a "cola" entre a visão e o controlador. Estruturalmente, $scope é um contêiner de dados de onde a visão extrai os dados fornecidos pelo modelo. No jargão Angular, dizemos que $scope injeta a visão no controlador.

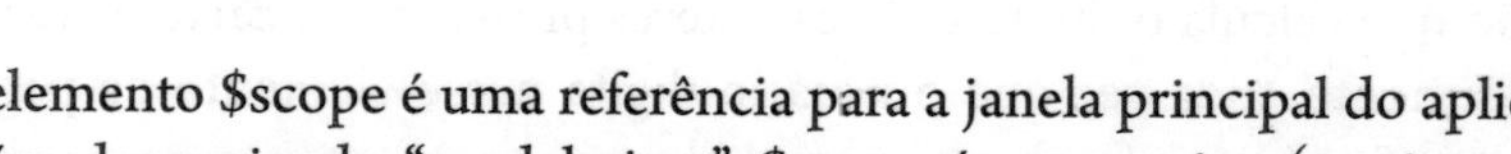

Figura 65 - Relação entre view, $scope e controlador

No controlador, inicializamos o array para gravar as notas digitadas e a caixa de texto. O último elemento é referenciado na visão, via diretiva ng-model, pelo nome "texto". É também no controlador onde se codificam as demais funções usadas pelo aplicativo.

```
/* angular-notes/js/scripts.js*/
var app = angular.module('main', []);
app.controller('mainController', ['$scope', mainController]);

/* */
function mainController($scope) {
  $scope.notas = [];
  $scope.texto = "";

  $scope.textSize = function() { ... };

  $scope.clear = function() { ... };

  $scope.save =  function() { ... };
}
```

Para implementar a função que calcula o número de caracteres digitados na caixa de texto, basta consultar a propriedade length da string.

```
$scope.textSize = function() {
  return $scope.texto.length;
};
```

Para limpar a caixa de texto, atribuímos uma string vazia à variável.

```
$scope.clear = function() {
  $scope.texto = "";
};
```

A função de gravação da nota primeiramente elimina os espaços em branco iniciais e finais do texto digitado. Se a string resultante for válida, não vazia, seu valor será armazenado em um objeto que conterá também o instante (data) em que a gravação ocorreu. Este objeto, por sua vez, é incluído no array que armazena as notas do aplicativo.

```
$scope.save = function() {
  $scope.texto.trim();

  if ($scope.texto.length <= 0)
    return;

  var d = new Date();
  $scope.notas.push({data: d.toLocaleString(),
    msg: $scope.texto});
  };
}
```

Concluindo, mostramos com um exemplo bastante simples, como um aplicativo Web pode se valer dos recursos do Angular para atualizar os dados de forma dinâmica, reagindo de forma instantânea e sincronizada às ações do usuário.

14.3 Serviços

Codificar as lógicas no controlador não é problema em um aplicativo modesto como o do item anterior. Entretanto, o que ocorreria se dois ou mais elementos do aplicativo, tal como dois controladores, necessitassem da mesma funcionalidade? Com a abordagem adotada no item anterior, a mesma lógica teria que ser codificada em ambos os controladores, levando a uma indesejada redundância de código. Idealmente, seguindo as boas práticas de programação no Angular, a função do controlador deveria limitar-se a gerenciar a comunicação entre os diversos elementos do aplicativo. Recomenda-se que o controlador contenha um mínimo de lógica.

Os serviços no Angular são singletons, que, segundo a nomenclatura OO, são classes das quais há apenas uma instância. Um serviço, após registrado, pode ser referenciado por qualquer elemento do aplicativo. O uso de um serviço pode ser a solução para resolver o problema mencionado no parágrafo anterior; eliminamos a duplicidade de código definindo as lógicas do aplicativo em um serviço.

Outra característica do serviço é que seu escopo no tempo é o mesmo do aplicativo, ou seja, depois de criado, um serviço é válido até o encerramento do aplicativo. Em contraste, os controladores são criados e descartados sob demanda, de acordo com a necessidade. Assim, um serviço conta também com a vantagem potencial de proporcionar maior desempenho ao aplicativo. No item 14.6.3, desenvolveremos um serviço para o aplicativo de anotações.

Os serviços do framework são prefixados com $; um deles, $scope, já foi visto e usado no nosso aplicativo.

14.4 Paginação

É fácil perceber que nosso aplicativo de cadastro de notas tem um inconveniente: o tamanho da página HTML aumenta proporcionalmente à quantidade de notas incluídas, dificultando cada vez mais a navegação dentro do aplicativo. A solução clássica é limitar a quantidade de notas apresentadas em uma página e incluir recursos que permitam navegar entre as páginas.

O controle da paginação pode ser implementado no lado cliente ou no servidor. Na primeira abordagem, o cliente tem acesso ao conjunto completo de dados, cabendo a ele dividir e distribuir os dados pelo número de páginas necessárias ao volume de informação. Na segunda opção, o servidor controla a paginação e envia ao cliente apenas os dados da página solicitada.

Para a paginação controlada pelo cliente, apresentaremos duas alternativas de implementação: por filtragem de dados e por monitoração de variáveis.

14.4.1 Filtragem de dados

O mecanismo principal desta técnica de paginação baseia-se em um filtro que seleciona os dados da página escolhida. Recordando, um filtro Angular para converter o texto digitado em letras maiúsculas foi usado em um exemplo do início do capítulo (item 14.1).

```
<div ng-app="">
  <p>Texto: <input type="text" ng-model="nome"/>
  </p>

  <p>{{ nome | uppercase }}</p>
</div>
```

Consulte o link https://docs.angularjs.org/api/ng/filter para ver os filtros disponíveis no Angular.

Um filtro é caracterizado pelo operador | (pipe), separando o elemento à esquerda que será processado pela função localizada à direita do operador. No exemplo, o filtro uppercase recebe a string "nome", converte o conteúdo desta em letras maiúsculas e devolve-a para o ponto de chamada. Além dos filtros que, como uppercase, fazem parte do framework, podemos também definir nossas próprias funções de filtragem.

Para exemplificar a criação e o uso de um filtro definido pelo usuário, codificaremos uma função capaz de inverter o conteúdo de uma string. A página HTML:

```
<!-- angular-filter-inverter/index.html -->
<head>
...
  <script src="js/angular.min.js"></script>
  <script src="js/scripts.js"></script>
</head>
<body>

  <!-- O nome do aplicativo é main -->
  <div ng-app="main">
    <p>Texto: <input type="text" ng-model="nome"/>
    </p>
    <p> {{ nome | uppercase}} </p>
    <p> {{ nome | inverter}} </p>
  </div>

</body>
```

No arquivo de scripts, criamos o aplicativo main e o filtro "inverter" associados ao aplicativo. O filtro nada mais é que uma função JavaScript criada dentro de uma declaração filter de um aplicativo Angular.

```
/* angular-filter-inverter/js/scripts.js */

/* Criação do aplicativo main */
var app = angular.module("main", []);
```

```
/* Filtro inverter do aplicativo main */
app.filter("inverter", function() {
  return function(s) {
    if (s == null)
      return;

    var ret = "";

    // Lógica "ingênua" para inverter
    // uma string
    for (var i = 0; i < s.length; i++)
      ret = s[i] + ret;

    return ret;
  }
});
```

A apresentação da página HTML no navegador.

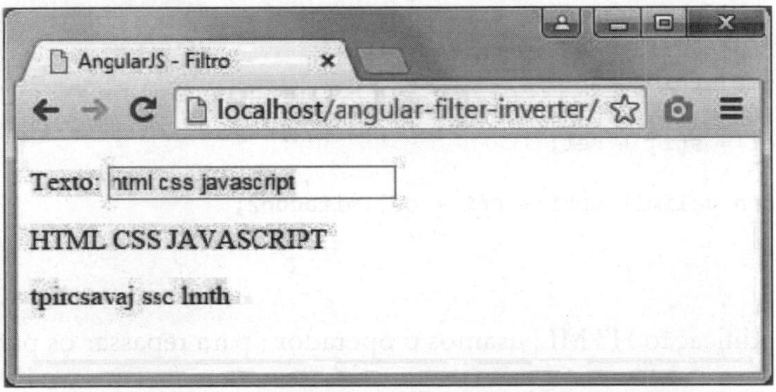

Figura 66 - Página angular-filter-inverter

Os filtros podem ser concatenados. Por exemplo, podemos combinar as operações de inversão e conversão da string em letras maiúsculas em uma única declaração.

```
<p> {{ nome | inverter | uppercase }} </p>
```

Vimos no exemplo que um filtro é essencialmente uma função JavaScript. Consequentemente, como toda função, um filtro pode ter parâmetros de entrada.

Iremos alterar o exemplo anterior para configurar dois parâmetros no filtro que serão concatenados como delimitadores no início e no final da string recebida. Há poucas alterações no código do filtro: inclusão dos parâmetros de entrada na declaração function(), verificação para evitar a inclusão de delimitadores em uma string vazia e operação de concatenação dos delimitadores.

```
/* angular-filter-inverter-2/js/scripts.js */

/* Criação do aplicativo main */
var app = angular.module("main", []);

/* Filtro inverter do aplicativo main */
app.filter("inverter", function() {
  return function(s, delimitador1, delimitador2) {
    if (s == null || s == "")
      return;

    var ret = "";

    // Lógica "ingênua" para inverter
    // uma string
    for (var i = 0; i < s.length; i++)
      ret = s[i] + ret;

    return delimitador1 + ret + delimitador2;
  }
});
```

Na codificação HTML, usamos o operador : para repassar os parâmetros ao filtro.

```
/* angular-filter-inverter-2/index.html */
...
<p> {{ nome | inverter : "<<<" : ">>>" | uppercase }} </p>
...
```

Visualização da página HTML.

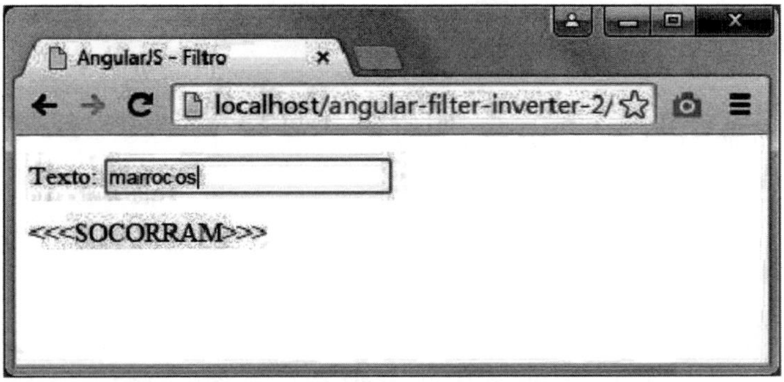

Figura 67 - Página angular-filter-inverter-2

Agora que sabemos como criar um filtro, passemos ao problema da paginação. Por simplicidade, antes de tratar da paginação no aplicativo de cadastro de notas, em caráter ilustrativo, implementaremos um exemplo mais simples. Nosso objetivo é apresentar uma tabela de números inteiros dividida em várias páginas e com controles que permitam saltar de uma página para outra.

A página HTML contém, além da tabela de números, os controles de paginação e dois botões que permitem incluir e excluir elementos da tabela.

```
<!-- angular-pagination-numeros/index.html -->
<!doctype html>
<html>
<head>
  <meta http-equiv="Content-Type" content="text/html;
    charset=utf-8" />
  <title>
    AngularJS - Teste de paginação client side – Filtro
  </title>

  <!-- Scripts -->
...

  <!-- CSS -->
...
</head>
<body ng-app="main" ng-controller="control_1">
  <div class="container">
    <h3>Teste de paginação com filtro</h3>

    <!-- Botões incluir/excluir elementos -->
...
```

```
    <!-- Apresentação dos dados -->
...

    <!-- Controle de paginação -->
...
  </div>
</body>
</html>
```

No cabeçalho, referenciamos o framework Angular, a biblioteca UI Bootstrap, necessária para controlar a paginação, e o arquivo JavaScript, onde estão codificadas as lógicas do aplicativo. A biblioteca UI Bootstrap pode ser baixada no site http://angular-ui.github.io/bootstrap/.

```
<!-- scripts -->
<script src="js/angular.js"></script>
<script src="js/ui-bootstrap-tpls-0.12.0.min.js">
</script>
<script src="js/app.js"></script>
```

Usamos os estilos da biblioteca Bootstrap para aprimorar a aparência da página.

```
<!-- CSS -->
<link rel="stylesheet" href="css/bootstrap.min.css">
</link>
<link rel="stylesheet" href="css/bootstrap-theme.min.css">
</link>
```

Na declaração do corpo da página, referenciamos o aplicativo Angular e o controlador usados pela página: main e control_1, respectivamente. O conteúdo da página é declarado dentro de um contêiner Bootstrap. Consulte o item 5.2 para ver mais detalhes sobre a formatação Bootstrap.

```
<body ng-app="main" ng-controller="control_1">
  <div class="container">
...
  </div>
</body>
```

Usamos o atributo ng-click para vincular os botões para incluir e excluir elementos com as respectivas funções do controlador:

```
<!-- Botões incluir/excluir elementos -->
<div>
  <button ng-click="incluir()">Incluir</button>
  <button ng-click="excluir()">Excluir</button>
</div>
```

A parte principal da página são os elementos da lista apresentados como linhas de uma tabela. Os elementos são processados por um filtro denominado "filtro" que é definido no arquivo de scripts app.js. O parâmetro principal do filtro é a lista de valores declarada à sua esquerda. O segundo parâmetro de configuração do nosso filtro é o número da página selecionada; esse valor é armazenado na variável "pagina".

```
<!-- Apresentação dos dados -->
<table>
  <tr ng-repeat="x in (lista | filtro : pagina)">
    <td> {{x}} </td>
  </tr>
</table>
```

O controle de paginação, que permite ao usuário selecionar uma determinada página, é implementado com o marcador <pagination> da biblioteca UI Bootstrap.

```
<!-- Controle de paginação -->
<div>
  <pagination
    boundary-links="true"
    class="pagination-sm"

    first-text="&laquo;"
    previous-text="&lsaquo;"
    next-text="&rsaquo;"
    last-text="&raquo;"
    max-size="5"
    rotate="false"

    items-per-page="elementosPorPagina"
    ng-model="pagina"
    total-items="numeroItens"
```

```
  >
  </pagination>
</div>
```

O layout dos controles de paginação é configurado nos atributos do marcador <pagination>.

O atributo boundary-links, setado em true, indica que os botões de salto para a primeira e a última página serão apresentados.

Os valores configurados nos atributos first-text, previous-text, next-text e last-text armazenam o texto que será mostrado nos botões de salto para a primeira, anterior, seguinte e última página, respectivamente.

O controle de paginação conta também com botões que permitem saltar para uma página específica:

- O atributo max-size configura o número máximo de botões que serão mostrados;
- O atributo rotate configura o layout quando há mais botões do que o máximo que pode ser apresentado, conforme configurado em max-size. O valor false nesse parâmetro configura a apresentação de "..." para os botões não visíveis. Se configurarmos true, o layout apresentado usará a rolagem dos botões, apresentando somente os botões contíguos ao botão referente à página atual, limitado ao número de botões configurados em max-size.

No mesmo marcador <pagination>, além dos atributos estáticos do layout, configuramos também os parâmetros dinâmicos da paginação.

Em items-per-page, configuramos o número máximo de elementos que podem ser apresentados em uma página. Apesar desse valor ser estático, configuramos uma variável para que o controlador possa ler seu valor e usá-lo como um dos parâmetros necessários para selecionar os elementos da página escolhida pelo usuário.

O atributo ng-model configura o nome da variável que conterá o número da página selecionada.

No atributo total-items, configuramos o número total de itens considerando todas as páginas. Esse valor é dinâmico porque ele se altera de acordo com as operações de inclusão e exclusão executadas pelo usuário.

Consulte a documentação UI Bootstrap em http://angular-ui.github.io/bootstrap/, item ui.bootstrap.pagination, para saber quais são os outros parâmetros de configuração do marcador <pagination> e suas características.

Apresentação da página HTML.

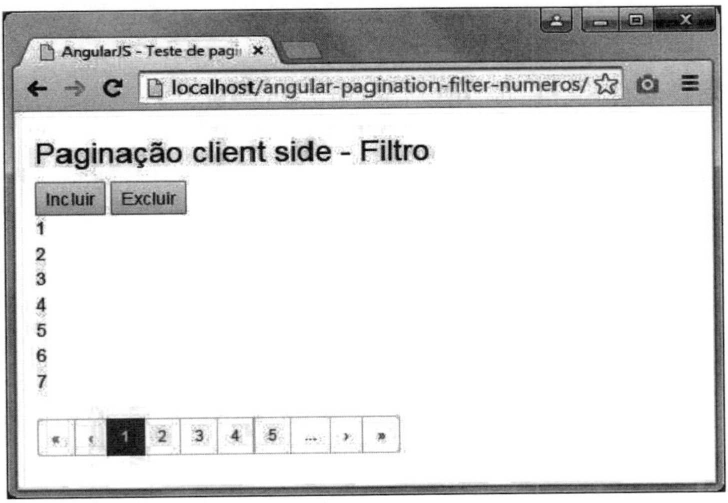

Figura 68 - Página angular-pagination-filter-numeros

O outro componente do aplicativo para implementar a paginação são as lógicas de controle. Usando a biblioteca UI Bootstrap, apenas um mínimo de código será necessário.

No arquivo JavaScript app.js, codificamos as lógicas do controlador, do serviço e do filtro de paginação do aplicativo.

No momento da criação do aplicativo main, indicamos sua dependência em relação à biblioteca UI Bootstrap declarando-a entre colchetes.

```
/* angular-pagination-numeros/js/app.js */
var ELEMENTOS_POR_PAGINA = 7;
var app = angular.module("main", ["ui.bootstrap"]);
```

```
/* */
app.controller("control_1", function($scope, Lista) {
...
});

/* */
app.factory("Lista", function() {
...
});

/* */
app.filter("filtro", function() {
...
});
```

O controlador control_1 é o intermediário entre a visão e o serviço. É nesse elemento onde se declaram as funções usadas pela página HTML e se inicializam as variáveis usadas pelo aplicativo.

No controlador, inicializamos as variáveis relacionadas à paginação e recuperamos os dados do aplicativo armazenados no serviço Lista. Além das inicializações, o controlador contém as funções que atendem as ações de incluir e excluir notas requisitadas pelo usuário na página HTML. Essas funções apenas invocam as funções do serviço Lista, pois a manipulação dos dados do aplicativo é responsabilidade do serviço.

Como no exemplo anterior, é necessário declarar a dependência do controlador em relação a $scope. Adicionalmente, o objeto depende também do serviço Lista criado para acessar os dados do aplicativo. Nota sobre o jargão usado pelo Angular: quando se declaram as dependências do controlador em relação aos serviços e a outros elementos, diz-se que elas são injetadas no controlador ou que se está executando uma injeção de dependência.

```
/* angular-pagination-numeros/js/app.js */
/* */
app.controller("control_1", function($scope, Lista) {
  // Inicializações
  $scope.elementosPorPagina = ELEMENTOS_POR_PAGINA;
  $scope.pagina = 1;
  $scope.lista = Lista.elementos();
  $scope.numeroItens = Lista.tamanho();

  // Ação associada ao botão "Incluir" (HTML)
```

```
  $scope.incluir = function() {
    $scope.numeroItens = Lista.incluir();
  }

  // Ação associada ao botão "Excluir" (HTML)
  $scope.excluir = function() {
    $scope.numeroItens = Lista.excluir();
  }
});
```

O serviço Lista é o elemento que efetivamente armazena e controla o acesso aos dados do aplicativo. Como foi mencionado no item 14.3, os serviços são singletons, ou seja, há apenas um objeto do tipo em todo o aplicativo, de forma que qualquer controlador que faça referência a ele acessará o mesmo elemento. Em nosso aplicativo, o conjunto de dados usado pelo controlador principal, control_1, poderá ser referenciado por outros controladores que venham a ser criados. Entre os diversos tipos de serviço disponibilizados pelo Angular, selecionamos o objeto do tipo factory.

Factory é estruturada na forma de uma função que retorna um objeto. Ele contém o array que armazena os dados, o código de inicialização dessa estrutura e o objeto cujos membros são as funções que manipulam os dados: incluir e excluir nota da estrutura; retornar os dados (a estrutura); e retornar a quantidade de notas armazenadas (tamanho da estrutura).

```
/* */
app.factory("Lista", function() {
  // Estrutura que contém as notas
  var lista = [];

  // Inicialização da lista
  for(var i = 1; i <= 100; i++) {
    lista.push(i);
  }

  // Objeto contendo as funções de manipulação
  var funcoes = {
    elementos: function() {
      return lista;
    },

    tamanho: function() {
      return lista.length;
```

```
      },

      incluir: function() {
        lista.push(lista.length + 1);
        return lista.length;
      },

      excluir: function() {
        lista.pop();
        return lista.length;
      }
    }

    // A função retorna um objeto
    return funcoes;
});
```

A função do filtro "filtro" é retornar os elementos da lista que pertencem à página selecionada.

Na página HTML, invocamos o filtro passando a lista completa de elementos e a página selecionada como parâmetros.

```
<!-- angular-pagination-numeros/index.html -->
<!-- Apresentação dos dados -->
<table>
  <tr ng-repeat="x in (lista | filtro : pagina)">
...
```

Sabendo o tamanho da página, o filtro cria a sublista de elementos correspondente e a retorna à página HTML. A função JavaScript slice() foi descrita no item 6.7.

```
/* */
app.filter("filtro", function() {
  return function(lista, pagina) {

    var inicio = (pagina - 1)*ELEMENTOS_POR_PAGINA;
    return lista.slice(inicio,
        inicio + ELEMENTOS_POR_PAGINA);

  }
});
```

14.4.2 Monitoração de elementos

Outra forma de selecionar os elementos da página é monitorar as duas variáveis que alteram o conteúdo apresentado:

- O número da página selecionada se altera quando o usuário clica nos controles de paginação;
- O número total de elementos se altera quando ocorre uma inclusão ou exclusão.

Implementamos a monitoração como uma funcionalidade do controlador baseada na função de biblioteca $watch(). Essa função tem dois parâmetros: a variável que deve ser monitorada e a função que deve ser executada quando ocorre uma alteração no valor da variável. Se o filtro monitorar mais de uma variável, como no nosso exemplo (numeroItens e "pagina"), será necessário separá-las com o operador +.

Quando uma dessas variáveis se altera, a função registrada em $watch é executada com o mesmo efeito do filtro usado na outra versão do aplicativo: a lista é preenchida com os elementos correspondentes à página selecionada.

Em relação ao código do controlador desenvolvido no item anterior, efetuaremos algumas alterações para adequar a lógica ao serviço $watch(). A inicialização da variável lista é desnecessária, pois seu conteúdo será controlado pelo serviço $watch() de acordo com a página selecionada. A segunda alteração é a inclusão da lógica específica desta técnica: a monitoração das variáveis via $watch().

```
/* angular-pagination-watch/js/app.js */
/* */
app.controller("control_1", function($scope, Lista) {
...
// A lista passa para o controle da função $watch()
// $scope.lista = Lista.elementos();
...

  $scope.incluir = function() {
...

  $scope.excluir = function() {
```

```
...

  //
  $scope.$watch("numeroItens + pagina", function() {
    var ini = ($scope.pagina - 1) *
        ELEMENTOS_POR_PAGINA;
    $scope.lista = Lista.elementos().slice(ini,
        ini + ELEMENTOS_POR_PAGINA);
  });
});
```

Note como não usamos o prefixo $scope ao registrarmos as variáveis monitoradas pela função $watch().

A página HTML dispensa o filtro de seleção, pois sob controle da função de monitoração, a lista conterá apenas os elementos da página selecionada.

```
<!-- angular-pagination-watch/index.html -->
<!-- Apresentação dos dados -->
<table>
  <tr ng-repeat="x in lista">
    <td>{{x}}</td>
  </tr>
</table>
```

Em resumo, as alterações do aplicativo em relação à versão baseada em filtro são as seguintes:

- Na página HTML, a estrutura de repetição não usa nenhum tipo de filtro;
- Não é mais necessário, obviamente, implementar o filtro;
- A monitoração é implementada com base na função $watch();
- A lista de elementos passa para o controle da função $watch().

14.4.3 Paginação controlada no lado servidor

A principal vantagem da paginação controlada pelo servidor é que o cliente recebe apenas os dados selecionados correspondentes à página que será mostrada. Comparando, quando o aplicativo usa um filtro, todos os dados são recebidos pelo cliente, cabendo à filtragem selecionar a informação correspondente à página. Imagine um aplicativo como o do Capítulo 13, que lista todas as cidades do Brasil. O volume de informação é tal que se todos esses dados forem recebidos pelo cliente de uma única vez, poderá ocorrer uma sobrecarga no aplicativo.

Em uma lógica onde o controle da paginação fica no servidor, se o usuário mudar a página, ficará a cargo do cliente enviar ao servidor o número da página selecionada e o número de elementos apresentados em uma página. O servidor seleciona os elementos da página escolhida pelo usuário e envia-os ao cliente; o servidor envia também a quantidade total de elementos de todas as páginas para que o cliente possa determinar o número total de páginas.

Além das alterações necessárias para enviar e receber as informações mencionadas, as lógicas do aplicativo não diferem de uma versão em que o cliente controla a paginação.

Esta técnica de paginação será usada no item 14.6, no desenvolvimento da segunda versão do aplicativo de registro de anotações.

14.5 Interface com banco de dados

Sem um recurso de preservação dos dados, as anotações digitadas pelo usuário serão perdidas assim que a sessão for encerrada. Ou seja, o aplicativo terá pouca utilidade se não houver uma conexão com um banco de dados.

Usaremos uma solução clássica baseada em um backend formado por um servidor Web onde um script PHP acessa o banco de dados que armazena as notas. O acesso ao banco de dados usando o PHP foi tema do Capítulo 10.

Para o exemplo, selecionamos o banco de dados PostgreSQL e estruturamos uma tabela que armazenará as notas.

```
create table t_notas_2( id serial primary key,
    tstamp timestamp default current_timestamp,
    texto varchar(512) not null );
```

A estrutura do script PHP é bem simples, sendo formada por duas funções principais: main(), que recebe as solicitações do cliente, e executeSql(), a função que efetivamente acessa o banco de dados.

```
/* angular-notes-bd/sql.php */
<?php

/* Função auxiliar */
function encode(
  $ok = false, $dados, $msg = "", $num_elementos = 0) {
...
}

/* Acessa o banco de dados */
function executeSql($sql, $tipo, $val1 = "", $val2 = "") {
...
}

/* Trata as solicitações do cliente */
function main() {
...
}

/*** Ponto de entrada do script ***/
main();
```

Todo aplicativo Angular acessa o servidor usando as requisições HTTP GET, POST, PUT e DELETE. Esta padronização do formato de requisição, denominado interface REST, deve ser seguida pelo cliente e pelo servidor (o script PHP).

A tarefa básica de main() é verificar o tipo de requisição recebido, montar a consulta adequada, executar a consulta por meio da função executeSql() e devolver a resposta ao cliente.

```
/* angular-notes-bd/sql.php */
/* Trata as solicitações do cliente */
function main() {
  $requisicao = json_decode(
    file_get_contents("php://input"));
  $sql = "";
  $resposta = "";
  $num_elementos = 0;

  switch ($_SERVER["REQUEST_METHOD"]) {
    case "DELETE":
...

    case "GET":
```

```
...
    case "POST":
...
    case "PUT":
...
    default:
...
  }

  print encode($resposta[0], $resposta[1], $resposta[2],
      $num_elementos);
}
```

Iremos examinar a função main() para entender as lógicas do tratamento de requisições do cliente.

Para determinar o tipo de requisição vindo do cliente, basta verificar a variável PHP (super-global) $_SERVER.

As informações complementares do pedido do cliente são recuperadas pela função file_get_contents(). Essa função retorna uma string contendo os dados enviados pelo cliente. Como o padrão de uma requisição Angular é o formato JSON, usamos a função json_decode() para converter a informação recebida em um objeto PHP.

Inversamente, como as informações retornadas pela consulta ao banco de dados vêm na forma de um objeto PHP, é necessário executar uma conversão para o formato JSON antes de enviar esses dados para o cliente Angular.

14.5.1 Requisição DELETE

O tratamento da requisição DELETE nada mais é que a montagem de uma consulta para a exclusão de uma linha da tabela identificada pela coluna ID.

```
case "DELETE":
  $sql = "delete from t_notas_2 where id = :par1";
  $resposta = executeSql($sql, $_SERVER["REQUEST_METHOD"],
      $requisicao->id);
  break;
```

14.5.2 Requisição GET

A requisição GET tem um tratamento um pouco mais complexo. São necessárias duas consultas: uma para selecionar os registros correspondentes à página solicitada na requisição e outra para determinar o número total de registros (as notas) contidos no conjunto de todas as páginas.

```
case "GET":
  $pagina = 1;
  $elementosPorPagina = 1;

  if (isset($_GET["pagina"]))
    $pagina = $_GET["pagina"];

  if (isset($_GET["elementosPorPagina"]))
    $elementosPorPagina = $_GET["elementosPorPagina"];

  // Consulta para selecionar os elementos da página
  $inicio = $elementosPorPagina * ($pagina - 1);
  $sql = "select * from t_notas_2 order by tstamp desc
      offset :par1 limit :par2";
  $dados = executeSql($sql, $_SERVER["REQUEST_METHOD"],
      $inicio, $elementosPorPagina);

  if ($dados[0]) {
    // consulta para determinar número total de elementos
    $rows = $dados[1];
    $msg = $dados[2];
    $sql = "select count(id) from t_notas_2";
    $dados = executeSql($sql, $_SERVER["REQUEST_METHOD"]);

    if ($dados[0]) {
      $resposta = array(true, $rows, $msg);
      $num_elementos = $dados[1][0]["count"];
      break;
    }
  }

  // falha na consulta: retorna mensagem de erro
  $resposta = array(false, array(), $dados[2], 0);
  break;
```

O primeiro passo é determinar o número da página e a quantidade de elementos de uma página. Essas informações são enviadas pelo cliente e podem ser recuperadas na variável PHP $_GET.

```
if (isset($_GET["pagina"]))
   $pagina = $_GET["pagina"];

if (isset($_GET["elementosPorPagina"]))
   $elementosPorPagina = $_GET["elementosPorPagina"];
```

Sabendo a quantidade de elementos de uma página e a página desejada, podemos calcular o elemento inicial da página. Observe que a numeração de página no cliente Angular começa em um, enquanto que a numeração dos registros retornados pela consulta começa em zero.

```
$inicio = $elementosPorPagina * ($pagina - 1);
```

A consulta ao banco de dados restringe o resultado à quantidade desejada de elementos (limit) em uma página, contado a partir do registro que é o primeiro elemento (offset) da página. A consulta ao banco de dados é efetivada pela função executeSql().

```
$sql = "select * from t_notas_2 order by tstamp desc
    offset :par1 limit :par2";
$dados = executeSql($sql, $_SERVER["REQUEST_METHOD"],
    $inicio, $elementosPorPagina);
```

Uma segunda consulta é necessária para determinar a quantidade total de registros da tabela que seriam retornados, caso não houvesse a restrição de paginação.

```
$sql = "select count(id) from t_notas_2";
$dados = executeSql($sql, $_SERVER["REQUEST_METHOD"]);
```

A resposta devolvida ao cliente é armazenada em um array contendo: uma flag, com valor true, indicando o sucesso da operação; os registros retornados pela consulta; e uma mensagem usada apenas para auxiliar o debug do aplicativo (não deve constar em uma versão de produção). Outra informação que deve ser enviada ao cliente é a quantidade total de registros que obedecem ao critério da consulta. A resposta é formatada no padrão JSON pela função auxiliar encode() e transmitida ao cliente pela função PHP print().

```
if ($dados[0]) {
  $resposta = array(true, $rows, $msg);
  $num_elementos = $dados[1][0]["count"];
  break;
}
```

14.5.3 Requisição POST

A requisição POST atende a operação de inclusão de uma nova linha de dados (registro) na tabela. Essa requisição já embute os dados que devem ser gravados, não sendo necessário recuperar parâmetros extras, como é o caso da requisição GET.

```
case "POST":
  $sql = "insert into t_notas_2(texto) values(:par1)";
  $resposta = executeSql($sql, $_SERVER["REQUEST_METHOD"],
      $requisicao->texto);
  break;
```

14.5.4 Requisição PUT

A requisição PUT corresponde à operação de atualização de uma linha de dados da tabela. Da mesma forma que POST, PUT já incorpora na estrutura da requisição os dados necessários à operação.

```
case "PUT":
  $sql = "update t_notas_2 set texto = :par1 where id = :par2";
  $resposta = executeSql($sql, $_SERVER["REQUEST_METHOD"],
      $requisicao->texto, $requisicao->id);
  break;
```

14.5.5 Execução da consulta

Outra função essencial do script é executeSql(), que executa o acesso ao banco de dados. Ela é uma aplicação direta da interface PDO (PHP Data Objects), que foi assunto do item 10.3.

A configuração da consulta permite até dois valores parametrizados que são substituídos pelos dados passados na chamada da função. As requisições DELETE e POST usam apenas um desses parâmetros; GET e PUT usam ambos.

Se a requisição for do tipo GET, a função armazenará no array $rows os dados recuperados na tabela.

```
/* angular-notes-bd/sql.php */
...
/* */
function executeSql($sql, $tipo, $val1 = "", $val2 = "") {
  try {
    $pdo = new PDO("pgsql:host=localhost; dbname=teste",
        "wilson", "12345");
    $db_sql = $pdo->prepare($sql);

    if ($val1 !== "")
      $db_sql->bindValue(":par1", $val1);

    if ($val2 !== "")
      $db_sql->bindValue(":par2", $val2);

   // IMPORTANTE: usar die() somente para debug
    $db_sql->execute() or
        die(print_r($db_sql->errorInfo()));

    $rows = array();

    if ($db_sql != false && $tipo == "GET") {
      $rows = $db_sql->fetchAll(PDO::FETCH_ASSOC);
    }

    if ($db_sql == false)
      return array(false, $rows,
          "Erro na query: " . $sql);

    return array(true, $rows, $sql);
  }
  catch(PDOException $e) {
    return array(false, array(),
        "Erro na conexão com banco de dados");
  }
}
```

14.5.6 Resposta ao cliente

A função encode() é apenas uma rotina auxiliar criada sobre a função de biblioteca json_encode(). Ela armazena os dados que devem ser retornados ao cliente no formato JSON, que é o padrão usado pela interface de um aplicativo Angular.

```
/* angular-notes-bd/sql.php */
...
/* */
function encode($ok = false, $dados, $msg = "",
    $num_elementos = 0) {
  return json_encode(
    array("ok" => $ok,
          "dados" => $dados,
          "num_elementos" => $num_elementos,
          "msg" => $msg));
}
```

14.6 Aplicativo de anotações aperfeiçoado

Voltamos ao aplicativo de registro de anotações do item 14.2 para aperfeiçoá-lo incluindo os recursos de gravação no banco de dados e paginação no lado servidor.

14.6.1 Página HTML

A página HTML é estruturada em um contêiner Bootstrap dentro do qual se declaram os seguintes elementos:

- Cabeçalho;
- Diretiva para mostrar o número de caracteres digitados na caixa de texto;
- Diretiva para mostrar uma mensagem de retorno, que pode ser a confirmação de sucesso na operação ou um aviso de erro;
- Caixa de texto;
- Botões para as operações de gravar, alterar e excluir registros;
- Botão para limpar a caixa de texto;
- Listagem das anotações gravadas;
- Controles de paginação.

```
<!-- angular-notes-bd/index.html -->
<!DOCTYPE HTML>
<html>
  <head>
    <meta http-equiv="Content-Type" content="text/html;
      charset=utf-8" />
    <title>AngularJS - Anotações</title>

    <!-- Scripts -->
...
  </head>
  <body  ng-app="notes"
    ng-controller="notesController">
    <div class="container">
    <form>
      <!-- Cabeçalho -->
...

      <!-- Número de caracteres e mensagens de
         erro/confirmação -->
...

      <!-- Caixa de texto para digitação -->
...
    </form>

    <!-- Botões para gravar, alterar, excluir notas
         e limpar caixa de texto -->
    <form class="form-inline" role="form">
...
    </form>

    <hr />

    <!-- Lista as notas gravadas -->
    <form>
...
    </form>

    <!-- Controles de paginação -->
    <div>
      <pagination
...
      >
      </pagination>
    </div>
```

```
    </div> <!-- container -->

    <!-- CSS -->
...
  </body>
</html>
```

Declaração do nome do aplicativo e do controlador.

```
<body ng-app="notes" ng-controller="notesController">
```

Além do Angular, o aplicativo depende da biblioteca UI Bootstrap para controlar a paginação e dos arquivos de fontes glyphicons-halflings-regular usados para apresentar os ícones dos botões. As lógicas do aplicativo estão codificadas no arquivo scripts.js.

```
<!-- Scripts -->
<script src="js/angular.js"></script>
<script src="js/ui-bootstrap-tpls-0.12.0.min.js">
</script>
<script src="js/scripts.js"></script>
```

O número de caracteres digitados na caixa de texto é calculado pela função textSize() declarada no controlador. A variável mensagem é setada pelo controlador para indicar o resultado de uma operação: a tentativa de incluir, excluir ou alterar um registro foi bem-sucedida ou ocorreu um erro.

```
<!-- Número de caracteres e mensagens de
     erro/confirmação -->
<form class="form-inline" role="form">
  <div class="row">
    <div class="col-xs-3">
      <p>Ch: <span ng-bind="textSize()">
      </span></p>
    </div>

    <div class="col-xs-9">
      <p ng-model="mensagem">
        {{ mensagem }}
      </p>
    </div>
  </div>
</form>
```

A declaração da caixa de texto.

```
<!-- Caixa de texto para digitação -->
<div class="form-group">
  <textarea ng-model="texto"
    class="form-control" rows="5">
  </textarea>
</div>
```

As funções delete(), save() e update(), declaradas no controlador, estão associadas à operações de excluir, gravar e atualizar registros, respectivamente. No atributo title, configuramos o texto que aparece, como uma dica, quando o mouse passa sobre o botão. Os botões de atualizar e excluir dados são apresentados apenas quando um registro é selecionado: a visibilidade do botão é controlada pela variável showBtnDelUpd, que é setada pelo controlador.

```
<!-- Botões para gravar, alterar, excluir notas -->
<form class="form-inline" role="form">
  <button class="btn btn-default btn-sm"
      ng-click="save()"
      title="Gravar nova nota">
    <span class="glyphicon glyphicon-plus">
    </span>
  </button>

  <button class="btn btn-default btn-sm"
      ng-click="update()"
      ng-show="showBtnDelUpd"
      title="Gravar alteração">
    <span class="glyphicon glyphicon-ok">
    </span>
  </button>

  <button class="btn btn-default btn-sm"
      ng-click="delete()"
      ng-show="showBtnDelUpd"
      title="Eliminar nota">
    <span class="glyphicon glyphicon-remove">
    </span>
  </button>

  <!-- Limpar caixa de texto -->
```

```
    <button class="btn btn-default btn-sm"
        ng-click="clear()"
        title="Limpar">
      <span class="glyphicon glyphicon-refresh">
      </span>
    </button>
</form>
```

A listagem das notas gravadas é baseada em um loop ng-repeat. Quando clicamos em uma nota, a função select() do controlador seleciona o registro correspondente e apresenta seu conteúdo na caixa de texto. Esse conteúdo pode ser alterado e gravado ou excluído do banco de dados.

```
<!-- Lista as notas gravadas -->
<form>
  <div class="form-group">
    <div ng-repeat="nota in notas">
      <a ng-click="select(nota.id, nota.texto)">
        <strong>{{ nota.tstamp }}</strong>
      </a>
      <br>
      <p>{{ nota.texto }}</p>
    </div>
  </div>
</form>
```

O controle de paginação é similar ao que foi implementado no item 14.4.1. Os parâmetros dinâmicos dependentes do controlador são a página selecionada, o número de elementos por página (valor fixo, porém configurado na variável) e o número total de itens.

```
<!-- Controles de paginação -->
<div>
  <pagination
    boundary-links="true"
    class="pagination-sm"
    max-size="5"
    rotate="false"

    first-text="&laquo;"
    previous-text="&lsaquo;"
    next-text="&rsaquo;"
    last-text="&raquo;"
```

```
    items-per-page="ELEMENTOS_POR_PAGINA"
    ng-model="pagina"
    total-items="numeroItens"
  >
  </pagination>
</div>
```

14.6.2 Lógicas

As lógicas do aplicativo estão codificadas no controlador notesController e em um serviço do tipo factory, NotesFactory.

Na criação do aplicativo, declaramos sua dependência em relação à biblioteca UI Bootstrap.

```
/* angular-notes-bd/js/scripts.js */
...
/* Application */
var app = angular.module("notes", ["ui.bootstrap"]);
```

Criamos um serviço do tipo factory denominado NotesFactory. Esse serviço é responsável pela interação com o aplicativo servidor, daí sua dependência em relação ao serviço Angular $http que manipula as requisições HTTP.

```
/* Serviço - factory */
app.factory("NotesFactory", ["$http", NotesFactory]);

/*** ***/
function NotesFactory($http) {
...
}
```

Criamos também um controlador denominado notesController. Suas dependências são o serviço $scope, relativo à visão, e NotesFactory, que é o serviço específico do aplicativo para acessar o banco de dados.

```
/* Controlador */
app.controller("notesController",
    ["$scope", "NotesFactory", notesController]);

/*** ***/
function notesController($scope, NotesFactory) {
```

```
...
}
```

14.6.3 Serviço

O aplicativo Angular comunica-se com o script PHP de acesso ao banco de dados usando o serviço assíncrono, não bloqueante, $http. Uma solicitação não bloqueante não espera a resposta, de forma que não bloqueia o fluxo do programa. Essa abordagem evita que o aplicativo fique "preso", esperando a resposta do servidor, cujo tempo de resposta é imprevisível. Assim sendo, o valor de retorno de $http não é a resposta do servidor, mas um manipulador com dois métodos, success() e error(), que serão ativados quando o servidor responder com uma mensagem de êxito ou erro, respectivamente.

```
var promise = $http( ... )

promise.success( ... );

promise.error( ... );
```

O serviço $http é configurado por uma série de parâmetros que devem ser declarados dentro de um objeto. Entre os parâmetros mais importantes, temos o tipo de requisição, a URL do servidor que atenderá a requisição e os dados que devem ser enviados ao servidor. No exemplo abaixo, requisitamos uma operação de exclusão (DELETE) ao script sql.php com o dado "id = idNota". Traduzindo, solicitamos que o script sql.php do servidor elimine a linha da tabela cuja coluna ID coincide com o valor da variável idNota.

```
var promise = $http({
    method: "DELETE",
    url: 'sql.php',
    data: {'id': idNota}
});
```

As requisições HTTP DELETE, GET, POST e PUT também estão disponíveis, de uma maneira abreviada, na forma de métodos do serviço $http: delete(), get(), post() e put(), respectivamente.

O serviço NotesFactory implementa as lógicas que executam as operações relativas às requisições mencionadas, encaminhando as solicitações de excluir, ler, gravar e alterar uma ou mais notas, respectivamente, para o servidor. Ali, o script sql.php solicita ao banco de dados a execução das operações que atendem essas requisições.

As funções que estamos implementando no serviço poderiam ser codificadas no controlador. Porém, a vantagem de usar um serviço é que ele pode ser acessado de qualquer parte do aplicativo, como, por exemplo, de outro controlador. Ou seja, o serviço é uma solução mais genérica.

```
/*** ***/
function NotesFactory($http) {
  var factory = {};

  /* Executa a operação DELETE */
  factory.delete = function(idNota) {
...
  }

  /* Executa a operação GET */
  factory.get = function(parametros) {
...
  }

  /* Executa a operação POST */
  factory.save = function(texto) {
...
  };

  /* Executa a operação PUT */
  factory.update = function(idNota, texto) {
...
  }

  /* Retorna o objeto criado */
  return factory;
}
```

A função delete(), que atende a requisição DELETE, já foi vista no parágrafo anterior.

```
/* Executa a operação DELETE */
factory.delete = function(idNota) {
```

```
  return $http( { method: "DELETE",
      url: "sql.php",
      data: {"id": idNota}
  });
}
```

A função que atende a requisição GET usa o método get() de $http. Ela usa o objeto "parametros", recebido da função chamadora, para transmitir as informações sobre a paginação (número de elementos por página e a página selecionada) para o aplicativo servidor.

```
/* Executa a operação GET */
factory.get = function(parametros) {
  return $http.get("sql.php", {params: parametros});
}
```

A requisição POST está relacionada à gravação de um novo registro. A função chamadora deve passar o texto a ser gravado no banco de dados.

```
/* Executa a operação POST */
factory.save = function(texto) {
  return $http.post("sql.php", {"texto": texto});
};
```

A função de atualização de um registro, vinculada à requisição PUT, tem como parâmetros o identificador da nota e o texto alterado.

```
/* Executa a operação PUT */
factory.update = function(idNota, texto) {
  return $http.put("sql.php",
    {"id": idNota, "texto": texto});
}
```

14.6.4 Controlador

No controlador, inicializamos as variáveis de $scope e codificamos as funções que atendem as operações solicitadas pelo usuário, ou seja, incluir, excluir, alterar e selecionar anotações. O objeto controlador contém também algumas funções de apoio a essas operações.

```
/* angular-notes-bd/js/scripts.js */
...
/*** ***/
function notesController($scope, NotesFactory) {
  // Inicializações
  $scope.ELEMENTOS_POR_PAGINA = 5;
  $scope.notas = [];
  $scope.numeroItens = 0;
  $scope.pagina = 1;
  $scope.showBtnDelUpd = false;
  $scope.texto = "Digite seu texto ...";

  /* Limpa a caixa de texto */
  $scope.clear = function() {
...
  };

  /* Elimina registro do banco de dados */
  $scope.delete = function() {
...
  }

  /* Recupera os registros do banco de dados */
  $scope.get = function() {
...
  }

  /* Grava um registro no banco de dados */
  $scope.save =  function() {
...
  };

  /* Seleciona a nota clicada pelo usuário */
  $scope.select = function(id) {
...
  }

  /* Retorna número de caracteres na caixa de texto */
  $scope.textSize = function() {
...
  };

  /* Interface com serviço que executa a consulta */
  $scope.tratarSql = function(promise, onSuccess, onError) {
...
  }
```

```
  /* Atualiza registro no banco de dados */
  $scope.update = function() {
...
  }

  /* Monitora mudança na quantidade de notas registradas no
     banco de dados e alteração da página selecionada */
  $scope.$watch("numeroItens + pagina", function() {
...
  });
}
```

Durante a inicialização do aplicativo, setamos a primeira página como a inicial e configuramos a apresentação de cinco elementos por página. O número de itens deve ser zerado porque a leitura do banco de dados ainda não foi executada.

Declaramos um array para armazenar as notas. A estrutura será preenchida com os dados armazenados no banco de dados e usada para gerar a página HTML.

Os botões de excluir e atualizar são ocultados, sendo apresentados somente quando o usuário seleciona uma nota. Veja a função select().

```
// Inicializações
$scope.ELEMENTOS_POR_PAGINA = 5;
$scope.notas = [];
$scope.numeroItens = 0;
$scope.pagina = 1;
$scope.showBtnDelUpd = false;
$scope.texto = "Digite seu texto ...";
```

O principal grupo de funções do controlador são aquelas relacionadas às operações de excluir, recuperar, gravar e atualizar uma anotação: delete(), get(), save() e update(), respectivamente. Essas funções delegam a execução das operações de consulta ao banco de dados para as funções declaradas no serviço NotesFactory visto no item 14.6.3.

O segundo grupo é composto pelas funções auxiliares select() e tratarSql().

A função auxiliar select() é disparada quando se clica em uma anotação na página HTML.

```
<!-- angular-notes-bd/index.html -->
...
<a ng-click="select(nota.id, nota.texto)">
  <strong>{{ nota.tstamp }}</strong>
</a>
```

O identificador da anotação selecionada é armazenado na variável idNota para servir de referência às operações de atualizar e excluir registro. O conteúdo da anotação é armazenado na variável $scope.texto para ser apresentado na caixa de texto no instante em que a nota é selecionada.

```
/* */
$scope.select = function(id, texto) {
  $scope.mensagem = "";
  $scope.showBtnDelUpd = true;
  $scope.texto = texto;
  idNota = id;
};
```

A função select() seta a variável showBtnDelUpd em true para que os botões de excluir e atualizar registro da página HTML fiquem visíveis. Ou seja, quando uma nota é selecionada, a função select() habilita as opções de excluir e gravar as alterações efetuadas.

```
<!-- angular-notes-bd/index.html -->
...
<button class="btn btn-default btn-sm" ng-click="update()"
  ng-show="showBtnDelUpd"
  title="Gravar alteração">
  <span class="glyphicon glyphicon-ok"></span>
</button>

<button class="btn btn-default btn-sm" ng-click="delete()"
  ng-show="showBtnDelUpd"
  title="Eliminar nota">
  <span class="glyphicon glyphicon-remove"></span>
</button>
```

A função tratarSql() é utilizada por todas as funções principais, delete(), get(), save() e update(), para tratar a informação recebida como resposta a uma consulta enviada ao banco de dados.

```
/* */
$scope.tratarSql = function(promise, onSuccess, errorMsg) {
  promise.success( function(data, status, headers, config) {
    if (data.ok == false) {
      $scope.mensagem = errorMsg;
      return false;
    }

    onSuccess(data);
    return true;
  });

  promise.error( function(data, status, headers, config) {
    $scope.mensagem = errorMsg;
    return false;
  });
};
```

Três parâmetros de entrada configuram a função para executar os procedimentos necessários à operação específica solicitada pelo usuário: atualizar, excluir, gravar ou ler uma nota no banco de dados.

promise: é a resposta do serviço assíncrono, não bloqueante, $http, utilizada pelo serviço NotesFactory para executar a consulta no banco de dados conforme solicitado pela ação do usuário. Como a solicitação é do tipo não bloqueante, a resposta virá no momento em que o banco de dados executar a operação. Quando a resposta chegar, um dos métodos do objeto promise, success() ou error(), será executado. Se a resposta recebida indicar uma operação bem-sucedida, o primeiro método será usado ou se o retorno for um erro, o objeto selecionará o segundo método.

onSuccess: é a função que deverá ser executada se a consulta ao banco de dados for executada com sucesso, ou seja, se o objeto promise receber uma resposta positiva.

errorMsg: é a mensagem de erro que deverá ser mostrada na interface de usuário se o objeto promise receber uma resposta negativa do banco de dados.

As funções principais são basicamente uma aplicação de tratarSql() com configurações específicas para o tipo de operação solicitado pelo usuário.

Iniciaremos pela função delete(), usada para excluir notas do banco de dados. Seu funcionamento consiste em verificar se o identificador da nota é válido, solicitar que o usuário confirme a operação de exclusão da nota e chamar a função tratarSql(). O registro a ser excluído foi selecionado quando o usuário clicou na nota correspondente; esta ação ativou a função select() fazendo com que o identificador da nota fosse armazenado na variável idNota.

O principal parâmetro passado a tratarSql() é a função de tratamento específico para a operação de excluir, codificada no método delete() do serviço NotesFactory.

O outro parâmetro passado a tratarSql() é a função que mostra uma mensagem de sucesso e limpará a caixa de texto se a operação de exclusão da nota tiver êxito.

Note que é necessário executar a função get() para que a página HTML seja atualizada refletindo a mudança no banco de dados causada pela exclusão de uma nota. As operações de inclusão e atualização de notas também implicam na atualização da página HTML.

As operações de alterar ou excluir uma nota seguem a seguinte sequência: o usuário clica e seleciona uma nota, os botões de alterar (gravar a nota editada) e excluir a nota são apresentados, a operação é executada ou cancelada e, finalmente, os botões mencionados são ocultados até que outra nota seja selecionada. É por esse motivo que setamos a flag showBtnDelUpd para false, cujo efeito é ocultar os botões de excluir e atualizar dados.

```
/* */
$scope.delete = function() {
  $scope.showBtnDelUpd = false;

  if (idNota < 0) {
    $scope.mensagem = "Nota inexistente";
    return;
  }

  var onSuccess = function() {
    $scope.mensagem = "Excluiu nota com sucesso ...";
    $scope.texto = "";
    $scope.get();
  };
```

```
  if (confirm("Quer mesmo excluir a nota?")) {
    $scope.tratarSql( NotesFactory.delete(idNota),
        onSuccess,
       "Erro ao tentar excluir nota ...");
  }
};
```

A função usada para atualizar uma nota, update(), da mesma forma que delete(), só é ativada quando uma nota é selecionada pelo usuário. À parte os detalhes específicos da operação, a função é praticamente idêntica a delete(). Obviamente, em uma operação de atualização, além do identificador que é a referência no banco de dados, é necessário também repassar o texto alterado ao serviço NotesFactory.

```
/* */
$scope.update = function() {
  $scope.mensagem = "";
  $scope.showBtnDelUpd = false;

  if (idNota < 0) {
    $scope.mensagem = "ERRO: nota inexistente";
    return;
  }

  var onSuccess = function() {
    $scope.mensagem = "Atualizou nota com sucesso ...";
    $scope.get();
  };

  $scope.tratarSql(
    NotesFactory.update(idNota, $scope.texto),
    onSuccess,
    "Erro ao tentar atualizar nota ...");
};
```

A inclusão de uma nova nota, a função save(), também não foge ao padrão seguido pelas funções delete() e update(). Acrescentamos apenas um tratamento para evitar a inclusão de um texto vazio.

```
/* */
$scope.save =  function() {
  $scope.mensagem = "";
  $scope.texto.trim();
```

```
  if ($scope.texto.length <= 0) {
    return;
  }

  var onSuccess = function() {
    $scope.mensagem = "Incluiu nota com sucesso ...";
    $scope.get();
  };

  $scope.tratarSql( NotesFactory.save($scope.texto),
      onSuccess, "Erro na inclusão de nota ...");
};
```

A função de leitura no banco de dados, get(), difere das outras pelo acréscimo do código necessário à apresentação da informação lida na página HTML.

Outra característica da função são os parâmetros de configuração da consulta no banco de dados: o número da página selecionada e a quantidade de elementos por página são necessários para que a operação selecione apenas as notas referentes à página atual.

Se a consulta no banco de dados for bem-sucedida, a função associada varrerá o array recebido como resposta e transferirá a informação para o array $scope.notas, o qual é usado pela página HTML para a apresentação das notas. A função também formatará a data da nota com o horário local.

Além das notas, a resposta contém também o número total de notas na tabela do banco de dados.

```
/* */
$scope.get = function() {
  // Função executada se consulta for bem sucedida
  var onSuccess = function(dados) {
    $scope.notas = [];

    for (var i=0; i<dados.dados.length; i++) {
      var dd = new Date(
          dados.dados[i].tstamp.replace(" ", "T"));
      $scope.notas.push({
          id: dados.dados[i].id,
          tstamp: dd.toLocaleString(),
          texto: dados.dados[i].texto
```

```
        });
      }

      $scope.numeroItens = dados["num_elementos"];
    };

    var parametros = {};
    parametros["pagina"] = $scope.pagina;
    parametros["elementosPorPagina"] =
        $scope.ELEMENTOS_POR_PAGINA;

    $scope.tratarSql(
        NotesFactory.get(parametros),
        onSuccess,
        "Erro ao tentar recuperar notas do banco de dados");
};
```

O outro grupo de funcionalidades são as lógicas auxiliares clear(), textSize() e $watch(). A função clear() limpa a caixa de texto, apaga a mensagem referente à operação anterior e oculta os botões para alterar e excluir notas.

```
$scope.clear = function() {
  $scope.texto = "";
  $scope.mensagem = "";
  $scope.showBtnDelUpd = false;
};
```

A função textSize() retorna o número de caracteres digitados na caixa de texto.

```
/* */
$scope.textSize = function() {
  return $scope.texto.length;
};
```

A função de monitoração de variáveis, $watch(), já foi apresentada no item 14.4.2.

```
/* */
$scope.$watch("numeroItens + pagina", function() {
  $scope.get();
});
```

14.7 Sites e livros

Guia definitivo para aprender AngularJS em um dia é uma tradução para o português do artigo original publicado por Todd Motto. O texto descreve os principais elementos do framework. Link:

http://javascriptbrasil.com/2013/10/18/guia-definitivo-para-aprender-angularjs-em-um-dia/

O tutorial do desenvolvedor Jakob Jenkov (consulte o item 1.2) sobre o Angular está disponível em http://tutorials.jenkov.com/angularjs/index.html.

O site do W3Schools também apresenta um tutorial básico sobre o assunto: http://www.w3schools.com/angular/default.asp.

O livro *Angular Basics* de autoria de Chris Smith pode ser acessado livremente: o site http://www.angularjsbook.com/ contém informações sobre o livro e em http://www.angularjsbook.com/angular-basics/chapters/, você encontrará links para o conteúdo.

15. AUTENTICAÇÃO E SERVIÇO DE NUVEM

Neste capítulo, exploraremos as ligações do aplicativo de anotações, desenvolvido no capítulo anterior, com recursos oferecidos por terceiros. Como alternativa a um esquema de autenticação próprio, usaremos um serviço oferecido pelo Facebook. Mostraremos também como disponibilizar o aplicativo de anotações na Internet, publicando o software no Heroku, um serviço comercial de nuvem.

15.1 Autenticação usando uma conta do Facebook

No item 12.12, apresentamos um método de autenticação baseado no cadastro de usuários e senhas em uma tabela do aplicativo, e funções de validação executadas no lado servidor. Outra opção é usar uma conta que o usuário já possui em algum site da Internet.

Implementaremos um mecanismo de controle de acesso no nosso aplicativo de anotações usando um esquema de autenticação de usuário baseado em uma conta do Facebook. O motivo dessa escolha é que o Facebook disponibiliza uma interface específica para este tipo de operação, que necessita de pouca codificação para criar uma rotina de validação de acesso de um usuário.

O primeiro passo é criar uma conta no Facebook e registrar o aplicativo. Na opção "Developer – Manage Apps – My Apps – Add a New App – Website", digite o nome do aplicativo (sugestão: Authentication). Selecione "No" para a pergunta "Is this a test version of another app?" e opte por uma das categorias de aplicativo disponíveis, como, por exemplo, "Apps for pages".

Clique no botão "Create App ID" e preencha o link do site, por exemplo, localhost/angular-notes-auth.

Volte à opção "My Apps", selecione o aplicativo criado e anote o identificador, a versão da API e a chave secreta do aplicativo, mostrados nos campos "App ID", "API Version" e "App Secret", respectivamente (ver Figura 69).

Nota: no primeiro acesso, durante a criação do aplicativo, o número de um telefone pode ser solicitado para que o Facebook possa enviar um código de desbloqueio.

Passamos à prática implementando o mecanismo de autenticação no aplicativo de anotações do item 14.6. Como já foi mencionado, a utilização da interface do Facebook simplifica o desenvolvimento, de forma que as alterações necessárias são relativamente poucas. Na página HTML, incluiremos o botão de login do Facebook e no código JavaScript, as lógicas necessárias para conectar o usuário ao site. Outra alteração importante é incluir as lógicas de validação do usuário no lado servidor.

Figura 69 - Página de configuração do Facebook

15.1.1 Lado cliente

Acrescente em alguma parte da página HTML uma seção para abrigar os elementos usados pelo esquema de autenticação.

```
<!-- angular-notes-auth/index.html -->
...
<body>
...
  <div class="container">
  ...
  </div> <!-- container -->

  <!-- Usado pelo Facebook SDK -->
  <div id="fb-root"></div>
...
</body>
```

A implementação das lógicas no lado cliente é uma aplicação direta dos exemplos encontrados na documentação do Facebook, os quais adequaremos ao modelo de codificação usado pelo Angular. Em primeiro lugar, incluímos o botão de login seguindo o exemplo da documentação; a única alteração que efetuaremos é setar o parâmetro auto_logout_link em true para que o label do botão apresente *Login*, se o usuário ainda não se logou, ou *Logout*, se o usuário já está logado.

```
<!-- angular-notes-auth/index.html -->
...
<!-- Número de caracteres, mensagens de erro/confirmação e
  botão de login FB -->
<form class="form-inline" role="form">
  <div class="row">
    <div class="col-xs-3">
      <p>Ch: <span ng-bind="textSize()"></span></p>
    </div>
    <div class="col-xs-6">
      <p ng-model="mensagem">{{ mensagem }}</p>
    </div>
    <div class="col-xs-3">
      <fb:login-button scope="public_profile,email"
        onlogin="" auto_logout_link=true>
      </fb:login-button>
    </div>
  </div>
</form>
...
```

Além do botão, necessitamos, obviamente, de um código JavaScript que estabeleça a comunicação do aplicativo com a API do Facebook. Mais uma vez, nosso trabalho consiste em adaptar as soluções apresentadas na documentação da API. Consulte o link https://developers.facebook.com/docs/facebook-login/login-flow-for-Web/v2.3.

Voltando ao mundo Angular, há um método, run(), que é executado automaticamente durante a inicialização de um aplicativo. Este é o recurso necessário para automatizarmos o procedimento de conexão com o Facebook. Embutindo a codificação nesse método, garantimos que o mecanismo de autenticação será carregado toda vez que o aplicativo for inicializado.

Para adequar o código de exemplo ao nosso aplicativo, configure no parâmetro appId, da função FB.init(), o ID do aplicativo obtido durante o registro no Facebook, conforme explicado nos passos iniciais. É necessário também configurar o parâmetro cookie em true para permitir que o lado servidor acesse os dados de autenticação.

```
<!-- angular-notes-auth/js/scripts.js -->
/* */
app.run(["$window", function($window) {
  // Parâmetros para configurar a autenticação //
  $window.fbAsyncInit = function() {
    FB.init({
      appId       : '1234567890123456',
      cookie      : true,
      xfbml       : true,
      version     : 'v2.3'
    });
  };

  // Carga assíncrona do SDK (biblioteca) FB //
  (function(d, s, id) {
    var js, fjs = d.getElementsByTagName(s)[0];

    if (d.getElementById(id))
      return;

    js = d.createElement(s); js.id = id;
    js.src = "//connect.facebook.net/en_US/sdk.js";
    fjs.parentNode.insertBefore(js, fjs);
  }(document, 'script', 'facebook-jssdk'));
}]);
```

E isto é tudo que é necessário para executar um login no Facebook a partir do nosso aplicativo.

Na declaração do botão do Facebook, podemos configurar, no atributo onlogin, uma função que será executada quando o processo de login no site é completado. Nessa função pode-se, por exemplo, controlar o acesso ao banco de dados bloqueando as operações de alterar, excluir e incluir dados, caso o usuário não esteja logado (somente a leitura dos dados independe da autenticação). Esta é uma implementação para controlar o acesso ao aplicativo pelo lado cliente. Entretanto, é fundamental que o lado servidor replique a restrição de acesso para assegurar que, se alguém burlar o controle do lado cliente, o servidor seja capaz de barrar uma operação não autorizada.

15.1.2 Lado servidor

Recordando, o lado servidor do nosso aplicativo de anotações é um script PHP. Agora, iremos alterar esse script para interceptar as operações requisitadas pelo lado cliente, impedindo que um pedido de alteração, exclusão ou inclusão de dados seja executado por usuários não autenticados.

O primeiro passo é baixar o pacote *Facebook SDK for PHP* disponível no link https://developers.facebook.com/docs/php/gettingstarted/4.0.0. Há duas opções: para baixar o pacote em um arquivo ZIP, basta clicar no botão apresentado na página; entretanto, a outra opção, instalação via composer, é a mais indicada. A forma de obter e instalar esse utilitário PHP foi descrita no item 12.1.

Se você optar pela instalação via composer, crie na pasta-raiz do projeto um arquivo denominado composer.json com o conteúdo mostrado abaixo:

```
/* angular-notes-auth/composer.json */
{
  "require" : {
    "facebook/php-sdk-v4" : "4.0.*"
  }
}
```

Nessa mesma pasta, instale o pacote executando o seguinte comando:

```
composer install
```

A execução do comando criará a pasta vendor onde o pacote PHP será instalado.

```
\---vendor
    +---composer
    \---facebook
        \---php-sdk-v4
            +---docs
            +---src
            |   \---Facebook
            |       +---Entities
            |       \---HttpClients
            |           \---certs
            \---tests
                +---Entities
                \---HttpClients
```

A alteração no script principal, sql.php, consiste em incluir uma verificação do status de login do usuário, caso a requisição seja uma operação de exclusão, inclusão ou alteração de dados (DELETE, POST e PUT, respectivamente). Essa verificação será executada pela função isLogged() que codificaremos no arquivo auth.php.

```
/* angular-notes-auth/sql.php */
<?php
require "auth.php";

/* */
function encode(...) {
...
}

/* */
function executeSql(...) {
...
}

/* */
function main() {
...
  $request = $_SERVER["REQUEST_METHOD"];
...

  switch ($request) {
    case "DELETE":
```

```
      case "POST":
      case "PUT":
        $is_logged = isLogged();

        if (!$is_logged[0]) {
          print encode(false, null, $is_logged[1]);
          return;
        }
    }

    switch ($request) {
  ...
    }

  ...
}

/*** ***/
main();
```

A função de autenticação é baseada na documentação oficial do Facebook disponível no link mencionado no início do item e também na solução apresentada no site http://www.devils-heaven.com/facebook-php-sdk-4-0-tutorial/.

A lógica da função de autenticação consiste em recuperar os dados do usuário que são armazenados em um cookie e enviados pelo cliente como parte da requisição ao servidor. Essa informação, combinada com a chave secreta obtida durante o cadastro do aplicativo no Facebook, permite autenticar o usuário.

O aplicativo depende das bibliotecas do Facebook que devem ser instaladas de acordo com as instruções dadas no início do item. Se a instalação foi feita via composer, todas as dependências serão resolvidas com a carga do arquivo autoload.php.

```
/* angular-notes-auth/auth.php */
<?php
require 'vendor/autoload.php';

use Facebook\FacebookSession;
use Facebook\FacebookJavaScriptLoginHelper;
use Facebook\FacebookRequest;
use Facebook\GraphUser;
use Facebook\FacebookRequestException;
```

```
/*** ***/
function isLogged() {
  // Inicializações para autenticação
...

  // Inicializa sessão PHP
...

  // Se o cookie foi recebido numa requisição
  // anterior, e o token FB já foi recuperado,
  // necessita apenas autenticar o usuário no
  // FB usando o token
...

  // Se o cookie ainda não foi recebido (primeira
  // requisição do cliente), recupera e grava na
  // variável de sessão PHP.
...

  // Facebook aceitou usuário/senha
...

  // Facebook rejeitou usuário/senha
...
}
?>
```

O primeiro passo é inicializar o pedido de autenticação informando o identificador e a chave secreta do aplicativo. É muito importante impedir que o usuário acesse a chave secreta do aplicativo; use-a apenas no lado servidor. Ela nunca deve ser incluída no código do lado cliente.

```
/* angular-notes-auth/auth.php */
// Inicializações para autenticação
$id = '1234567890123456';
$secret = '1234567890abcdefghijklmnopqrstuv';
FacebookSession::setDefaultApplication($id, $secret);
```

O token (passe) de autenticação é solicitado ao Facebook apenas na primeira requisição do cliente; ele é preservado em uma sessão PHP para ser utilizado nas requisições subsequentes vindas do lado cliente.

```
// Inicializa sessão PHP
session_start();
```

Se o token de autenticação já estiver armazenado na variável de sessão PHP, bastará validar o usuário no Facebook.

```
// Se o cookie foi recebido numa requisição anterior,
// e o token FB já foi recuperado, necessita apenas
// autenticar o usuário no FB usando o token
if(isset($_SESSION['token'])) {
  $session = new FacebookSession($_SESSION['token']);

  try {
    if (!$session->validate($id, $secret)) {
      unset($session);
    }
  } catch (FacebookRequestException $ex) {
    unset($session);
  } catch (\Exception $ex) {
    unset($session);
  }
}
```

Este trecho do código trata uma situação em que ainda não há uma autenticação positiva no Facebook. Há duas situações em que isto pode ocorrer: é a primeira vez que o servidor recebeu o cookie do cliente ou ocorreu um erro quando se usou o token armazenado para autenticar o usuário no site, conforme explicado no parágrafo anterior. Usamos a classe FacebookJavaScriptLoginHelper para recuperar o cookie enviado pelo lado cliente do aplicativo. Se a autenticação for bem-sucedida, armazenaremos o token na variável de sessão PHP.

```
// Se o cookie ainda não foi recebido (primeira
// requisição do cliente), recupera e grava na
// variável de sessão PHP.
// Executa autenticação no FB
if (!isset($session)) {
  try {
    $helper = new FacebookJavaScriptLoginHelper();
    $session = $helper->getSession();

    if ($session)
      $_SESSION['token'] = $session->getToken();
```

```
    } catch (FacebookRequestException $ex) {
      // Facebook retornou um erro
      unset($session);
      return [false, $ex->getMessage()];
    } catch (\Exception $ex) {
      // Falha na validação ou outro erro
      unset($session);
      return [false, $ex->getMessage()];
    }
  }
```

Por fim, a função retorna o resultado do processo de autenticação.

```
// Facebook aceitou usuário/senha
if (isset($session) && $session)
  return [true, $_SESSION['token'];

// Facebook rejeitou usuário/senha
return [false, "Usuário/senha inválida"];
```

15.1.3 Aplicativo de anotações com autenticação

O esquema de autenticação que implementamos no item anterior bloqueia o acesso de um usuário não logado quando este tenta executar uma operação no lado servidor. Quanto às lógicas do lado cliente, não há nenhuma restrição que impeça o usuário de tentar alterar, excluir ou incluir informações no banco de dados; isto não é um problema porque a operação não será efetivada se o usuário não se autenticar previamente. Entretanto, a interface seria mais amigável se essas operações fossem desabilitadas quando o usuário não está autenticado, evitando que ele perca tempo digitando uma informação que será rejeitada pelo servidor.

Implementaremos uma lógica que consiste em desabilitar os botões das operações de alterar, excluir e incluir informações no banco de dados se o usuário não estiver autenticado.

O elemento fundamental da nossa lógica consiste em monitorar a mudança do status do usuário para detectar o momento em que ele executa uma operação de login ou logout. A biblioteca dispõe de uma função, FB.Event.subscribe(), específica para executar essa operação; ativaremos a monitoração durante a inicialização do processo de autenticação. A única ação tomada quando o status de autenticação do usuário muda é chamar a função setBtnStatus() para habilitar ou desabilitar os botões para alterar, excluir e incluir informações no aplicativo.

```
/* angular-notes-auth/js/scripts.js */
...
/* */
app.run(["$window", function($window) {
  // Parâmetros para configurar a autenticação //
  $window.fbAsyncInit = function() {
    // Inicialização do aplicativo
    FB.init({
...
    });

    // Monitoração do status de login
    FB.Event.subscribe( 'auth.authResponseChange',
      function(response) {
        setBtnStatus(response);
    });
  };
...
}]);
```

A função setBtnStatus() é uma codificação JavaScript simples e direta para habilitar ou desabilitar os botões das operações que dependem da autenticação do usuário.

```
/* */
function setBtnStatus(response) {
  var status = true;

  if (response.status === 'connected')
    status = false;

  window.document.getElementById("btn-del").disabled =
    status;
  window.document.getElementById("btn-save").disabled =
    status;
  window.document.getElementById("btn-update").disabled =
    status;
}
```

A função de monitoração acompanha as mudanças no status do usuário quando este clica no botão de login do Facebook, na tela do aplicativo de notas. Entretanto, o usuário pode muito bem executar um login ou logout fora do âmbito do nosso aplicativo; por exemplo, ele pode acessar o Facebook em outra janela do navegador. Quando isso ocorre, o status de login se altera sem que o nosso aplicativo detecte a situação. Se, por exemplo, o usuário executar um logout no site do Facebook e tentar incluir uma informação no nosso aplicativo, ocorrerá uma falha quando o servidor executar a operação de inclusão. Tratamos esta situação com uma lógica que, ao receber a mensagem de erro do servidor informando a falha na autenticação, chama a função checkLoginState(), a qual invocará setBtnStatus() para alterar o status dos botões.

```
$scope.tratarSql = function(promise, onSuccess,
    errorMsg) {
  promise.success( function(data, status, headers,
      config) {
    if (data.ok == undefined || data.ok == false) {
      $scope.mensagem = errorMsg + " " + data.msg;
      $scope.checkLoginState();
      return false;
    }

    onSuccess(data);
    return true;
  });

  promise.error( function(data, status, headers,
      config) {
    $scope.mensagem = errorMsg + " " + data.msg;
    $scope.checkLoginState();
    return false;
  });
};
```

A função checkLoginState() verifica o status de autenticação e chama a função para habilitar ou desabilitar os botões.

```
/* */
$scope.checkLoginState = function() {
  FB.getLoginStatus(function(response) {
    setBtnStatus(response);
  }, true);
}
```

15.2 Instalação do aplicativo no serviço de nuvem Heroku

Até agora, todos os nossos testes se limitaram a acessar o aplicativo em um servidor Web local, instalado na nossa máquina. Nos itens que seguem, mostraremos como instalar o aplicativo em um servidor Web remoto. Nosso objetivo é permitir que qualquer dispositivo conectado à Web acesse o aplicativo.

Heroku é um serviço comercial de nuvem que permite a hospedagem de aplicativos sem custo. Há certas restrições nessa modalidade de serviço, porém, elas não afetam a funcionalidade do aplicativo e são perfeitamente aceitáveis para a execução de nossos testes.

O primeiro passo é criar uma conta no Heroku, https://www.heroku.com/. O processo de cadastro é extremamente simples e exige apenas um e-mail válido.

Para usar os serviços do Heroku, é necessário instalar a ferramenta de acesso Heroku Toolbelt disponível no site https://toolbelt.heroku.com/.

Nosso exercício consistirá em executar o deploy do aplicativo de notas, que desenvolvemos no item 14.6, no Heroku.

15.2.1 Adequações no código

Antes de executar o deploy, é necessário adequar o aplicativo para ajustá-lo aos parâmetros de um projeto PHP hospedado no Heroku.

Sob a pasta do projeto, crie uma pasta denominada public. Copie o arquivo index.html para esse local e mude seu nome para main.html. Crie o arquivo PHP index.php com uma referência para esta página HTML. Esse arquivo indica ao serviço do Heroku que nosso aplicativo é um projeto PHP.

```
<!-- public/index.html -->
<?php include_once("main.html"); ?>
```

Copie também a pasta js para a pasta public.

Use um CDN para carregar as bibliotecas usadas pelo aplicativo. Altere, se necessário, o arquivo main.html com as referências para os links do CDN.

```
<!-- public/main.html -->
...
<!-- Scripts -->
<script
 src="https://ajax.googleapis.com/ajax/libs/angularjs/1.4.4/angular.
min.js">
</script>
...

...
<!-- CSS -->
<link rel="stylesheet"
           href="https://maxcdn.bootstrapcdn.com/bootstrap/3.3.5/css/
bootstrap.min.css">
<link rel="stylesheet"
           href="https://maxcdn.bootstrapcdn.com/bootstrap/3.3.5/css/
bootstrap-theme.min.css">
...
```

Crie uma pasta denominada php sob a pasta public e mova os arquivos de script sql.php e auth.php para esse local. No arquivo scripts.js, reconfigure as referências para sql.php de acordo com o caminho da pasta php.

```
/* public/scripts.js */
...

/* Global */
var sqlScript = "php/sql.php";
...

/*** ***/
function NotesFactory($http) {
 var factory = {};

 /* */
 factory.delete = function(idNota) {
   return $http({method: "DELETE", url: sqlScript,
     data: {"id": idNota}});
 }

 /* */
 factory.get = function(parametros) {
   return $http.get(sqlScript, {params: parametros});
 }
```

```
  /*  */
  factory.save = function(texto) {
    return $http.post(sqlScript, {"texto": texto});
  };

  /*  */
  factory.update = function(idNota, texto) {
    return $http.put(sqlScript,
      {"id": idNota, "texto": texto});
  }

  return factory;
};
...
```

15.2.2 Configuração do projeto

Na pasta-raiz, crie o arquivo Procfile informando o tipo de servidor Web e a pasta onde se localiza a página principal do aplicativo: servidor Apache e pasta public, respectivamente.

```
Web: vendor/bin/heroku-php-apache2 public/
```

Se você preferir instalar os arquivos na pasta-raiz, omita o parâmetro "public/".

Leia mais detalhes sobre essa configuração no artigo postado em https://devcenter.heroku.com/articles/custom-php-settings.

Na pasta-raiz, crie o arquivo composer.json para informar as dependências do aplicativo em relação às bibliotecas PHP e à API de autenticação do Facebook.

```
/* composer.json */
{
  "require" : {
    "herrera-io/silex-pdo": "~1.2",
    "facebook/php-sdk-v4" : "4.0.*",
    "ext-mbstring": "*"
  },
  "require-dev": {
```

```
      "heroku/heroku-buildpack-php": "*"
   }
}
```

Gere o arquivo de dependências composer.lock com o seguinte comando:

```
composer update
```

É importante notar que os arquivos armazenados no Heroku nunca são atualizados diretamente: a edição dos arquivos é sempre executada no computador local. Somente após esta etapa é que eles são instalados na nuvem.

O processo de instalação dos arquivos do aplicativo no servidor do Heroku compreende duas etapas. Na primeira etapa, a ferramenta de controle da versão armazena os arquivos do aplicativo em um repositório local. Este procedimento pode ser executado, sem afetar o conteúdo armazenado no Heroku, toda vez que se executa uma atualização em algum arquivo do aplicativo. No momento em que imaginamos ter uma versão funcional do aplicativo, executamos a segunda etapa do processo de deploy, instalando os arquivos do repositório local no servidor remoto.

No arquivo .gitignore, informamos os arquivos e as pastas que devem ser ignorados pela ferramenta de controle da versão, GIT. Este procedimento é necessário porque os recursos da pasta vendor são usados durante o desenvolvimento local. Porém, no aplicativo instalado no Heroku, tais recursos são obtidos diretamente dos sites desses "fornecedores", em vez de copiados da pasta local do projeto, de acordo com os links informados no arquivo composer.json.

```
# .gitignore (localizado na pasta raiz) #
vendor/
.env
```

Prepare o repositório local. Na pasta-raiz do projeto, execute os seguintes comandos:

```
git init
git config user.email "xxx@yyy.com"
```

Armazene os arquivos do projeto no repositório local.

```
git add . --all
git commit -m "Commit inicial"
```

15.2.3 Processo de deploy

O primeiro passo, necessário antes de executar qualquer operação no Heroku, é acessar o serviço de nuvem executando o login com o e-mail e a senha cadastrados durante a criação da conta no site.

```
heroku login
```

O comando create cria um projeto no Heroku.

```
heroku create
```

Assim que o projeto é criado, uma mensagem é mostrada no console informando o link de acesso ao aplicativo. A mesma informação está disponível na conta do Heroku, na opção Settings do aplicativo (ver Figura 70).

Essa informação será necessária também para registrar o aplicativo no serviço de autenticação do Facebook.

```
Creating qwerty-aeiou-1234... done, stack is asdfg-98
https://qwerty-aeiou-1234.herokuapp.com/  |  https://git.heroku.com/
qwerty-aeiou-1234.git
Git remote heroku added
```

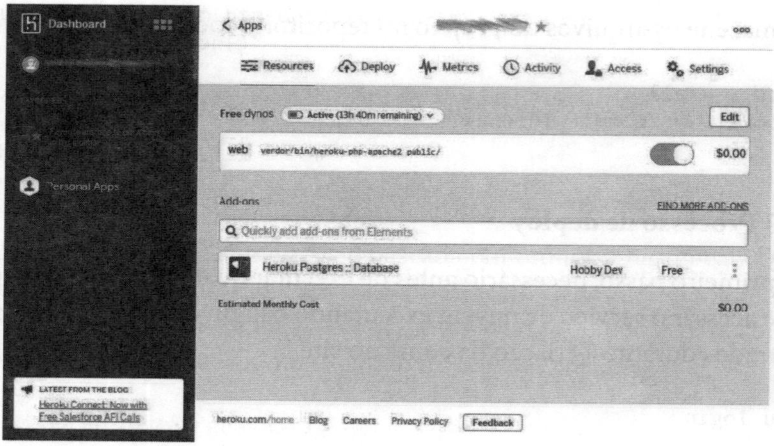

Figura 70 - Página resources do Heroku

Instale o aplicativo no Heroku executando o seguinte comando:

```
git push heroku master
```

Crie um banco de dados para o aplicativo.

```
heroku addons:create heroku-postgresql:hobby-dev
```

Em seguida, crie a tabela que conterá as informações do aplicativo. É necessário que o utilitário psql esteja instalado no computador local; o psql é parte integrante do pacote do gerenciador de banco de dados PostgreSQL (consulte o item 10.2). Acesse o banco de dados com o seguinte comando:

```
heroku pg:psql
```

Após a execução do comando, estamos dentro do ambiente do banco de dados PostgreSQL do Heroku. Crie a tabela executando o mesmo comando SQL que foi mostrado no item 14.5.

```
create table t_notas( id serial primary key,
    tstamp timestamp default current_timestamp,
    texto varchar(512) not null );
```

Inclua uma linha de dados na tabela, execute um teste de verificação e encerre o acesso ao banco de dados.

```
insert into t_notas(texto) values('Teste');
select * from t_notas;
\q
```

O aplicativo, quando instalado no Heroku, usará uma base de dados remota, de forma que necessitamos reconfigurar o acesso ao mesmo. Execute o login no site do Heroku, acesse a opção "Personal Apps", selecione o aplicativo, clique na opção "Resources" / "Heroku Postgres :: Database" e anote as informações Host, Database, User, Port e Password, conforme mostrado na Figura 71.

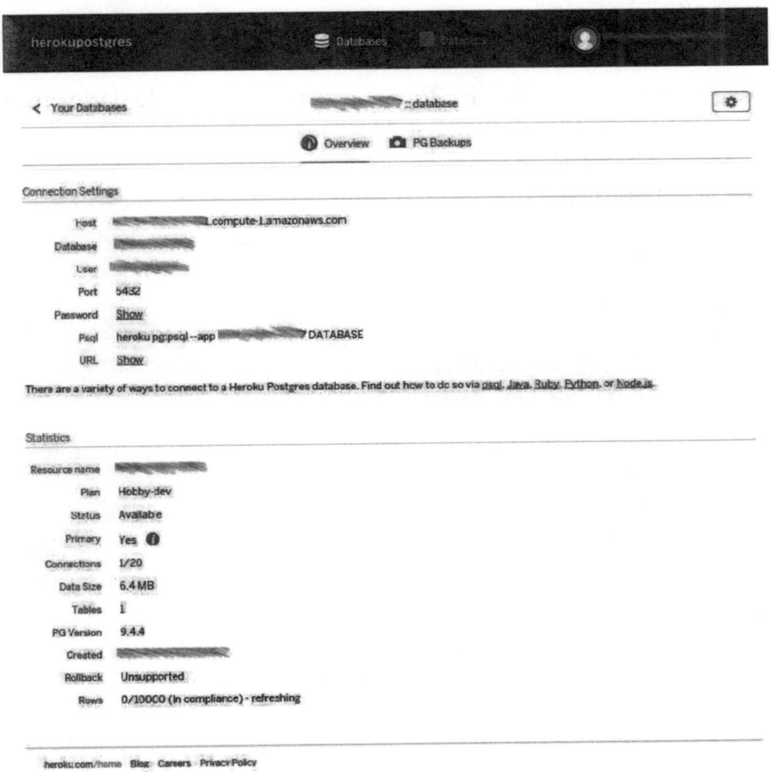

Figura 71 - Informações do banco de dados no Heroku

No arquivo sql.php original, as informações sobre o banco de dados (host, nome, usuário e senha) são configuradas no corpo do código (hardcoded). Com esta abordagem, qualquer alteração que envolva um desses parâmetros implicará na manutenção do aplicativo. Há uma solução clássica para evitar esse problema: configurar variáveis de ambiente para cada um dos parâmetros. A linguagem PHP conta com uma função específica, getenv(), que permite ler esses valores durante a carga do aplicativo.

Crie as variáveis de ambiente usando o comando de configuração do Heroku.

```
heroku config:set DB_HOST=???-??-???-???-???.
  compute-1.amazonaws.com
heroku config:set DB_NAME=??????????????
heroku config:set DB_USER=??????????????
heroku config:set DB_PWD=
  ?????????????????????????
```

Em seguida, altere o script PHP para acessar o banco de dados usando os valores dessas variáveis.

```
/* public/php/sql.php */
/* */
function executeSql($sql, $tipo, $val1 = "",
    $val2 = "") {
  $db_host = getenv("DB_HOST");
  $db_name = getenv("DB_NAME");
  $db_user = getenv("DB_USER");
  $db_pwd = getenv("DB_PWD");

  if (!$db_host || !$db_name || !$db_user
      || !$db_pwd) {
    return array(false, array(),
      "Erro na identificação do BD");
  }

  try {
    $pdo = new PDO("pgsql: host=$db_host;
      dbname=$db_name", $db_user, $db_pwd);
...

/* */
function main() {
...
  $tbl_name = "t_notas";
```

Atualize os arquivos do aplicativo no Heroku.

```
git add . --all
git commit -m "Alteracao no acesso ao BD"
git push heroku master
```

Para que o esquema de autenticação do aplicativo funcione, é necessário registrar o link no site do Facebook. Edite a configuração do Facebook criada no item 15.1 ou crie um novo "app". Optando pela segunda alternativa, será necessário atualizar o arquivo scripts.js com o ID fornecido pelo Facebook.

O mesmo mecanismo de variáveis de ambiente, usado para configurar o acesso ao banco de dados, armazenará o identificador e a chave secreta do Facebook.

```
heroku config:set FB_ID=???????????????
heroku config:set FB_SECRET=
  ????????????????????????????????
```

Altere o arquivo auth.php para usar as variáveis de ambiente.

```
/* public/php/auth.php */
/*** ***/
function isLogged() {
  // Inicializações para autenticação
  $id = getenv("FB_ID");
  $secret = getenv("FB_SECRET");

  if (!$id || !secret) {
    return [false,
      "Usuário/chave do FB não definido na configuração"];
  }

  FacebookSession::setDefaultApplication($id, $secret);
...
```

Atualize os arquivos do aplicativo no Heroku.

```
git add . --all
git commit -m "Alteracao no acesso ao FB"
git push heroku master
```

Após executar as operações desejadas, execute o comando para encerrar o acesso ao Heroku.

```
heroku logout
```

O aplicativo pode ser acessado no link gerado no momento da criação do projeto. Exemplo: https://qwerty-aeiou-1234.herokuapp.com/.

15.2.4 Utilitários do Heroku

Outros comandos úteis do ambiente Heroku:

- heroku help: lista os comandos disponíveis;
- heroku config: lista as variáveis de ambiente definidas para o aplicativo;
- heroku info: mostra o link de acesso ao aplicativo;
- heroku logs: mostra mensagens detalhadas dos erros ocorridos durante a execução do aplicativo;
- heroku run 'comando': executa um comando Linux dentro do ambiente Heroku.

Lista de siglas

- AJAX: Asynchronous JavaScript and XML
- API: Application Programming Interface
- CRUD: Create Read Update Delete
- CSS: Cascading Style Sheets
- DOM: Document Object Model
- FTP: File Transfer Protocol
- GIF: Graphics Interchange Format
- GPL: General Public License
- HTML: Hypertext Markup Language
- HTTP: Hypertext Transfer Protocol
- IBGE: Instituto Brasileiro de Geografia e Estatística
- IDE: Integrated Development Environment
- IEEE: Institute of Electrical and Electronics Engineers
- IIS: Internet Information Services (servidor Web da Microsoft)
- JPEG: Joint Photographic Experts Group
- JSON: JavaScript Object Notation
- JVM: Java Virtual Machine
- LAMP (WAMP, MAMP, XAMP): Linux Apache MySQL PHP. W: Windows; M: Macintosh; X: genérico

- MIT: Massachusetts Institute of Technology
- MVC: Model View Controller
- MVVM: Model View View-Model
- OO: Orientado a Objeto (programação, análise etc.)
- ORM: Object-Relational Mapping
- PDO: PHP Data Objects
- PHP: Hypertext Preprocessor
- REST: Representational State Transfer
- SSH: Secure Shell
- SSL: Secure Socket Layer
- SVG: Scalable Vector Graphics
- URI: Uniform Resource Identifier
- URL: Uniform Resource Locator
- VM: Virtual Machine (máquina virtual)
- XML: Extensible Markup Language
- WAMP: ver LAMP

Índice Alfabético

C

G

H

J

L

S

V

X

Anotações

Anotações

Impressão e acabamento
Gráfica da Editora Ciência Moderna Ltda.
Tel: (21) 2201-6662